수필문학의 이해와 창작을 위한
백남오의 수필 쓰기와 비평

수필문학의 이해와 창작을 위한
백남오의 수필 쓰기와 비평

백남오 문학평론집

수필과비평사

■ 자서

수필 창작의 교과서를 꿈꾸며

　대학에서 수필을 강의한 지 10년이 넘는 세월이 흘렀습니다. 그동안 80여 명의 작가를 신춘문예와 여러 문예지를 통하여 배출하는 성과도 얻었습니다. 나름대로 수필문학의 창작이론을 다듬고 현대수필 작가에 대한 탐색도 게을리하지 않았는데도 너무나 부족하고 미미합니다. 살아오면서 깨달은 것이 있다면 인생은 짧다는 것이며, 모든 것은 한 사람이 이룰 수도, 한순간에 완성될 수도 없다는 사실입니다.
　그리하여 이번에 용기를 내어 그동안 배우고, 가르치면서 정리한 평론집을 펴내게 되었습니다. 선배 학자들이 이루어 낸 이론의 바탕 위에서 전개되는 내용들입니다. 이 점 양해해 주시리라 믿습니다. 또 다른 후학자들이 이를 다듬고 보태고 발전해 가기를 바라는 마음입니다. 제1부는 그동안 수필교실에서 학생들에게 가르치고 실제 창작에 적용한 여러 문학이론과 필자 나름의 수필창작 이론을 정리한 것인데 그 어떤 창작이론도 절대적인 것은 없다고 생각합니다. 제2부는 지난 2년 동안 《수필과비평》에 연재한 현대수필작가에 대한 비평이 중심입니다. 물론 소개되는 이론과 작가 선택의 기준은 개인적이고 주관적인 관점입니다.

이미 많은 학자들이 미래사회는 인문학이 뒷전으로 밀리며 그에 따라 문학이 죽어간다는 사실을 예언한 바가 있습니다. 미래 첨단사회에서 고도의 비유와 내포로 상징되는 시는 독자의 마음을 사로잡기가 매우 어려울 것이며, 허구를 본질로 하는 소설 역시 스마트시대의 현대인들에게 주목을 받기는 힘들 것이라 봅니다. 수세기 동안 문학 장르를 지배해 온 시, 소설, 극이라는 3분법은 이제 그 시대적인 소명이 한계에 다다르고 있다는 징후가 곳곳에서 나타나고 있습니다.

　이런 현실에서 모든 문학의 장점을 갖추고 있는 수필이야말로 미래문학의 새로운 대안으로 떠오르고 있다고 믿습니다. 바야흐로 수필시대가 열리고 있습니다. 이제 이 땅의 수필가들은 수필시대를 대비해서, 객관적이고 보편성 있는 수필이론을 정립하고, 감동적인 수필을 써야 할 때라고 생각합니다. 이번 평론집도 그런 노력 중의 하나입니다.

　의욕만 앞세운 글임에도 이번 평론집이 나올 수 있도록 물심양면으로 도와주신 수필과비평사의 서정환 회장님과 유인실 주간님, 고맙습니다. 나의 모든 일에 자기 일처럼 챙기고 꼼꼼하게 교정을 봐준 후배 김병일 박사에게도 사랑의 마음을 전합니다. 이 책이 수필을 공부하고 창작하는 독자들에게 길잡이가 되고, 수필이 문학의 본류로 성장하는 데 작은 디딤돌이 되기를 희망합니다. 감사합니다.

2024년 봄날
진등재 서재에서 백남오

차례

| 자서 | 수필창작의 교과서를 꿈꾸며 • 4

제1부 수필 창작의 이론과 실제

1. 왜 써야 하는가 • 10
2. 글쓰기가 경쟁력이다 • 15
3. 수필 쓰기의 시작과 다짐 • 19
4. 문학이란 무엇인가 • 26
5. 문학이해에 대한 네 가지 관점 • 32
6. 수필의 장르적 성격과 개념 • 38
7. 수필 쓰기의 실제 • 44
8. 수필 쓰기의 60계명 • 51
9. 첫문장과 마지막 문장 • 58
10. 단락의 이해 • 65
11. 문장의 올바른 표현 • 70
12. 수필작법의 원형 • 80
13. 글의 진술방법 • 85
14. 수필의 언어와 소설의 언어 • 103
15. 수필창작의 쟁점과 명작의 구조 • 107

16. 체험과 모자이크 법칙 • 125
17. 수필 쓰기에서 상상력과 허구의 문제 • 131
18. 기행수필 쓰기의 본질 • 139
19. 스마트 시대의 수필 쓰기 • 149
20. 좋은 글의 요건과 연암의 글쓰기 • 155
21. 문학적 표현과 수필의 서정 • 164
22. 사유 확장의 단계 • 177
23. 미래수필의 미적 요건에 대한 탐색 • 181
24. 작품안의 논리와 밖의 논리 • 201
25. 정신주의와 수필의 미래 • 216
26. 수필로 읽는 수필론 • 230
27. 자서전쓰기의 의의 • 240
28. 생명력 있는 책 한 권 내는 일 • 248
29. 한국문학의 미적 범주 • 253
30. 교과서에 실린 수필 한 편 • 258

제2부 현대수필 작가론

1. 수필 대중화의 깃발 – 장영희론 • 266
2. 우리시대 마지막 풍류작가 – 구활론 • 288
3. 백마 타고 오는 초인을 기다리며 – 이은희론 • 307
4. 동경과 방랑의 꿈 – 배대균론 • 324
5. 떠나지 않고 어이 견디리 – 김나현론 • 341
6. 읽히는 수필집의 키워드 – 임철호론 • 357
7. 개인적 체험이 민족의 역사로 승화 – 안규수론 • 377
8. 동경과 자유, 그 반어와 역설의 미학 – 예자비론 • 397
9. 서사와 서정과 따뜻한 감성의 조화 – 조헌론 • 416
10. 시공을 초월하는 광대무량한 인연의 세계 – 임종안론 • 429

제1부
수필 창작의 이론과 실제

1. 왜 써야 하는가

　새삼스러운 물음이다. 오늘날 사람들은 이제 글을 쓰지 않고서는 생활 자체가 불가능할지도 모른다. 직장에서는 말할 것도 없겠지만 매일 접하는 인터넷 사이트의 카페, 블로그, 페이스북, 인스타그램 등의 소통도구가 모두 글쓰기와 연결되어 있기 때문이다. 더욱이 현대인은 한시도 떠나서 살 수가 없는 스마트폰의 카카오톡이나 문자 전송까지도 번득이는 기지와 유머가 필요한 시대에 살고 있다.
　그렇다면 이왕 쓰는 글, 잘 쓰고, 상대에게 감동을 주고, 나의 의지대로 설득할 수 있다면 금상첨화인 셈이다. 그러한 이유가 아니더라도 우리가 굳이 글을 써야 하는 목적은 더 있다고 본다.

1. 내 삶의 기록

역사는 기록함으로써 이루어진다. 아무리 중요한 사건이 존재했다고 할지라도 기록되지 않는다면 그것은 시간 속에서 흔적도 없이 사라지고 만다. 개인도 국가도 민족도 그 어떤 존재도 이를 피해갈 수는 없다.

내 인생의 소중한 삶도 기록함으로써 비로소 존재할 수 있는 것이다. 살아오면서 아프고 슬펐던 일, 즐겁고 기뻤던 순간들, 삶을 담보로 한 선택의 순간들, 사랑했던 일 등의 숨겨진 이야기들을 기록하여 유산으로 남겨주자는 것이다. 힘들게 일하여 경제적으로 많은 것을 주려는 것도 중요한 일이겠지만 경우에 따라서는 부모의 정신적인 삶의 모습을 남겨주는 것이 자식들에게 돈보다 더 중요하지 않을까 싶기도 하다.

또한 '나'라는 존재는 이 세상에서 단 한 번 살고 가는데 흔적 없이 사라질 수는 없지 않은가. 내 삶의 기록을 한 권의 책으로 묶어서 세상에 전할 수 있다면 그것은 빗돌에 새겨두는 이상의 결과로 남게 될 것이다.

2. 상처의 치유

산다는 것은 어쩌면 상처를 감내하는 일일 수도 있다. 우리는 살아가면서 가족으로부터, 친구로부터, 직장으로부터, 사회로부터 수많은 상처를 받게 되는데 이는 인간이 피해갈 수 없는 숙명 같은 것으로 여겨진다. 사람에 따라서 잘 적응해 강도를 약화시킬 수는 있겠지만 근본적으로 소멸시킬 수는 없는 것이라고 본다. 심신이 약한 사람은 그 상처로 인하여 생명을 단축시킬 수도 있을 것이다. 우리나라는 OECD 국가 중에서도 자살률이 가장 높다. 필부로부터 스타, 사회지도층까지 계층을 초월해서 상처를 받아 스스로 목숨을 끊는 사람이 많다. 그만큼 살기가 어렵다는 반증이 아니겠는가. 아무런 상처도 없이 행복하게 살아갈 수 있다면 이런 일은 결코 일어나지 않을 것이다.

그 상처로부터 힐링하고 이를 치유하는 것이 글쓰기다. 이는 이미 많은 학자들에 의하여 검증된 결론이다. 글쓰기를 통하여 자기의 상처를 녹여내고 다른 사람들과 화해하는 것이다. 그렇게 용서하며 함께 살아가는 것이 삶이다. 사람으로부터의 상처는 사람 속에서 해결할 수가 있음을 받아들여야 한다.

3. 결핍의 보상

사람은 그 누구라도 모든 것을 다 가질 수는 없을 것이다. 만약 세상을 다 가진 사람이라면 그는 절대로 글을 쓸 수도 없고, 쓸 이유도 없다. 세상에서 돈, 명예, 건강, 사랑, 그 전부를 다 가진 이가 있을까. 보통사람으로서는 불가능하다고 본다. 자기가 원하는 만큼의 물질과 재력, 바라는 만큼의 지위와 명예, 만족할 만한 건강과 외모, 이상적인 사랑의 성취를 모두 이루기란 쉽지 않을 것이다. 어쩌면 신이 원초적으로 불가능하도록 창조했을지도 모를 일이다.

그 하나에 대한 결핍, 그것을 메꿀 수 있는 것이 문학이다. 작가에 따라서 각자 결핍의 대상들이 문학적 바탕을 이루는 것이라 본다. 그러나 대부분의 작가의 경우 물질적인 것보다는 정신적인 결핍이 더 많은 문학적 동력이 될 것임은 자명한 일이다.

4. 백세 시대의 대비

'백세 시대' 이전과 '백세 시대'는 전혀 다른 개념이다. 성공의 개념을 평가한다면 백세 시대 이전에는 사회적인 지위를 주로 따질 것이지만 백세 시대는 사회적인 지위가 그렇게 중요하지는 않다고 본다. 은퇴시기를 60세로 본다면 그 이후의 30년을 어떻게 보낼 것인가로 평가될 것이다. 은퇴 이후 30년의 행·불행에 따라 인생의 성공 여부가 달려 있다는 의미이다.

사실 은퇴 이전에는 누구라도 직장생활에만 전념하게 된다. 그 생활이 인생의 전부인 양 오직 한 곳에 집중하게 된다. 그러다 갑자기 맞이하게 되는 은퇴, 막막하다. 그 이후를 대비해야 한다. 나머지 30년도 외롭지 않고 즐겁게 보낼 준비가 되어야 한다.

그 대안이 예술의 꿈, 문학의 꿈 등 젊은 날의 꿈을 실현하는 것이라고 본다. 바로 예술인의 길을 걷는 것이다. 전혀 새로운 삶이다. 사실 우리들의 대부분은 학창 시절에 한두 번 정도는 문화예술에 대한 꿈을 꾸었으리라 생각한다. 하지만 삶이라는 엄중한 현실 앞에서 문학의 꿈을 접을 수밖에 없었고 아이들에게 매달리며 정신없이 살아오면서 은퇴시기를 맞이하는 것이다. 이제 그 꿈을 꽃피울 때이다. 결코 늦었다고 생각하지 않는다. 그러한 자부심으로 남은 시간에 대한 위안과 살아갈 수 있는 동력을 확보할 수 있기 때문이다. 이 같은 정신적인 활동이야말로 백세 시대에 꼭 맞는 선택이라고 보는 것이다.

5. 동반자(도반)의 만남

같은 취미와 뜻을 가진 벗을 만나기란 쉽지 않다. 평생직장에서도 도반을 만나기는 어려운 일이다. 같은 인자와 생각을 가진 사람이 한정되어 있기 때문이다. 그러다 보니 매번 만나는 사람만 만나게 되고 새로운 사람을 만나는 일은 점점 멀어지게 된다. 그러니 평생을 같은 직장을 다녀도 마음을 터놓고 지내는 사람은 한두 명 정도 정해져 있는 것이 현실이다.

평생교육이 보편화된 요즘은 어느 교실이든 같은 성향과 같은 길을 갈 사람들이 함께 모인다. 문학교실에는 문학의 꿈을 가진 도반들이 모인다. 한꺼번에 그 많은 벗들을 만나는 일은 어떻게 보면 횡재다. 그렇게 함께 같은 길을 걸으며 인생의 길을 걸어가는 것이다. 이 모든 것이 문학이기에 가능한 것이 아니겠는가.

2. 글쓰기가 경쟁력이다

1. 사람 평가의 기준

 사람의 가치를 무엇으로 측정할 수 있을까. 시험성적만이 전부일까. 일반적으로 사람을 평가하는 근거는 대개 그 사람의 평소 언행과 인상 평판 등이며 한번 내려진 평가의 결과는 쉽게 바뀌지 않는다. 하지만 반전으로 뒤집힐 때가 없는 것은 아니다. 어떤 경우에 재평가를 받을 수 있을까. 그에게서 말솜씨와 글솜씨가 보일 때이다. 첨단통신시대에 글의 힘은 더 강해지고 있는 추세이다. 페이스북이나 인스타그램, 카카오톡 또는 전자 메일이나 메신저 등 온라인에서 올린 글 한 편이 세상을 바꾸기도 하고 묻혔던 진실을 드러내기도 한다. 자신의 가치를 높이고 싶다면 글을 다루는 능력에 주목할 필요가 있다는 말이다.

글쓰기에는 독서, 사색, 해석, 구상, 집필이라는 일련의 과정이 종합적으로 작동한다. 이러한 과정은 지속적인 훈련으로 이룰 수 있다. 훈련을 통해서 자신도 몰랐던 잠재력을 발견하거나 새로운 인생의 장을 모색하기도 하는 것이다.

글의 위력은 대단하다. 특히 우리나라에서는 그 어떤 계층에서라도 쓰기로부터 자유로울 수는 없다. 논술, 자기소개서, 보고서, 기획안, 문학작품에 이르기까지 우리 인생의 중요지점에 곳곳이 버티고 서서 그 향배를 좌지우지하고 있다. 정치인, 경영자, 중간관리자, 교육자 그 누구도 사람을 판단하는 최고의 기준이다.

신언서판(身言書判)이란 것이 있다. 외모, 말, 글, 판단력을 말하는데 당나라 때 관리 선발의 기준이다. 이것이 조선 시대에 와서는 사람을 판단하는 네 가지 기준으로 자리 잡게 된 것이다. 이는 오늘날에도 사람을 판단하는 중요한 기준으로서의 시금석이 되고 있다. 여기서 말과 글은 동급으로 인식이 될 수도 있겠지만 사실 그 위상이 다르다. 우리가 말을 잘한다고 할 때 그 속에는 긍정과 부정의 의미를 동시에 가지고 있다. 칭송과 비아냥이라는 상극의 의미가 있는 것이다. 하지만 글을 잘 쓴다고 할 때는 긍정의 의미만 있다. 칭송만 있음이다. 결국 상대적으로 말보다는 글이 위상이 높다는 의미가 아닌가. 결국 우리는 필력이 경쟁력이 된 시대를 살고 있다고 볼 수 있다.

2. 글쓰기와 화살의 비유

글쓰기는 건축 과정과 같다고 보면 된다. 좋은 글도 한 치의 오차가 있으면 무너진다. 단어와 문장과 단락이 견고하게 맞물려야 하고 여러 가지 글의 요소들이 유기적으로 작용해야 하며 정확하고 세련된 표현도 필요하다.

글을 구성하는 중요한 요소는 세 가지를 들 수 있는데 그것은 메시지, 내용, 표현이다. 이 세 요소를 이남훈은 화살을 비유로 설명을 한 적이 있다. 화살은 화살촉, 화살대, 화살 깃으로 구성되어 있는데 이를 글의 구성에 필요한 3요소에 비유를 한 것이다.

화살은 과녁을 정확하게 맞추어야 한다. 화살촉은 날카로움이 생명력이다. 메시지가 바로 화살촉에 해당한다. 독자의 마음을 흔들지 못하는 메시지는 이미 죽은 것이다. 자기 자신의 신상에 해당하는 메시지라면 식상할 수도 있으며 너무 시사적인 내용도 문학작품과는 거리가 멀 것이다. 독자들이 열망하는 강렬한 메시지를 찾아내는 일은 오롯이 작가의 몫이다.

화살대는 내용이다. 글쓰기에서 소재에 해당된다고 볼 수 있다. 메시지에 가장 적합하고 설득력 있는 사례가 많을수록 화살대는 더욱 단단해질 것이다. 화살대가 단단하지 못하면 바람에 부러질 수도 있다. 단단한 화살대는 어쩌면 화살의 가장 중요한 요건일 수도 있다. 특히 수필이 소재의 문학임을 감안한다면 소재가 얼마나 중요한가 하는 점은 아무리 강조해도 지나치지 않다.

화살 깃은 표현에 해당된다고 볼 수 있다. 화살 깃은 마찰력을 최소화시켜야 한다. 그래야 매끄럽게 날아갈 수 있다. 지나친 표현을 경계해야 한다는 말이 되는 셈이다. 메시지와 소재에 따라서 거기에 가장 적합한 표현을 해야 함은 매우 당연한 일이다. 슬픈 내용을 장난스럽게 표현해선 안 될 것이며 진중한 삶의 조언을 희롱 섞인 어조로 담아낼 수도 없을 것이다. 재치가 돋보이는 내용이라면 가볍고 경쾌한 어휘를 사용해야 어울린다는 의미일 것이다.

이 세 가지 요소가 적합한 균형을 이룰 때 좋은 글쓰기가 된다는 이남훈의 지적은 매우 적절해 보인다.

3. 수필 쓰기의 시작과 다짐

　새 봄이 와 생명의 숨소리가 가슴을 두근거리게 하듯, 수필창작을 하겠다는 예비문인들을 처음 만나면, 그들이 내뿜는 열정의 두근거림으로 인해 함께 설렌다. 학생들에게 수필을 가르치기 시작한 지 10년을 넘어서고 있는 지금도 마음은 항상 새롭다.
　처음 시작할 무렵에는 유치한 작품을 보여 주었으나 몇 학기가 지나면 놀라운 발전을 보여 준 학생이 있는가 하면, 반대로 첫 출발은 훌륭했지만 막상 시간이 지나도 별다른 성과를 보내 주지 못한 학생들도 있다.
　이로 인해 수필창작은 노력해서 되는 것이 아니라는 통설이 널리 확산되기도 한다. 조금만 더 노력하면 첫 관문을 뚫고 나갈 터인데, 그 주변을 배회하다가 끝나는 경우도 자주 발견된다. 물론 수필을 쓰는 것이 영어 단어를 외우거나 수학공식을 풀듯이 시간과 노력에 비례하지는 않는다. 그렇다고 해서 수필 쓰기가 어느 날 갑자기 영감이 떠올라 불현듯 쓰이는 것이 아니라는 사실은 명백하다.

오랜 침잠의 시간과 각고의 노력을 통해서이거나 자기의 전 생애를 투척한 결과에 의해 뛰어난 수필이 쓰인다는 사실은 동서고금을 통해 입증된 바이다. 초보자일수록 단번에 승부를 내려고 하고, 성급하게 좋은 수필을 쓰려고 하는 경향이 있다. 서두르는 사람일수록 입문조차 못하고 끝나고 만다는 것을 지난 세월 경험을 통해서 알게 되었다.

수필 쓰기의 출발에 있어서 우리가 일반적으로 가지고 있는 기존의 선입관을 털어 버리기 위해서는 다음 세 가지 전제가 필요하다.

1) 수필을 쓰는 것은 재능이 아니라 열정이다.
2) 처음부터 대단한 수필을 쓰려 하지 않는다면 누구나 수필을 쓸 수 있다.
3) 쉽게 중단하는 사람은 좋은 수필을 쓰지 못한다.

사실 이 세 가지는 이미 누구나 알고 있는 것인지도 모른다. 그러나, 막상 실전에 부딪히면 항상 망각하기 쉬운 전제이기도 하다.

첫째, 일반적으로 사람들은 수필 쓰기가 재능에 의한 것이라 말한다. 재능이 없다는 것은 수필을 쓸 수 없다는 것이므로 자신이 수필을 쓰지 못하는 것은 재능의 문제이지 다른 것은 아니라고 하면서 자신을 합리화시키는 예를 많이 본다. 물론 천재적인 수필가가 없는 것은 아니다. 잠자다가 눈뜨고 일어나 보니 유명해졌다는 식의 천재적 깜짝 사건에 주눅들 필요가 없다. 천재의 수필은 누구나 쓰는 것이 아니지만, 그들이 천재가 된 것은 그들 나름의 각고의 노력과 열정이 있었다는 사실을 간과해서는 안 된다. 피천득이나 이양하가 얼마나 그들 자신의 수필에 각고의 정성을 바쳤는지는 그들의 창작 과정을 추적해 보면 금방 알 수 있다. 천재가 아니므로 나는 수필을 쓸 수 없다는 말은 언제나 자기변명을 동반하기 쉽다는 점을 강조해 두고 싶다.

둘째, 보통 초보자의 경우 상당한 연습량도 없이 단번에 세상을 뒤바꿀 수필을 쓰고 싶어 한다. 이는 타석에 든 타자가 별다른 연습 없이 홈런을 치기 위해 어깨에 지나치게 힘을 주었다가 삼진 아웃이나 땅볼로 처리되는 경우와 같다. 눈물과 땀이 뒤범벅된 연습량을 축적한 타자만이 뛰어난 타력을 보여 줄 수 있다. 보통의 경우 세상을 뒤바꾸기는커녕 자신의 한계를 뼈저리게 느낄 때가 많을 것이다. 첫 출발은 작고 사소한 것으로부터 시작해야 한다. 아니면 자기에게 가장 가까운 일상생활로부터 시작하면 된다.

너무 높은 이상으로 인해 너무 먼 곳에서 소재를 찾거나 너무 고상한 수필을 쓰려고 한다면, 그 사람은 분명 실패할 것임에 틀림없다. '천릿길도 한 걸음부터'라는 말이 있다. 자기의 삶에 구체적으로 부딪치는 일상으로부터 시작하여 차근차근 자기의 세계를 넓혀 나가는 사람은 결코 실패하지 않을 것이다. 사람들은 누구나 천재이고 싶어 한다. 피가 들끓기 때문이다. 그러나 이 분출되는 열정을 가라앉히고 작고, 사소한 것에 눈길을 돌리고, 삶을 깊이 통찰한다면 누구나 수필을 쓸 수 있다.

셋째, 많은 초보자들이 좋은 수필을 쓰려고 서두르다가 쉽게 중단하는 예를 많이 볼 수 있었다. 어떤 경우 그들의 열정이 한 학기를 지탱하지 못하는 것은 물론이요 한두 달도 끌지 못하는 경우를 발견하기도 했다.

그들은 대체로 어색하게 웃으며, 수필은 자기의 적성이 아니라고 변명한다. 이 세상의 많은 일들이 그러하지만, 아주 작은 기술 하나라도 그것을 자기 것으로 익히기 위해서는 많은 시간과 숙련이 필요하다. 음악을 듣거나 그림을 보거나 운동경기를 관람하는 것도 마찬가지다. 수필 쓰기는 누구나 쉽게 웃을 수 있는 개그 프로그램를 본다거나, 고전음악을 듣는 것과는 다른 일이다. 단적으로 말하면, 개그 프로그램은 대중들의 호기심이나 일시적 취향에 바쳐지는 것이지만, 수필 쓰기는 오로지 자기 자신에게 바쳐지는 것이고, 그것을 통해 함께 공감하는 독자들에게 메아리처럼 퍼져나가는 것이다.

물론 우리가 통상적으로 말할 때 인기 수필이라는 것이 있다. 세상 사람들에게 선풍적인 인기를 모으고, 100만 부 이상의 판매 부수를 올리는 경우도 있다. 인기수필을 쓴다는 것 또한 남다른 능력이 필요한 것이다. 그러나 약간의 세월이 지난 다음 과연 그들의 수필이 왜 그렇게 유행하였는지, 그리고 그들은 지금 과연 어디서 무엇을 하는지 찾아보면 흔적도 없이 사라진 경우가 많다. 일시적 현란함이 아니라 꾸준히 끝까지 가는 것이 중요하다는 말이다.

  디지털시대의 특징으로 인한 인내심 부족을 드는 사람이 많다. 한 학기 수업을 끝내고 초보자들에게서 들은 이야기 중의 하나가 수필 쓰기가 이렇게 어려운 줄 몰랐다는 말이다. 이럴 경우 빙그레 웃을 수밖에 없다. 어떠한 일이라도 쉽게 중단하는 사람은 평생 이 일 저 일 시작만 하고 아무것도 마무리 못하는 결과를 초래할 것이다. 때로는 수필에 미쳐서 다른 일은 모두 포기하고 수필에 몰두한다는 사람을 만나기도 한다. 조지훈은 젊은 날 시로 인해 병들었는데 나이 들어보니 시로 인해 위안을 얻었다는 말을 한 바 있다. 지나치게 극단적인 몰입은 바람직한 일은 아니다.

  극단적인 외골수로 나아가 막다른 길에 부딪친다면, 수필을 가능케 하는 영혼의 샘이 고갈되고 말 것이다. 어떻게 보면 쉽게 중단하는 사람은 아예 수필 쓰기를 하지 않는 것이 좋을지도 모른다. 흔히 하는 말로 수필을 모른다 해서 인생을 잘 살 수 없는 것은 아니기 때문이다.

  수필 쓰기는 즐거움도 있지만 때로는 그만큼의 괴로움을 동반한다. 하지만 인간에 의해 창조된 언어를 통해 자기 존재의 최대치를 표현할 수 있다. 태초의 인간은 물론 미래의 인간들에게도 빼놓을 수 없는 고도의 즐거움을 선사한다는 점이다. 그 성과가 때로 유치한 단계의 것일 경우에도 자기만의 고유성을 함축하고 있다는 점에서 다른 어떤 것과 바꿀 수 없는 독자성을 가진 예술이 수필 쓰기다. 험난한 도정을 통해 에베레스트를 등정하는 기쁨 못지않게 언어를 통해 자기의 내면에 도전하는 수필 쓰기의 기쁨은 새로운 대륙의 발견에 비견된다고 할 수 있다.

이상에서 거론한 세 가지 사항을 전제하고 출발한다면 나름대로 수필 쓰기의 첫 문을 여는 데 큰 어려움이 없을 것이다. 이와 더불어 성공적인 수필가가 되기 위해서는 다음 열 가지를 좌우명으로 삼을 필요가 있다.

1) 많이 읽고, 많이 쓰고, 많이 퇴고해야 한다.
2) 좋은 수필을 많이 읽고 필사해 보아야 한다.
3) 타인의 조언과 비평을 겸허하게 수용해야 한다.
4) 누구나 느낄 수 있는 감각으로 언어를 숙성시켜야 한다.
5) 독서와 여행을 통하여 견문을 넓혀 보아야 한다.
6) 존경하는 스승을 만나려고 노력해야 한다.
7) 밀폐된 자의식을 극복하고, 자기의 길을 찾으려고 노력해야 한다.
8) 때때로 혼자 산책하며 사유의 시간을 가져야 한다.
9) 남과 비교하지 말고 묵묵히 끝까지 가야 한다.
10) 예술사유, 형상사유에 대하여 생각해 보아야 한다.

위의 사항들은 그동안의 현장 체험에서 얻어진 사례들을 집약한 것들이다. 어떻게 하면 좋은 수필을 쓸 수 있을까 하는 문제는 학생들만의 문제가 아니라 수십 년 가까이 수필 쓰기를 계속해 온 나

필자의 고민이기도 했기 때문이다. 어떻게 보면 학생들을 가르쳤다기보다는 그들로부터 많은 것을 배웠다는 말이 옳을 것이다.

그러나 성급한 속성주의가 횡행되는 시대에 학생들은 위의 좌우명을 보면서, 다음과 같이 말할 수도 있을 것이다. '수필 쓰기를 위해서 이렇게 해야 할 일이 많다면, 다른 것은 아무것도 할 수 없겠네. 돈벌이나 출세에 도움이 안 되는데 무엇하러 이렇게 많은 시간과 노력을 들여야 하나.' 이에 대해 답할 수 있는 것은 매우 간단하다. '자신의 삶을 풍요롭게 할 수 있는 예술적 장르 중에 가장 가깝게 실천할 수 있는 것이 수필 쓰기이다.'라고. 풍요로운 삶을 갈망하지 않는다면, 수필은 초등학교 시절의 교과서 속에 던져버려라.

제자들에게 시를 배우라고 권고하던 공자는 어느 날 그의 아들 백어伯魚에게, "너 시를 배웠느냐."고 물었다. "아직 배우지 못했습니다."라고 대답하자, 공자는 사람이 시를 배우지 못하면 남과 말할 수 없다(不學詩, 無以言)고 했다. 시를 통해 인간적 감정을 느끼고, 시를 통해 사물을 바라보는 눈을 기르고, 시를 통해 여러 사람과 뜻을 함께하고, 시를 통해 세상을 비판할 수 있다(詩可以興, 可以觀, 可以群, 可以怨)라고 공자는 생각했다. 여기서 공자가 말한 시라는 말 대신에 당연히 문학이라는 말과 수필이라는 말을 대입시킬 수가 있으리라 생각한다.

4. 문학이란 무엇인가

1. 문학이 태어나는 자리

 훌륭한 샤먼은 저승을 여행하여 죽은 이들의 말씀을 산 자들에게 들려주고, 아름다운 사제는 거룩한 신을 낮고 어두운 곳으로 모신다. 탁월한 비평가는 위대한 예술의 세계를 평범한 사람들의 마음속에 전해 준다.
 문학에서 복잡한 기교와 위대함이란 선입견을 덜어내면 이런 것이다. 《홍길동전》에서는 가정불화와 청소년의 가출, 《허생전》에서는 심각하게 전업을 고민하는 학자의 절망감, 《카라마조프 형제들》에서는 도스토옙스키의 가난과 간질병, 《변신》에서는 카프카의 아버지 콤플렉스와 수모감, 《수호전》에서는 버려진 인재에 대한 연민과 부패한 권력에 대한 분노라 할 수 있다.

　이러한 것이야말로 문학이 태어나는 자리이면서, 문학이 돌아가야 할 자리다. 삶에서 문학이 태어나고 문학은 다시 삶을 낳는다는 말이다.

　문학은 삶이라는 집에 달려 있는 창문이고, 삶의 밭 사이에 나 있는 두둑길이다. 사람들은 문학이라는 창문을 통하여 삶을 엿보고, 문학이라는 길 위로 삶을 가로질러 간다.

　당나라 시인 원진은 시를 지으면 먼저 이웃집 할머니에게 보여 끄덕이는 모습을 본 다음에 발표를 했고, 조선시대 서포 김만중은 어머니를 위로하기 위해 〈구운몽〉을 지었다고 한다. 이들이야말로 아름다운 샤먼이고, 사제이며 사람들에게 문학을 전해주는 우체부다.

　　매화 꽃 졌다 하신 편지를 받자옵고
　　개나리 한창이란 대답을 보내었소
　　둘이다 봄이란 말은 차마 쓰기 어려워서.
　　　　　　　　　　　　　　　　　　　- 이은상 〈개나리〉

　매화가 졌다 함은 봄이 왔다는 말이고, 개나리가 피었다 함도 봄이 왔다는 말이다. 하지만 그냥 누구나가 다 쓰는 말로 "봄이 왔다."라고 말할 수는 없다. 너무 소중하고 특별하면 그런 것이다.

　사랑하는 마음이 지극하면 그냥 심상하게 "사랑한다." 라고 말할 수가 없어 자기 마음을 담아 전할 표현을 고심하게 되는 것이다. 먼 길을 떠나는 사람에게 그냥 "잘 가." 한마디로 끝내지 못하는 것도 마찬가지다. 그래서 장미꽃을 품에 안겨 주기도 하고, 밤새 고심하여 편지를 써주며 전송을 하는 것이다. 표현의 수준이나 효과의 득실, 상징이니 비유니 하는 방법은 그 다음의 문제이다.

어둠 속에서 별이 반짝였다. 외딴집이다. 식탁에 팔꿈치를 펴고 있는 농부들은 그 등불이 그 검소한 식탁만을 비춘다고 생각한다. 하지만 그 불빛은 80킬로미터 떨어진 곳의 사람에게도 전해지는 것이다. 어쩌면 문학이란 외딴집 농가의 식탁을 비추는 작은 등불과도 같아서, 그 불빛은 수십 킬로미터 떨어진 사람에게는 구원의 이정표가 될 수도 있다. 다양한 삶의 얘기들을 풀어내다 보면 자신은 물론, 비슷한 처지에 있는 이들의 영혼을 달래고 위무해 주는 생명수 같은 글 한 편 나올 수도 있을 것임을 믿는다.

문학작품은 신비로운 높은 산이 아니라 집 근처에 있는 야트막한 야산이며, 천재가 아니라 고뇌하고 번민하는 평범한 사람이 중심이다. 어느 누가 처음부터 세상을 밝힐 글을 쓸 수 있겠는가.

2. 문학의 개념

문학평론가 김현은 "문학은 배고픈 거지 하나 구원하지 못한다. 문학은 아무짝에도 쓸모없는 것이다. 그런데 그 쓸모없음으로 해서 문학이 오히려 가치가 생긴다."고 했다. 독일의 철학자 아도르노는 아우슈비츠의 참담한 살육 이후로 "더이상 서정시가 존재할 수 없게 되었다."고 언급한 적이 있다. 아우슈비츠에서 무고한 사람의 죽음은 곧 문학의 죽음을 의미하는 것이라는 아도르노의 견해는 매우 설득력이 있어 보인다.

사실 산업화로 인한 사회발전 이후 과학기술의 발달은 스마트 기기를 앞세운 전자시대까지 열고 말았다. 앞으로 이 발달 속도는 어디까지 이어질지 그 누구도 예측할 수 없게 되었다. 분명한 것은 이러한 결과물이 비인간화와 폭력화라는 것이며, 거대한 자본의 논리만이 모든 것을 집어 삼킬 듯이 옥죄어 오고 있다는 사실이다.

하지만 역설적으로 이 쓸모없음으로 해서 문학은 쓸모있고 자유로운 것이 아닐까. 쓸모없음을 지향할 때 문학은 어디에도 속박되지 않고 자유로울 수 있다는 명분을 얻을 수 있다. 그런 의미에서 문학을 한다는 것은 가장 낮은 자세이면서도 즐거운 일이 아니겠는가. 물론 때로는 창작의 고통에 몸부림치기도 할 것이다. 그것이 또한 문학의 역설이자 양면성이기 때문이다.

문학이야말로 인간다운 삶을 위한 감성과 상상력의 회복, 교양과 이성, 인문학적 가치관과 정서를 가장 깊고 다양하게 보여줄 수 있다. 특별히 인문학적인 가치는 사람과 사람 사이에서 가장 중요한 것, 최후의 희망이다. 따라서 문학의 가장 중심에는 인간이 있고, 인간적인 덕목만이 있을 뿐이다.

영국에서 귀화한 안산재 교수는 문학을 한마디로 'compassion'이라고 정의했다. 이를 우리말로 번역하면 '연민, 동정, 이해심, 배려, 측은지심' 같은 것이라고 어느 강연에서 들은 적이 있다. compassion은 인간에 대한 인간의 가장 기본적인 조건이라고 이해된다. 그 조건은 무엇일까. 단 한마디로 요약한다면 인간에 대한 사랑이다. 또한 문학이란 사실, 정보전달 등에 대한 대칭적인 개념이기도 하다. 사실과 정보는 너무 폭주하기 때문에 무섭고, 비인간적이며, 폭력적이라 할 수 있다. 이에 반해 문학은 인간과 인간 사이의 관계를 이어주는 이해심, 관계 형성에 필요한 요건 같은 것이 아닐까 싶다. 세계적 관광명소인 한 공간에 어느 봄날의 거리에서 눈먼 장님 소녀가 "한푼 주십시오." 하고 앉아 있으면 그 누구도 관심을 가지지 않지만 "저는 여러분들이 즐기는 이 아름다운 봄날을 볼 수가 없습니다."라고 한다면 많은 사람들의 관심과 격려를 받을 수가 있다. 그것이 문학의 힘임은 두말할 필요도 없다. 그런 의미에서 어떤 이유이든 문학과의 만남은 축복이다. 문학을 연구하고 가르치는 것을 업으로 하든, 문학 강의를 듣는 입장이든, 작가와 독자의 입장이든 모두가 행운이자 특권이다.

  문학을 한다는 것이 얼마나 행복한 일인가를 스스로 자각하기란 쉽지 않겠지만 삶을 직간접으로 풍요롭게 해줄 것임은 분명하다. 문학은 삶의 구체적인 형상화를 통하여 실제의 삶보다도 더 생생하고 구체적으로 인생을 그려내고 표현한다. 작품 속에 담긴 삶을 통해서 감수성과 상상력을 키우고 올바른 가치관을 체득한다. 스스로를 깊이 성찰할 수 있고 세상 모든 존재와의 관계와 그 실상을 파악해볼 수도 있다. 어떤 삶이 가치 있는 것인지, 아름다운 것이 무엇인지, 행복하다는 것이 어떤 것인가를 작품속의 치열한 삶을 통하여 목도할 수 있다.

요즘 상식 밖의 이상한 작가나 작품들이 베스트셀러로 지배하는 현실을 볼 수 있다. 이는 균형 감각을 잃은 가치의식과 천박한 감수성이 빚어낸 결과일 뿐이다. 그 책임은 상당 부분 잘못된 문학교육에 있음을 고백하지 않을 수가 없다.

그렇다면 예술이 예술일 수 있는 필요요건은 있는 것인가. 예술을 예술이게 하는 고유한 속성은 없다는 견해도 있다. 어떤 대상을 예술작품으로 받아들이는 것은 예술적 관습이나 제도에 의해서 결정된다는 것이다. 가령 옛날 생활도구에 불과했던 항아리가 지금은 예술작품의 대우를 받고 있다는 것과 같은 이치다. 기생이었던 황진이는 시인으로 대접받는 것도 같은 맥락이라고 설명한다. 문학은 창조된 세계이고, 작가의 개성이 반영된 정서적인 언어로 된 글이며, 쾌락과 교훈을 준다. 또한 문학이란 가장 깊은 내면에 꼭꼭 숨겨둔 얘기를 표현하는 것이 아닌가도 싶다. 수필이 그 중요한 문학의 중심을 차지하고 있음은 두말할 필요도 없다.

5. 문학 이해에 대한 네 가지 관점

　라틴어 criticus에서 나온 비평criticism은 일반적으로 판단과 식별을 통해서 평가하는 활동을 뜻하며 평가는 가치를 구명하고 그 의미를 밝혀내야 하므로, 비평은 사물의 가치를 판단하고 그 의의를 명백하게 밝히는 학문 활동이라고 하겠다. 대학에서 순수문학 이론 연구는 비평에 가깝다고 볼 수 있다. 이에 반해 평론이란 문학 연구의 방법론을 가지고 실제 작품을 분석하는 일이다.

　M. H. 에이브람스는 문학작품의 해석 모형을 4가지 범주로 제시한다. 즉, 문학작품을 중심에 두고 1) 우주와 자연에 대한 모방론 내지 반영론 2) 작가와의 관계를 중시하는 표현론과 생산론 3) 독자와의 관계를 살피는 수용론, 효용론, 실용론 4) 작품 자체에 대한 분석을 중시하는 존재론, 구조론, 절대주의적 관점을 제시한 바 있다.

이때 존재론이란 비유, 상징, 역설, 반어 등의 작품 자체의 구조를 분석해 내는 일이다. 이를 도식화하면 다음과 같다.

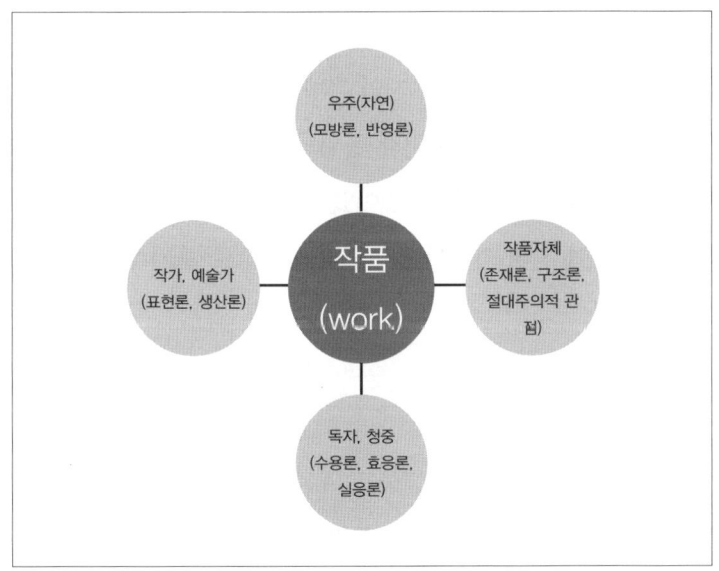

1. 모방론적 관점

문학을 세계와의 관계 속에서 바라본다. 문학작품을 세계나 인생의 모방으로 이해할 수 있다는 것인데 고대로부터 내려온 문학에 대한 가장 오래된 관점이다. 모방의 대상과 방법 그리고 가치관에 따라 그 의미는 다양할 수 있다. 작가가 모방하는 자연은 특수한 것일 수도, 유형화된 것일 수도, 세계의 아름다움일 수도, 도덕적인 측면일 수도, 또 다른 내용일 수도 있다.

플라톤은 그의 '공화국'에서 시는 모방이라고 맨 처음 정의하였다. 그는 모든 가치의 중심인 영원불변의 관념(이데아)과 그 관념을 모방한 감각적인 세계와, 그 감각적 세계를 다시 모방하는 예술로 구분하였다. 그리고 모방의 재모방으로서는 절대 진리에 도달할 수 없다고 보았다. 이런 이유로 '시인 추방론'을 주장하게 되는 것이다.

아리스토텔레스도 시는 인간 행위의 모방의 양식이라고 주장했지만 플라톤과는 전혀 다른 것이었다. 이데아를 배제했으며, 감각 세계의 모방이 시의 가치를 떨어뜨리는 것으로 보지 않았다.

2. 효용론적 관점

문학이 독자에게 어떤 영향을 준다는 생각은 오래전부터 있어 왔다. 효용론적 관점은 문학과 독자의 관계에서 문학을 이해하고 그 가치를 판단하려는 태도이다. 문학이 독자에게 주는 효과는 대체로 두 가지인데, 하나는 쾌락적 효과이며 다른 하나는 교훈적 효과이다.

아리스토텔레스는 카타르시스론을 내세우며 문학의 쾌락적 기능과 교훈적 기능을 중시하였지만 호라티우스는 문학에서 교훈보다는 쾌락을 더 중시했다. 다만, 문학작품이 주는 쾌감은 말초적인 자극이 아닌 세계에 대한 새로운 인식이나 반성적 자각으로 독자의 영혼을 상승시키고 진실을 담을 수 있는, 잘 짜여진 승화된 즐거움이어야 한다.

3. 표현론적 관점

작품 창작의 원천인 작가를 중시하는 관점이다. 작가의 타고난 천재성이나 감정의 자발성, 개성, 창조적 상상력 등을 강조하며 문학작품을 작가의 독특한 정신의 표현으로 보는 입장을 취한다. 표현적 관점이 강조하는 일반적 특징은 시를 대상으로 하면 다음과 같다.

1) 시인의 자기표현으로 본다.
2) 시의 언어는 정서적이고 애매함도 있으며 때로 상상적, 반어적, 역설적으로 드러나기도 한다.
3) 서정성을 강조한다.
4) 시는 음악성을 지향하는 경향이 있다.
5) 우수성의 중요 기준은 성실성이다. 시인의 진실성에 대한 태도를 나타내는 성실성, 사상, 감정의 적절성이나 상상력의 독창성 등이 강조된다. 가치 기준이 대상의 진실성에서 시인의 진실성으로 바뀐 것이다.

4. 객관적 관점

작품 자체의 고유한 내적 원리를 이해하고 접근하는 관점이다. 러시아 형식주의, 미국의 신비평, 시카고 학파, 프랑스 구조주의의 주요 경향을 포함하며 1920년대 이후에 특히 발전되어온 관점이다.

아리스토텔레스가 작품을 유기체로 파악했던 것처럼 부분들의 필연적인 선택과 배열에 의한 플롯의 통일성을 강조하였다.

러시아 형식주의는 1915년 모스크바대학생들이 '모스크바 언어학서클'을 결성한 데 이어 이듬해 '시어 연구회'를 결성하면서 이 두 그룹을 중심으로 일어난 문학운동이다. 이들은 문학의 내용 대신에 음성이나 단어의 형식상의 분석을 중시하였으며 로만 야콥슨, 르네 웰렉이 대표적 인물이다.

이들은 작품을 문학작품이게 하는 특성 즉, 문학성을 강조한다. 문학성은 언어학적 비평분석에 의해 해명될 수 있다는 것이다. 그들은 문학을 언어의 특수한 형식으로 보고 일상 언어와 시적 언어 사이에는 근본적인 차이가 있다는 것을 전제하면서 비평은 문학작품이게 하는 언어학적 특징인 문학성을 찾아야 한다고 주장한다. 이른바 '낯설게 하기'의 효과도 그중 하나이다. 낯설게 하기는 담화의 일상적 양식을 혼란케 함으로써 일상적 지각의 세계를 생소하게 만들고, 독자의 잃어버린 감각을 다시 생생하게 회복시켜 준다는 것인데 1930년대 당국의 탄압으로 쇠퇴하게 된다.

신비평은 1930년대 후반에서 1950년대 이르기까지 주로 미국에서 크게 발전했으며 I.A 리차드, T.S 엘리어트 등이 대표적인 학자다. 신비평은 다음과 같은 경향을 보인다.

1) 문학작품을 객관적이고 독립적이며 자족적인 실체로 파악한다. 작품 자체의 자율성과 외재적 연구보다는 내재적 연구를 중시한다.

2) 텍스트의 구체적 해설과 정밀한 독서를 중시한다. 구체적인 작품이 더 중시되기에, 장르간의 구별에는 별 관심을 두지 않는다. 작품 구조와 유기적 통일성을 강조하며 문학 작품 속의 여러 가지 다양한 요소들이 그 자체의 통일된 내적 원리에 의하여 어떻게 긴장된 전체를 유지하고 있는가를 분석한다.

3) 문학작품의 언어 조직에 관심을 가진다. 그들은 문학의 언어를 과학이나 논리적 언어와 구분한다. 문학의 언어는 내용 전달의 수단이 아닌 내용과 형식을 구분할 수 없는 종합적이고 유기적인 것으로 보았다. 그들은 시어, 리듬, 심상, 어조, 비유, 상징, 문체 등에 관심을 기울이고 그 상호작용을 밝혀내려 했다.

문학에 대한 이해 방법은 이처럼 다양하나 서양과는 달리 동양에서는 문학의 정신과 효용론이 지배적인 문학관이었으므로 객관적인 관점은 제대로 발전하지 못했다.

6. 수필의 장르적 성격과 개념

1. 문학의 갈래와 교술의 본질

　조동일은 3분법 체계였던 서정, 서사, 극이라는 전통적인 문학 장르로는 우리 문학의 여러 하위 장르를 포괄할 수 없다는 인식에서 '교술(敎述)'이라는 제4의 장르를 추가하며 가사, 경기체가, 전기, 가전체, 수필을 여기에 편입시켰다. 조동일은 〈자아와 세계의 소설적 대결에 관한 시론〉(1974)에서 문학작품은 '자아'와 '세계'의 대립적 구조로 보았다. 이때 자아는 '나'라는 주체이며, '세계'는 자아에 대립되어 있는 상대방이라는 포괄적 개념으로 설명하며 다음과 같이 장르의 성격을 규명했다.

1) 서정(시): 세계의 자아화(작품 외적 세계 개입 없음)
2) 서사(소설): 자아와 세계의 대결(작품 외적 자아 개입)
3) 극(희곡): 자아와 세계의 대결(작품 외적 자아 개입 없음)
4) 교술(수필): 자아의 세계화(작품 외적 세계 개입)

'세계의 자아화'가 시이고, '자아와 세계의 대결'이 소설과 극이라면, 수필은 '자아의 세계화'로 설명될 수 있다는 말이다. 세계를 자아화시킨다는 시는 세상의 논리를 완전히 자기 주관으로 판단하고 해석하며, 자아와 세계의 대립이라는 소설과 극은 세계와 화합하지 못하고 끝없이 부딪치고 갈등한다. 자아를 세계화시킨다는 수필은 자신을 접고 세계의 질서에 편입시킨다. 이 논리로 본다면 시인, 소설가, 수필가는 서로 겹쳐질 수가 없는데 이는 그 뿌리와 성정이 전혀 별개로 출발되기 때문이다. 여기서 작품 외적 자아는 작품을 즐기는 '독자'이고 작품 외적 세계는 우리가 실제로 부딪치는 '실제적 현실'로 보면 된다.

이렇게 수필은 대표적인 교술 장르로 자리매김하게 되었다. 이때 '교敎'란 정보를 알리거나 주장한다는 것이고, '술述'은 사실이나 경험을 서술한다는 의미이며, 가르치고 서술한다는 뜻을 가진 '교술'은 실제 존재하는 사실에 충실하고, 될 수 있으면 그 사실을 다른 층위로 전환하지 않고 서술하는 방식이다. 실제로 교술은 존재하는 세계를 있는 그대로 기록하여 전달하는 것을 기본원리로 삼는다. 작품 외적인 것이 작품에 그대로 들어와 있는 현상이 교술의 속성이라 할 수 있으며 현실, 즉 실제적 세계를 작가의 상상력에 의해 굴절시키지 않고 있는 그대로 작품화시키는 글쓰기다. 따라서 일상의 세계가 지닌 고유한 의미를 보존하는 범위 안에서 작품으로 재편성되는 것이 교술의 본질인 것이다.

조동일의 논리에 따를 경우 교술은 비문학이 된다. 이것이 수필의 태생적 한계이기는 하나 수필은 엄연한 문학이다. 따라서 여기에는 새로운 해석이 필요한데 '체험과 기록성에 바탕을 둔 문학이다.'라고 의미를 부여하면 된다. 교술문학인 수필은 그 기록된 경험적 사실을 해석하는 행위라고 보면 된다. 그것을 가능하게 하려면 문학적 형상화를 시도해야 하고 철학적 사색을 넘어 영적인 단계까지 승화시켜야 한다. 물론 교술적 속성이 문학적 형상화를 약화시키는 요소로 작용하게 되고 이것이 수필 창작의 어려움을 가져오기는 하나 역설적으로 그 묘미이기도 하다. 따라서 형상화 과정에서 시의 함축성이나 소설의 서사와 묘사를 빌려올 수 있는 열린 자세가 필요하다.

그럼에도 불구하고 조동일 교수의 '자아의 세계화'라는 설명은 그렇게 적절한 것이 아니라고 본다. 예술은 본질적으로도 그러하지만 문학 역시 자아중심의 예술이다. 더구나 수필은 서정시 못지않게 매우 주관적인 장르다. 따라서 이러한 규정은 '서정' 장르와 대칭적으로 설명하기 위한 도식적 논리에 지나지 않는다고 할 수 있다.

2. 수필의 개념

　일찍이 아리스토텔레스는 "시는 자연의 모방이다."라 했고, 몽테뉴는 《수상록》에서 "모두들 여기 내 생긴 그대로, 자연스럽고 평범하고, 꾸밈없는 별것 아닌 나를 보여주는 것", 말하자면 '천품 그대로의 내 모습'이라며 수필에 대한 정의를 내린 바가 있으며 알베레스는 "지성을 기반으로 한 정서적, 신비적 이미지를 형상화한 문학"이라 했다.
　헝가리의 비평가 루카치는 1988년 출간된 《영혼과 형식》에서 진정한 영혼이란 인간의 가장 은밀한 곳에 자리 잡고 있는 정신 상태를 말하는 것이라 전제하고 존재하는 모든 것들은 반드시 자신의 형식을 갖기 마련이며 그 형식은 보이지 않는 영혼을 담아내기에 충분한 그릇이어야 한다고 했다. 루카치는 수필의 양식을 "삶의 근원적이면서도 직접적인 문제에 대한 물음이자 좀처럼 붙잡기 힘든 인간 영혼의 가장 은밀한 곳에 자리 잡은 마음의 미세한 풍경을 그리며 동경을 표현하고자 하는 욕구에 기초한 글"이라고 정의하였다.
　뛰어난 수필은 지적인 시의 본성과 형식을 지니게 된다고도 한다. 결국 수필을 쓴다는 것은 영혼과 본질에 맞는 형식을 찾아나서는 일이기도 하다. 수필은 영혼의 끊임없는 확장과 경계를 넘나들면서 그 자체를 형식으로 추구하는 문학이라 할 수 있는 것이다.
　우리나라의 경우도 학자들의 수필에 대한 많은 정의가 있다. 윤

재천은 "가장 인간적인 문학 장르다." 한상렬은 "수필은 결국 나를 통하여 인간존재의 원형을 탐색한다." 문덕수는 "비교적 짧으며, 개인적이며, 서정적인 특성을 지닌 산문이다."고 했다.

오양호는《수필과비평》(2015년 6월호)의 〈수필, 에세이, 미셀러니〉라는 평론에서 난마처럼 얽혀있는 이들의 관계를 다음과 같이 학문적 고찰을 통하여 명료하게 밝힌 바가 있다. 즉, "미셀러니는 잡록, 잡문의 한계를 결코 벗어날 수 없는 개념이고, 수필은 장구한 세월 동안 전래해 온 가장 한국적인 글쓰기에 서구의 에세이 양식이 굴절, 변용, 수용된 글이다. 오늘날 우리가 말하는 범칭 '수필'은 '수필에 에세이를 더한' 개념이다."고 설명한다.

김시헌은 "수필은 호젓하면서도 군색하지 않고 멋이 있으면서도 방탕하지 않고 소박하면서도 우둔하지 않고 건강하지만 파격을 좋아한다. 수필은 길이가 짧지만 소설이 담겼고 리듬은 없지만 시가 있다. 수필은 부담 없이 걷는 산책과 같다. 수필 속에는 꿈을 돌아보는 낭만이 있고 고초를 극복하는 철학이 있고 생사를 초월한 우주가 있다."며 수필에 대한 길잡이를 제시하였다.

정봉구는 "수필은 교양인의 문학이며, 문학을 굽어보는 문학이며, 수필의 위상은 항상 초연하다."고 설파하며 수필의 위상을 높이며 수필가들에게 자긍심을 주었다.

수필이란 잃어버린 자신을 찾아가는 과정의 문학이 아닐까도 생각해 본다. 오늘날 현대인들은 자신을 잃어버리고 살고 있는지도 모른다. 누군가의 아내로, 누군가의 엄마로, 며느리로, 살아가는 것은 아닐까. 특히 국민소득이 백 달러도 미치지 못하던 시절에는 오직 먹는 것과 입는 것에만 연연했을 것인데 그 모두를 해결한 지금에는 자연스럽게 스스로를 돌아보는 성찰의 시간이 다가오고 있다고 본다. 수필을 창작하는 입장에서 볼 때, 결국 수필이란 **"작가가 체험을 통한 철학적 깨달음을 교술성을 바탕으로 한 수필적 구성과 문장으로 형상화한 가장 인간적인 문학"**이라는 것이 필자의 견해이기도 하다.

7. 수필 쓰기의 실제

일반적으로 수필은 일필휘지로 쓰여지지 않는다. 한 문장 한 문장 만들어 나가면서 쓰는 것이다. 마치 하나의 건축물을 완성하듯이 구상에서부터 세밀한 설계도가 필요하다. 뼈대를 세운 뒤 살을 붙여나가는 과정이 집을 짓는 일과 매우 비슷한 절차를 거친다고 보면 된다. 몇 가지 과정을 예를 들어보고자 한다. 우선 일반적인 순서를 살펴본다.

1. 무엇을 쓸 것인가를 정해야 한다

작품을 써야겠다고 마음을 먹는 것은 발상이 떠올랐을 때이다. 어느 순간 번개처럼 뇌리를 스치는 충격이 오는 순간이다. 이 순간이 언제 올지는 절대로 예고하지 않는다. 육체적인 고통 속에서, 환희 속에서, 독서의 충격에서, 그것은 사람마다 다르다. 이 충격의 순간을 놓치면 그 기회는 다시 오지 않을 수가 있으며 어쩌면 영원히 기억 속으로 불러낼 수가 없을지도 모른다. 그러니 발상이 떠오를 때 바로 메모를 해두어야 함은 두말할 필요가 없다. 충격이 왔다는 것은 이미 작품 한 편을 얻은 것이나 마찬가지다. 좋은 작품의 창작에서 그만큼 충격이 중요하다는 의미다.

2. 소재 또는 제재를 모아야 한다.

하늘의 별만큼이나 수많은 소재들 중에서 수필의 주제를 효과적으로 표현할 수 있는 제재가 필요하다. 이때 다양한 배경지식과 정보를 동원하여 풍부한 제재를 동원해야 한다. 작품의 제재가 빈약하다는 것은 그만큼 사유의 깊이가 부족하다는 반증이기도 할 것이다. 흔히들 수필을 소재의 문학이라고도 한다. 그만큼 소재가 중요하다는 말이다. 가령 여행에 대하여 글을 쓸 경우 여행에 관련되는 세계적인 모든 자료를 모아서 참고해야 한다. 그래야 전문가로서의 카리스마를 발휘할 수 있는 것이다.

3. 작품 구상과 구성의 구체화

작품의 전체적인 구상은, 도입부/전개부/전환부/결미부에 따라서 무엇을 어떻게 풀어가야 할 것인가를 생각하고 결정해야 한다. 이 작업이 끝나면 추상적인 구상을 구체화시켜야 한다. 글의 일관성과 통일성을 생각하면서 화소들을 어디에 어떻게 배치할 것인가를 심각하게 고민해야 한다. 이때 버릴 것은 과감히 버리는 용기도 필요하다.

4. 집필 단계

어느 정도의 준비가 완료되면 글쓰기에 들어간다. 이때 사람에 따라서 공책에 쓸 수도 있고 컴퓨터에 바로 작업을 할 수도 있는데 그것은 각자 선택의 문제이다. 이제 문장의 힘이 발휘되는 시점이다. 문장은 문학 작품의 출발점이자 종착지라 할 수 있다. 문장력 여하에 따라 글의 완성도는 천차만별일 수밖에 없다. 따라서 작가는 끊임없는 문장 탐구와 좋은 문장을 쓰기 위한 노력을 게을리해서는 안 될 것이다. 이렇게 1차 집필 과정을 마친다.

5. 퇴고 과정

빠진 문장은 없는가, 군더더기 문장은 없는가, 힘이 들어가 있지는 않은가. 어려운 말, 화려한 수사는 없는가. 문장의 호응관계는 맞는가, 불필요한 낱말의 중복이나 동일한 서술어의 반복은 없는가, 단어의 쓰임은 적절한가, 어절의 순서는 바른가, 시제는 바르게 통일되어 있는가, 일관성 있게 정리되었는가, 리듬의 흐름은 정연한

가, 작품의 부분들이 전체와 유기적으로 연관되어 있는가 등을 면밀하게 살피고 또 살펴야 한다.

퇴고에서는 작가의 장인 정신이 충분히 발휘되어야 한다고 본다. 좋은 글은 깊고 심오한 내용을 쉬운 말로 표현한 것이다. 나쁜 글은 별것도 아닌 내용을 어려운 말로 치장해 놓은 것이다. 퇴고의 기본은 아무리 읽고 다시 읽어도 더이상 고칠 것이 없을 정도가 되어야 한다. 그쯤 되려면 기본적으로 백 번 정도는 봐야 하지 않을까 싶다.

필자는 다음과 같이 창작 과정의 여섯 단계를 제시해 본다.

1. 체험 단계

문학작품은 체험을 통해서 생산된다. 특히 수필의 경우는 더욱 그러하다. 책상머리에 앉아서는 새롭고 창의적인 발상이 생겨나기는 어렵다. 일상을 뛰쳐나와 세계와 부딪치는 과정에서 예술적 영감이 떠오르는 것이다. 여행이든, 스포츠든, 문학 강연이든, 세미나든 현장에 직접 참여하는 과정에서 마음 깊숙이 새겨져 있는 무의식이 반응을 한다.

2. 기록 단계

가장 기초적이면서도 중요한 단계라 본다. 일차적인 기록이 없다면 작품은 결코 탄생하지 않는다. 비록 서툴고 어설프더라도 있는 그대로의 기록이 되면 그것을 바탕으로 옷을 입혀나갈 수가 있다. 그렇게 작품은 창작되는 것이다.

3. 구성 단계

단락의 배치와 순서를 다양한 시각과 각도에서 생각해 볼 수가 있다. 이때 서사의 본질인 스토리를 반드시 밑바탕에 깔아야 한다. 물론 작품에 따라서는 스토리를 버릴 수도 있다. 특별히 첫 문장과 끝 문장을 동시에 생각해 본다면 더욱 의미 있는 구성이 될 것이다. 이 단계에서는 모자이크 법칙이 적용된다. 모자이크 법칙이란 작품의 형상화에 필요한 사건들만 따오는 것을 의미한다.

4. 느낌 단계

작가의 느낌이 주관적일지라도 그것은 문학의 보편성 위에서 이루어져야 한다.

5. 사색 단계

사색의 단계는 다음과 같은 과정을 거치면서 심화되어 간다고 본다.

제1단계-감성의 눈으로 사색-감각의 세계-육안(肉眼)으로 인식
제2단계-이성의 눈으로 사색-법칙의 세계-이성(理性)으로 인식
제3단계-영성의 눈으로 사색-본질의 세계-영성(靈性)으로 인식

감성의 눈(육안:肉眼)은 감각 현상의 인식이다. 감각과 정서(감성적 울림) 즉, 오감으로 인식하며 제재의 개별성이 통찰의 대상이 된다.

이성의 눈(심안:心眼)은 법칙의 인식이다. 이성과 지성(이성적 울림) 즉, 이성으로 인식한다. 제재에 내포된 보편성이 그 대상이다. 법칙 인식이란 자연 속에 내재된 물리법칙이나 인간의 삶과 행동에 내포된 인성법칙이 주대상이 된다. 또한 우주의 진리 세계와 유기적으로 연결된다.

영성의 눈(靈眼)은 본질 인식이다. 초월적 영성(영적 울림) 즉, 영성으로 인식하며 직관적이고 초월적이다. 초월적 영성이란 본질에 대한 깨달음인데 이는 곧 우주에 대한 의식이다. 대상의 본질에 대한 깨달음이며, 인식 도구는 초월적 영성이다. 이러한 통찰의 과정에서 미적 울림의 철학적 기반이 결정되는 것이다.

예) 사랑: 달콤하다-아프다-삶에서 가장 중요한 본질이다.
    인생: 재미있고 즐겁다-고난의 가시밭길이고 참 쓸쓸하다
        -정말 만만치가 않다.

이렇게 본다면 소위 3류 작품이란 위 1단계인 감각 인식의 수준에 머문 것이며, 2류 작품은 이성과 지성의 법칙 인식 수준이며, 1류 작품은 감각 인식과 법칙 인식의 차원을 초월한 영적 인식의 세계를 들려주는 수준이다. 이러한 결과는 작가의 심오한 마음공부에서 나온다는 사실은 말할 필요도 없다.

6. 깨달음과 해석의 단계

문학 작품의 궁극적인 목표는 인생에 대한 깨달음이며 세계에 대한 해석이다. 물론 그 해석은 나의 체험을 문학적인 형상화를 통하여 그것을 의미화 시켜 독자를 감동시키는 일이기도 하다. 말하고 설명하는 것이 아니라 구체적으로 드러내 줌으로써 깨달음을 얻게 하는 것이다.

8. 수필 쓰기의 60계명

　글쓰기는 자신의 사고와 느낌을 표현하는 수단이다. 전달하고자 하는 내용이 정확하고 간결하게 표현되어 의사소통을 가장 효율적으로 할 수 있는 글이 좋은 글이라 할 수 있다. 좋은 글을 쓰려면 소재에 대한 충분한 지식을 가지고 있어야 한다. 독서의 뒷받침 없이는 좋은 글을 쓸 수 없다는 말이기도 하다. 책 읽기와 체험을 통해 얻은 것을 글로 쓰기 위해서는 분석과 추론과 사유의 과정이 있어야 한다. 좋은 글을 쓰기 위해서는 어떤 대상이나 현상에 대해 치밀하게 생각하고 탐구하는 습관을 들여야 한다. 그래야 그 글의 뒤에 숨어 있는 침묵의 공간까지 소중한 것이라는 느낌이 들 수 있는 것이다.
　이제 수필창작에 필요한 구체적인 계명을 정리해 보고자 한다.

이 계명을 기준으로 작품을 보는 안목도 길러야 함은 물론이다.

  1) 잘 쓰려고 하지 마라. 누가 처음부터 세상을 밝힐 글을 쓰겠는가. 그냥 써라. 가장 편한 친구에게 편지를 쓰듯이 조곤조곤 속삭이듯이 쓰면 된다.
  2) 남을 가르치려고 하지 마라. 훈계조에 속하는 글은 바람직하지 못하다.
  3) 첫 문장은 짧고 핵심적인 내용을 제시하고, 둘째 문장은 첫 문장보다 길게 하라. 첫 단락도 짧은 것이 좋다.
  4) 첫 문장과 끝 문장에 혼신의 힘을 기울여라. 작품의 명운이 달려 있다.
  5) 서두에 장황한 설명이나 이론을 늘어놓지 말라. 담백하게 독자의 시선을 끄는 언어를 생각하라.
  6) 이야기를 중심으로 작품을 풀어나가라. 모든 글쓰기는 이야기다. 화소는 두세 개쯤이 가장 적당하다.
  7) 수필의 시제는 글을 쓰는 정확한 시점을 포착해야 한다. 그 기준점을 중심으로 과거와 현재를 구분할 수 있다. 그 기준점이 흔들리면 시제의 혼란이 온다. 그럼에도 수필의 시제는 원칙적으로 현재형이다.
  8) 서사(4)와 서정(3)과 사유(2)와 서경(1)을 적절히 안배하여 결합시켜야 한다.
  9) 결론부터 먼저 말하고 풀어나가는 것도 하나의 방법이다.

10) 선동, 명령, 강요의 표현을 해서는 안 된다.

11) 자기 색깔과 개성이 있는 글을 써라. 남의 글을 흉내 내려 하지 마라. 문체, 어휘, 표현 형식은 자신의 독특한 개성을 드러내기에 주의를 기울여야 한다.

12) 문장에는 품위가 있어야 한다. 문장은 작가의 얼굴과 같기에 비문, 비어, 속어, 신조어, 사투리는 품위를 손상시킬 수가 있다.

13) 무리하게 미사여구를 쓰려고 하지 마라. 수식어나 부사는 될 수 있으면 적게 쓰도록 해야 한다. 수식어로 꾸미기보다는 문장으로 수식하는 것이 무엇보다 중요하다. 그래야 문장이 자연스럽게 감동을 주게 된다.

14) 현학적 허세를 부리지 마라. 잘난 척 자기의 지식을 자랑해서는 안 된다.

15) 크고 장황한 주제를 선택하지 말라. 주제를 좁히되 상징적인 것이 좋다.

16) 원고지 사용법, 띄어쓰기 규정, 맞춤법에 따라 바르게 써라.

17) 영탄조의 표현은 가급적 자제하라.

18) 소재에 대한 풍부한 배경지식이 행간에 깔려 있어야 한다.

19) 단락의 개념을 이해하고 적절한 단락으로 구성하라.

20) 문학작품은 유기체다. 부분과 부분, 부분과 전체 등이 상호 긴밀한 관계를 유지해야 한다. 한 단어 한 문장이라도 제목과 주제와 관련이 있어야 한다.

21) 같은 어휘, 어절, 서술어를 중복해서 쓰지 말라.

22) 비유는 유사한 것을 적절하게 하라.

23) 한 작품에는 하나의 깨달음이 있어야 한다.

24) 대화문은 가급적 넣지 마라.

25) 추상적인 언어보다는 구체적이고 감각적인 언어를 사용하라.

26) 문맥에 맞는 용어나 지칭어를 사용하라.

27) 문장부호는 마침표와 쉼표만 써도 된다.

- * 에번 코넬: 불필요한 곳, 엉뚱한 곳에 나태하게 찍혀있는 쉼표는 글의 논리와 리듬을 망쳐 놓는다.
- * 신형철: 느낌표를 남발하는 사람은 얼마 안 남은 총알을 허공에다 난사하는 미숙한 사격수와 같다.
- * 움베르토 에코: 아마추어는 말줄임표를 마치 통행허가증처럼 사용한다. 경찰의 허가를 받고 혁명을 하겠다는 것과 다를 바 없다.
- * 이사크 바벨: 어떠한 무쇠라 할지라도 제자리에 찍힌 마침표만큼이나 강력한 힘으로 사람의 심장을 관통할 수는 없다.

28) 좋은 글은 동화적인 상상력이 바탕에 깔린다.

29) 좋은 수필은 일정한 리듬을 가지고 있다.

30) 단순구성보다는 복합구성이 문학성에 더 가깝다.

31) 감정을 적절히 조절하라. 작가는 냉정할 정도로 감정을 절제해야 한다.

32) 해학과 풍자, 유머와 위트가 있는 글이면 더욱 좋다.

33) 단숨에 쭉 읽히는 글이 되기 위해서는 일관성, 통일성, 집중

력이 있어야 한다.

34) 수필은 정보를 전달하는 글이 아니라 정서를 전달하는 글임을 인지하라.

35) 수필은 머리로, 지식으로 쓰는 것이 아니라 몸으로, 가슴으로, 손가락으로, 직관의 힘으로, 체험으로 쓰는 것이다.

36) 자기가 좋아하고 아는 것에 대하여 쓰라.

37) 대화에서 중요한 것은 화술이지 화제가 아니다. 글쓰기에서도 무엇을 쓸까보다는 어떻게 쓸까가 중요하다.

38) 분량은 2백자 원고지 12매 이상 15매 이하를 유지하라. 물론 소재에 따라서는 중편수필로 쓸 수도 있다. 이 경우는 25매 전후가 기본이다.

39) 형상화를 명심하며 설명하지 말고, 말하지 말고, 묘사를 통하여 구체적으로 보여주라.

40) 작품의 제목은 사람의 이름만큼이나 중요하다.

41) 수필은 사물이 숨기고 있는 내적 본질을 밝혀 의미화하는 작업이며 이는 상상력을 바탕으로 이루어진다.

42) 문장력은 노력한 만큼 반드시 발전한다.

43) 평소에 좋은 문구나 마음에 끌리는 글귀가 있으면 바로 메모하라.

44) 써다가 마음대로 되지 않을 때는 한동안 푹 재워두라. 문장에서도 숙성이 필요하다.

45) 남과 비교하지 마라. 나의 체험으로 나의 보폭으로 나의 능

력으로 묵묵히 가라. 비교는 자신을 파멸로 이끄는 길임을 잊어서는 안 된다.

46) 퇴고는 100번이 기본이다. 문장의 호응관계를 한 문장씩 모두 살피고 따져야 한다. 이것이야말로 작가로서의 장인정신이라 생각한다.

47) 지속적으로 연구하고 노력하라. 그것은 독자에 대한 예의다. 많이 읽고多讀, 많이 쓰고多作, 많이 생각하는多商量 것만이 답이다.

48) 열정이 재능이다. 얼마나 잘 쓰는 것이 아니라 평생 글을 쓸 수 있는 힘과 마음가짐이 중요하다.

49) 중요한 것은 자신감이다. 자신의 삶과 체험에 대한 자부심이 필요하다. 쓰기를 두려워하지 말고 과감하게 자신의 목소리를 내야 한다.

50) 문학은 영원한 과정이지 목적지가 없음을 기억하라. 따라서 그 과정을 즐기는 것이 중요하다. 좋은 문우를 만난 것만으로도 행운이라 생각하라.

51) 수필 쓰기의 본질은 교술과 형상이다.

52) 작품에는 카리스마가 있어야 한다. 카리스마라 함은 독자를 압도할 수 있는 깊은 체험과 지식을 의미한다.

53) 비문을 써서는 안 된다. 모든 문장은 바른 표현이 되어야 한다.

54) 좋은 글은 나의 느낌이나 의견을 잘 표현한 글이 아니라, 남의 느낌이나 의견을 잘 배려한 글이다.

55) 글에 몸을 맡기는 일을 두려워해서는 안 된다. 글을 두려워하면 글을 쓸 수가 없다.

56) 영리한 이야기꾼들은 글을 쓰기보다는 이미지를 심는 쪽을 택한다.

57) 글은 손가락이 쓰고, 수정은 두뇌가 한다.

58) 리듬은 세계의 불규칙한 움직임에 대한 질서를 부여하고자 하는 인간 본능이 만들어낸 산물이다. 리듬은 감정의 흐름일 수도 있고, 의미의 흐름일 수도 이미지의 흐름일 수도 있다.

59) 혼자 사색하는 시간을 즐기고, 외로움이 글을 쓰게 하는 힘임을 상기하라.

60) 천릿길도 한 걸음부터이고, 티끌 모아 태산이다. 모든 것은 하루아침에 이루어지지 않는다는 점을 잊어서는 안 된다.

9. 첫문장과 마지막 문장

 수필은 첫 문장과 마지막 문장에서 승부를 걸어야 한다는 말이 있다. 그만큼 중요하다는 의미이다. 수필 한 편을 다 쓰고 난 후에 특별히 첫 문장과 마지막 문장에 공을 들여야 함은 당연한 일이다. 첫 문장은 짧되 의미가 있어야 한다. 작품 전체를 관통하는 묵직하고도 독자의 시선을 끌 수 있는 문장이면 더욱 좋다. 마지막 문장은 깊은 여운이 필요하다. 그러면서 작품 전체를 요약할 수 있는 문장이라면 금상첨화다. 명작들의 첫 문장과 마지막 문장을 살펴보자.

1. 공산당 선언의 경우

 "하나의 유령이 유럽을 떠돌고 있다. 공산주의라는 유령이."

위 글은 마르크스와 엥겔스가 쓴 《공산당선언》 서문의 첫 문장이다. 감동적으로 인상적인 문장이 아닐 수가 없다. 이것이 '하나의 유령이 세계를 떠돌고 있다. 포스트모더니즘이라는 유령이, 신자유주의라는 유령이' 등으로 패러디할 수도 있는 것이다.

《공산당선언》의 본문 첫 문장은 "이제까지의 모든 사회의 역사는 계급투쟁의 역사다." 이렇게 단정해 버린다. 충격적인 선언이다. 이 역시 "지금까지의 모든 역사는 남녀투쟁의 역사였다. 또는 재산분할권의 역사였다."로 바꿔 쓴다면 낡았다는 생각이 든다.

"만국의 노동자들이여, 단결하라!"

위 글은 《공산당선언》의 마지막 문장이다. 명령문에다 느낌표로 마무리하고 있다. 그 앞의 문장들은 이렇다.

"공산주의자는 자신의 견해와 의도를 숨기는 것을 경멸한다. 공산주의자는, 종래의 사회질서 전체를 강력한 힘에 의해 전복하지 않고는 그들의 목적이 달성되지 않는다는 것을 공공연히 언명한다. 지배계급으로 하여금 공산주의 혁명 앞에 전율케 하라! 프롤레타리아가 이 혁명으로 잃을 것은 쇠사슬뿐이고 얻을 것은 전 세계다."

숨막히고 전율이 느껴질 정도로 강렬한 문장이다. 물론 이 마지막 문장도 '만국의 주정뱅이들이여 단결하라.' 혹은 '백수들이여, 애

9. 첫문장과 마지막 문장　59

연가들이여' 등으로 패러디되어 왔다.

아무튼 첫 문장과 마지막 문장은 전형적인 선동이고, 본문은 당대의 유럽 사정을 해부하면서 설득하는 선전이 주류를 이룬다. 그래서 《공산당선언》은 마르크스와 엥겔스의 저서들 중에서도 가장 많이 널리 읽혔고 가장 커다란 영향력을 행사한 것이다.

2. 《러브스토리》와 《이방인》의 경우

에릭 시걸의 《러브스토리》는 유명한 소설이다. 첫 문장은 이렇게 시작된다.

"스물다섯 살에 죽은 여자에 대해 무슨 말을 할 수 있을까? 그녀가 예뻤다고, 그리고 총명했다고. 그녀가 모차르트와 바흐를 사랑했다고, 그리고 비틀즈를 사랑했다고. 그리고 나를 사랑했다고."

세련되고 암시적이다. 뭔가 느낌이 오고 있다. 그렇게 소설은 시작되는 것이고 독자들은 그 속으로 빠져드는 것이다.

《러브스토리》에는 이런 문장도 나온다. "사랑은 미안하다는 말을 하지 않는 거예요." 이 문장이 두 번 나오는데 한 번은 중간에 나오고 한 번은 거의 마지막 부분에 나온다. 마지막 문장은 "나는 울었다."로 끝을 맺는다.

카뮈가 쓴 《이방인》의 첫 문장은 이렇게 시작된다.

"오늘 엄마가 죽었다."

독자에게 인상을 주는 작품을 창작하려면 첫 문장과 마지막 문장에 혼신의 힘을 쏟아야 한다. 보석 같은 문장을 중간에 넣어두면 별 소용이 없다. 《이방인》의 마지막 문장은 이렇다.

"모든 것이 완성되도록 하기 위해서, 내가 외롭지 않다는 것을 느끼기 위해서 이제 내게 남은 소원은, 다만 내가 사형 집행을 받는 날 많은 구경꾼들이 증오의 함성으로 나를 맞아주었으면 하는 것뿐이다."

에밀 아자르의 《자기 앞의 생》이라는 소설은 여생이라는 의미이다. 남아있는 생에 대한 이야기이다. 이 소설의 마지막 문장은 목적어가 없는 "사랑해야 한다."이다.

3. 인상 깊은 첫 문장과 마지막 문장

1) 첫 문장

별이 빛나는 하늘을 보면서 갈 수 있고 또 가야 할 길의 지도를

읽을 수 있던 시대는 얼마나 행복했던가. - 소설의 이론(루카치)

국경의 긴 터널을 빠져나오자, 눈의 고장이었다. 밤의 밑바닥이 하얘졌다. 신호소에 기차가 멈춰 섰다. - 설국(가와바타 야스나리)

최고의 시간이면서, 최악의 시간이었다. 지혜의 시대였지만 어리석음의 시대이기도 했다. 믿음의 신기원이 도래함과 동시에 불신의 신기원이 열렸다. 빛의 계절이면서 어둠의 계절이었다. 희망의 봄이었지만 절망의 겨울이기도 했다. - 두 도시의 이야기(찰스 디킨스)

나를 이스마엘이라 부르라. - 모비 딕(허먼 멜빌)

박제가 되어버린 천재를 아시오? - 날개(이상)

버려진 섬마다 꽃이 피었다. - 칼의 노래(김훈)

엄마가 집을 나간 지 일주일이 지났다. - 엄마를 부탁해(신경숙)

한 달 만에 구시라국에 갔다. - 왕오천축국전(혜초)

금년은 을축년이다. - 우덕송(이광수)

'딸깍발이'란 남산골 샌님의 별명이다. - 딸깍발이(이희승)

아득한 중학생 시절이다. - 동소문턱(윤오영)

어제 옛 친구 집에 식사하러 갔다. - 항간의 미신(죠셉 애디슨)

아이들은 어른들의 어린 시절의 이야기를 듣고 싶어 합니다. - 꿈속의 어린이(찰스램)

청춘, 이는 듣기만 하여도 가슴이 설레는 말이다. - 청춘예찬(민태원)

수필은 청자연적이다. 수필은 난이요, 학이요, 청초하고 몸맵시 날렵한 여인이다. - 수필(피천득)

학문은 기쁨을 주고, 노리개가 되고, 능력을 길러 준다. - 학문에 관하여(베이컨)

울음 우는 아이들은 우리를 슬프게 한다. - 우리를 슬프게 하는 것들(안톤 시나크)

청학동 가는 길은 그 어디쯤 열려있는 것일까. - 청학동 가는 길(백남오)

2) 마지막 문장

누구에게든 아무 말 하지 않는 것이 좋다. 말을 하면 모든 인간이 그리워지기 시작하니까. - 호밀밭의 파수꾼(제롬 데이비드 샐린저)

왜냐하면 새로운 시대란 항상 그런 방황하는 젊은 영혼들에 의해서 창조되기 때문입니다. - 미성년(도스토옙스키)

내일은 또 내일의 해가 뜨는 법이니까. - 바람과 함께 사라지다(마거릿 미첼)

한없이 작아진다. 그리하여 하나의 점이 된다. 우주의 먼지가 된다. - 살인자의 기억법(김영하)

그러나 우선 잠부터 자야겠다. - 속죄(이언 매큐언)

노인은 사자 꿈을 꾸고 있었다. - 노인과 바다(헤밍웨이)

더구나 벵골 호랑이와 함께 생존한 사람은 한 명도 없었다. - 파이 이야기(얀 마텔)

하지만 괜찮다. 다 괜찮다. 싸움은 끝났다. 그는 자신과의 싸움

에서 이겼다. - 노인과 바다(에네스트 헤미웨이)

그는 빅 브라더를 사랑했다. - 1984(조지 오웰)

그들은 사내가 손에 낀 반지들을 자세히 들여다보고 나서야 그가 누구인지 알아보았다. - 도리언 그레이의 초상(오스카 와일드)

그리고 그가 돌아왔다고… - 어린 왕자(생텍쥐페리)

그렇게 우리는 헤쳐 나아간다. 물살을 거슬러 노를 저으며, 끊임없이 과거로 떠밀려 들어가며. - 위대한 개츠비(F 스콧 피츠제럴드)

나는 어느 곳도 아닌 장소의 한가운데에서 애타게 미도리를 불렀다. - 노르웨이의 숲(무라카미 하루키)

너와 내가 함께 불멸을 누리는 길은 이것뿐이구나, 나의 롤리타. - 롤리타(블라디미르 나보코프)

경주 남산 용장골의 가을이 깊어가고 있다. - 용장골에서 만난 김시습(백남오)

10. 단락의 이해

1. 단락의 개념

 문장이 모여서 통일된 한 가지 생각을 이루는 글의 덩어리를 단락이라고 말한다. 그 내용의 전개상 몇 개의 단위로 나눌 수가 있는데, 정확하게는 '문장의 단락'이라 하나, 줄여서 '문단', '단락', '단' 이라고도 한다. 단락은 행을 달리하여 표시되며, 한 개 이상의 문장으로 구성된다. 단락은 문장보다는 길고 복잡한 한 단위의 생각이다.
 글에서 단락을 강조하는 이유는 단락은 곧 글의 논리를 표상하기 때문이다. 글을 읽는 사람은 논리가 어떻게 연결되며 한 편의 글이 되는가를 단락을 통해서 이해할 수 있다.
 대체로 한 편의 글은 세 개 이상의 단락으로 구성된다. 단락은 글 전체의 일부를 이루는 요소가 되며 일반적으로 단락은 글의 중심이 되는 소주제문과 이를 구체적으로 펼쳐나가는 뒷받침문장(보조문장)으로 구성된다.

2. 단락의 원리

일반적으로 단락의 기본원리로는 통일성, 완결성, 일관성(연결성), 강조성을 꼽는다.

1) 통일성

단락은 그 자체가 하나의 독립된 글이라고 할 수 있다. 그러므로 각 단락을 이루는 재료들은 반드시 필요한 것만 선택되어야 한다. 통일성은 한 단락 내에서 다루어지는 화제는 하나여야 한다는 것이다. 즉 한 단락의 모든 화제는 한 주제에 수렴되어야 한다. 구체적으로 말하자면 한 단락의 중심개념을 전개시켜 나가는 데 사용되는 세부사항들은 그 단락의 소주제문의 내용을 중심으로 하여 의미가 전개되어야 한다는 것이다. 즉 통일성은 주제의 일관성이라고 하겠다. 단락의 중심개념과 관계가 없는 사항들을 등장시킨다면 그 단락은 통일성을 상실한 것으로, 읽는 사람을 혼란에 빠뜨리게 된다.

2) 완결성

하나의 단락을 통해 중심이 되는 이야기를 전달하고자 할 때 소주제문을 뒷받침할 수 있는 문장들이 충분히 제시되어야 한다. 이를 위해 특수하고 구체적이며 알기 쉬운 내용의 뒷받침문장으로 구체화, 상세화하며 대개 예시나 인용, 비교, 대조, 이유, 제시 등의 방법을 사용한다. 논술문에서 자주 지적되는 사항인 주장만 있고 근거가 없다는 말은 결국 소주제문만 있고 뒷받침문장이 충분히 제시되지 않다는 것을 비판하는 것이다.

3) 연결성

하나의 단락은 그것의 중심개념과 그것을 설명해주는 종속개념들이 일정한 순서를 가지고 논리적으로 명료하게 상호 연관되어 있을 때 연결성(또는 구성의 합리성)을 가졌다고 할 수 있다. 즉, 단락 내의 각 문장들이 중심개념을 전개시키는 과정에서 앞의 문장으로부터 무리 없이 순서대로 자연스럽게 이어지는 일정한 체계를 가져야 한다.

일정한 체계란 시간적 순서, 공간적 순서, 논리적 순서를 가리키는 말이다. 글의 맥락도 자연스럽게 잘 통해야 하는데 이를 위해서는 적절한 접속어와 지시어를 사용하여 문장들이 자연스럽게 연결될 수 있게 해야 한다. 접속어를 거의 사용하지 않거나, 같은 말을 반복적으로 사용하였을 경우에는 논리 전개가 자연스럽지 못하다는 느낌을 주게 된다.

4) 강조성

문장에서 소주제 또는 이와 밀접한 관련이 있는 내용을 중시하여 두드러지게 진술하는 것을 강조성이라 한다. 어떤 대목을 강조했는지가 잘 도드라지지 않고 강조하는 단락이 보이지 않을 경우 전달 면에서 실패한 것이라고 할 수 있다.
강조의 방법은 서론과 결론 부분에 배치하거나, 반복, 위치의 변화 등이 있으나 논술문 같은 논리적인 글에서는 강조하고자 하는 부분을 분명히 제시하고 드러내는 표현이 중심을 이룬다.

3. 단락 나누기

단락은 대체로 다음과 같은 경우에 가른다.
1) 한 가지 생각이 끝날 때이다. 이 경우 소단락이 되기 쉽다.
2) 전체 문장의 통일과 정돈을 생각해서 가른다. 이 경우 대단락이 되기 쉽다.
3) 시점을 새롭게 바꿀 때이다.
4) 별도의 생각을 말하고자 할 때이다.
5) 색다른 논점으로 이야기를 옮기려 할 때이다.

6) 구체적인 예시와 자료를 덧붙일 때이다.

7) 시간과 장소가 바뀔 때이다.

8) 등장인물이나 행동이 바뀔 때이다.

9) 내용이 바뀔 때 당연히 새로운 단락을 설정한다.

11. 문장의 올바른 표현

　글쓰기에서 가장 중요한 점을 꼽으라면 당연히 문장이다. 작가가 쓰는 문장은 비문법적인 문장이 되어서는 안된다. 전달하고자 하는 바를 명확하게 하려면 어법에 맞는 정확한 문장을 구사해야 한다. 문학성이 있고 없고는 그 다음의 문제이다. 어법에 맞는 올바른 문장을 써야만 글쓴이가 나타내고자 하는 바를 명확하게 전달할 수가 있는 것이다. 문학성이 있고 없고는 그 다음의 문제이다.
　프랑스에서는 딸이 결혼식을 할 때 "비록 지참금이 적더라도 우리 프랑스말은 제대로 가르쳤다는 말을 했다고 하며 알퐁스 도데의 〈마지막 수업〉에서도 "비록 한 나라가 노예상태로 빠졌더라도 그 나라 말을 잊지 않고 있다면 이는 마치 열쇠를 가지고 감옥에 들어간 것과 마찬가지"라는 말을 했고 주시경도 "나라말이 오르면 나라가 오른다"고 한 것은 각각 국어의 소중함을 말한 것인데 언어를 주무기로 하는 작가가 정확한 문장을 사용하지 않고 문맥 파악에 혼란을 일으키는 문장을 쓴다면 읽는 이에게 공감을 주지 못할 것이다.

문장에서 어떤 말이 앞에 올 때 거기에 대응하는 말이 호응을 이루지 않으면 어색한 문장이 되거나, 말하는 이나 글쓴이의 의도가 잘못 전달될 수 있기에 문장에서 호응 관계를 이루는 것은 매우 중요하다.

여기서는 간략하게나마 올바른 문장을 쓸 때 유의해야 할 몇 가지를 예와 함께 제시하도록 한다.

1. 높임의 호응: 국어는 다른 언어에 견주어 볼 때 높임법이 발달되어 있다는 것이 그 특징 중의 하나인데 행위의 주체나 객체, 듣는 이가 높임의 대상일 때 그 표현이 각각 다르기에 유의해야 한다. 가끔 다른 사람의 초고를 보면 서술 형태도 높임법을 고려한 문체에서도 일관성이 없음이 발견되기도 한다.

예) 할아버지가 도서관에 간다. → 할아버지께서 도서관에 가신다.

예) 저 학생의 부모님이 서울에 있으신가? (있으신가? → 계신가?)

예) 할머니께서는 이빨이 좋으시다.(이빨 → 치아)

2. 시간 표현의 호응: 시간 표현 역시 복잡성을 띠고 있기는 하다. 하지만 대개 시간을 나타내는 부사어를 적절하게 이용하면 호응관계가 분명히 드러날 수 있다.

예) 그녀는 요즘 소녀 시절의 순수한 마음을 잃어가는 것 같은 느낌으로 슬퍼지는 때가 있었다.(있었다 → 있다.)

예) 16일 새벽부터 내린 봄시샘 눈으로 강원도 영동 산간 지방은 기막히는 설경을 이루었다.(기막히는 → 기막힌)

3. 주어와 서술어의 호응: 주어에 알맞은 서술어가 나오는 호응 관계로 가장 많이 나오는 문장의 호응관계이다.

예) 눈과 바람이 불었다. → 눈이 오고 바람이 불었다.

예) 이 글을 읽는 여러분에게 먼저 당부하고 싶은 것은 만일 여러분이 주변 환경을 탓하고 있다면 그런 생각을 버리시길 바랍니다. → 이 글을 읽는 여러분에게 먼저 당부하고 싶은 것은 만일 여러분이 주변 환경을 탓하고 있다면 그런 생각을 버리시길 바란다는 점입니다.

예) 명수를 좋아하는 이유는 명수가 친절하다. → 명수를 좋아하는 이유는 명수가 친절하기 때문이다

예) 한 가지 더 첨가하고자 하는 것은 용비어천가와 같은 귀중한 책이 세종 27년에 이미 완성되었음을 보아서도 가히 알 수가 있다.(서술부에 호응하는 주어가 없어 의미가 모호하다)

나는 앞으로의 교육 문제가 대학원 교육에 역점을 두면서도

기본적인 초등 교육의 문제를 공존시켜야 한다. (→ 공존시켜야 한다고 생각한다.)

4. 문장 성분을 빠트려서 문장이 잘못된 경우
예) 주어를 부당하게 빠뜨린 경우
　*몸이 아파서 어머니와 침을 맞으러 다녔는데 아주 잘 낫는 어머니 교회의 집사님이셨다.
　*그들이 결혼식을 마치고 신혼 여행을 떠난 후, 하객들이 음식점으로 떠났을 때 시작되었다.

5. 문장 도중에 주어가 바뀌는 경우
　소련은 당초 7일로 예정된 세바르드나제 외무장관의 방북을 연기해 달라는 평양의 요청을 묵살하고 오히려 남북 총리 회담의 북측 대표단이 출발하기 하루 앞서 평양을 방문했다.('방문했다'의 주어를 '세바르드나제 장관이' 로 명시해야 함)

6. 부사어와 서술어의 호응: 특정 부사어와 특정 서술어가 이루는 호응 관계로 호응 관계가 고정적이다. 이는 달리 구조어의 호응이 이루어지지 못한 경우라고도 한다.
　예) 과연 그 사람은 영리하지 않구나! (→영리하구나!)
　예) 비록 그는 가난하면서 이 세상에 사는 보람을 느꼈다.(가난하면서 → 가난하지만, 가난할지라도)

예) 철수도 못 푸는 문제인데, 하물며 네가 풀겠다고 덤볐다.(풀겠다고 덤볐다 → 풀겠는가?, 풀겠다고 덤비다니.)

예) 마땅히 네가 책임을 진다. → 마땅히 네가 책임을 져야 한다.

예) 몸이 아파도 결코 학급 대항 달리기 대회를 포기하지 않겠다.

예) 과연 교육방송과 함께 공부하는 학생들은 다르구나.

예) 눈이 내려서 동네가 마치 눈의 여왕이 사는 곳 같다.

예) 만약 바다가 육지라면 인구 문제는 걱정 없을 것이다.

예) 잠이 안 온다. 왜냐하면 내일 소풍을 가기 때문이다.

예) 오직 우리 선생님이 건강하게 돌아오시기를 바랄 뿐이다.

예) 너의 그런 행동을 절대로 그냥 넘어가지 않겠다.

예) 수영을 하기 전에는 반드시 준비 운동을 해야 합니다.

7. 문장을 접속할 경우 생기는 잘못된 표현

1) 조응 규칙을 어긴 경우. 조응규칙이란 접속한 두 문장의 구조가 문법적으로 대등한 관계가 되도록 해야 하는 규칙을 말한다.

예) 기재 사항의 정정 또는 금융기관의 수납인 및 취급자인이 없으면 무효입니다.('정정'을 '정정이 있거나'로 고친다.)

2) 공통되지 않는 요소를 생략할 경우

예) 인간들은 한편으로는 자연에 순응하면서, 다른 한편으로는 이용하면서 살아왔다.('이용하면서' 앞에 '자연을'을 넣어야 함.)

예) 시험 발표 후 얼마 동안은 기쁨으로 뭐를 할지도, 해야 할 일도 없었다. ('무얼 할지도' 다음에 '몰랐고'를 넣어야 함.)
3) 두 절의 관계가 논리적 호응을 이루지 못하는 경우
예) 누나는 모범생이며, 형은 냉면을 좋아한다.
예) 이 날 회의는 미성년자에게 술과 담배를 팔거나 풍기문란 영업행위에 대한 벌칙 강화를 내용으로 하는 미성년자 보호법 개정안을 백지화하기로 했다. ('술과 담배를 팔거나'와 대등한 표현이 없음.)

8. 문장의 모호성을 가져오는 경우

1) 문장의 모호성: 이를 구조적 중의성이라고 하는데 중의성을 없애기 위해서는 어순을 바꾸거나, 쉼표를 붙이거나, 말을 첨가해야 한다.
  예) 사람들이 많은 도시를 다녀 보면 재미있는 일이 많을 것이다.(→ 사람들이, 많은~)
  예) 맑은 물과 흰구름이 감도는 봉우리를 바라보며 우리는 한 걸음 한 걸음 비경秘境으로 들어갔다.(→ 맑은 물과, 흰구름이)
  예) 부대 장병들이 크리스마스 대미사를 부대 밖의 성당에서 갖게 된 것은 독실한 가톨릭 신자인 부대장 사모님의 덕분이었다.(→ 독실한 가톨릭 신자인, 부대장 사모님의 ~)
  예) 부모는 자식보다 이웃을 더 사랑한다.(부모와 자식의 비교인지 자식과 이웃의 비교인지 모호함)

9. 피동문을 지나치게 쓰는 경우

*그것이 요즈음 학생들에게 많이 읽혀지는 책이다.(읽히는)
*내일 아침이면 또 마음이 변해지겠지.(변하겠지)
*이러한 성격 때문에 당해지는 손해가 여간 크지 않다.(당하는)
*구름에 가려져서 하늘을 볼 수가 없었다.(가려서)

10. 조사를 잘못 쓰거나 부당하게 생략하는 경우

*옛날 옛적에 마음씨가 착한 총각은 있었습니다.(은 → 이)
*고속버스를 타고 우리는 날씨 걱정을 해야 했다. 장마철의 중반에 우리는 여행을 떠났으니 당연하였다.(는 → 가)
*정부는 이 문제를 일본에게 강력히 항의하였다.(에게 → 에)
*그렇다고 해서 나에게서 불만이 아주 없는 것은 아니다.(에게서 → 에게)
*술이 취해 비틀거리는 사람들(이 → 에)

11. 단어를 잘못 쓰는 경우

*나는 19살의 여고 삼년생이다.(→ 열아홉살, 19세)
*시험 준비에 시달린 탓인지 신체가 많이 줄었다.(→ 몸, 체중)
*노력한 만큼 성적도 많이 상승했다.(→ 향상됐다)
*지방질이 낮아서 로우, 단백질이 높아서 하이.(→ 적어서, 많아서)
*이번에 기계를 바꾸었더니 전기가 5배나 적게 듭니다. (1/5로

줄었습니다)
*이번 달에는 흐린 날씨가 많겠습니다(→ 날이)
*파업하는 기업의 숫자가 늘고(→ 수)

12. 중복된 단어가 있는 경우
*그럴 줄 알고 미리 예비해 두었다.
*선열들의 나라를 사랑하는 애국 정신을 우리는 본받아야 한다.
*밤새도록 격론 끝에 마침내 결론을 맺었다.(내었다)
*빠진 말은 넣고 쓸데없는 말은 삭제하여 뺀다.

13. 우리말답지 않은 표현
영어와 일본어 문장을 비롯한 외국어 문장이 많이 쓰이게 됨에 따라 우리말답지 않은 표현이 자주 쓰이게 되는데 각별히 유의해야 한다.

- 주목에 값한다 → 주목할 만하다. 주목받을 만하다.
  이밖에 민족 현실과 김수영 문학의 소시민적 한계도 주목에 값한다.
  → 이밖에 민족 현실과 김수영의 소시민적 한계도 주목할 만하다.
- ~에 있어서 → ~에서, ~을 때
  나에게 있어서 낙방은 고배가 아니라 축배다 → 나에게(나

의) 낙방은

- ~에 의하여(의해), ~에 의하면(일본어투) → ~으로
  노동 쟁의를 공권력에 의해 진압하고 → 공권력으로 진압하고
- ~(으)로부터 → ~에게서, ~에서

(예) 그 소식을 동생으로부터 들었다. → 그 소식을 동생에게서 들었다.

- ~에 다름아니다. → ~과(나) 다름이 없다.

(예) 그는 선각자에 다름아니다. → 그는 선각자나 다름없다. / 그는 선각자라 할 만하다.

- ~에 대하여 ~관심을 기울이다(일본어투) → ~에게 관심을 두다

(예) 나는 학생들에 대하여 많은 관심을 기울이고 있다.
    → 나는 학생들에게 관심을 많이 두고 있다.

- 이것을 고려에 넣는다면(take account of ~, take account into~) → 이것을 고려한다면

(예) 비용을 고려에 넣는다면 신중하게 선택해야 한다. → 비용을 고려한다면 신중하게 선택해야 한다.

- ~할 예정으로 있다('be going to ~'의 직역) → ~할 예정이다, ~할 것이다, ~할 참이다

(예) 내일 출국할 예정으로 있다. → 내일 출국할 예정이다.

- 납득이 가다('go down with me'의 직역) → 납득할 수 있

다, 납득하다

> (예) 네가 어제 한 말은 납득이 간다. → 네가 어제 한 말을 납득할 수 있다.

- 그들이 자숙하는 것을 필요로 합니다. → 그들이 자숙해야 합니다.

14. 부적절한 어휘의 사용

예) 그의 이번 신곡이 크게 인기를 얻을 것은 <u>주지의</u> 사실이다. → 뻔한

예) 너의 행동은 아무리 생각해 보아도 나에게는 <u>이해가 가지를 않는다.</u> → 이해가 안 된다

예) 논술시험은 객관식 시험에 <u>대하여</u> 몇 가지 장점이 있다. → 비하여

12. 수필작법의 원형

1. 명작의 비밀을 찾아서

1911년 스웨덴 한림원 노벨문학상 수상자와 작품은 벨기에의 수필가이자 극작가인 당시 49세 '모리스 마테를 링크'의 희곡 〈파랑새〉였다. 수상 사유가 그의 작품이 '영적인 경지'까지 올랐다는 것이다.

인간이 인식하는 세계
 1) 감각의 세계: 오감으로 인식–감성의 눈
 2) 법칙의 세계: 이성으로 인식–이성의 눈
 3) 본질의 세계: 영성으로 인식–영성의 눈

이에 비추어 보면 한국수필의 두 가지 문제점은 철학적 성찰과 미적 울림이 허약하다는 점인데 이는 곧 보편적 자기철학과 예술적인 울림의 문제가 보완되어야 작품의 질이 높아진다는 사실을 강조하는 것이다.

2. 제재 통찰과 본질의 탐구

대상을 통찰하는 수준과 깊이가 작품의 철학성과 주제의 무게를 측정하는 근거가 된다. 〈인식의 단계〉는 다음과 같이 이루어진다고 보면 된다.

1) 감성의 눈(육안)-감각현상의 인식-감각과 정서(감성적 울림)-오감으로 인식 -제재의 개별성이 통찰의 대상이다.
2) 이성의 눈(심안)- 법칙의 인식-이성과 지성(이성적 울림)-이성으로 인식

제재에 내포된 보편성이 그 대상이다. 법칙인식이란 자연 속에 내재된 물리법칙이나 인간의 삶과 행동에 내포된 인성법칙이 주대상이 된다. 또한 우주의 진리 세계와 유기적으로 연결된다.

3) 영성의 눈(영안)-본질 인식-초월적 영성(영적울림)-
영성으로 인식-직관적이고 초월적 인식.
초월적 영성이란 본질에 대한 깨달음이다.

예 1) 사랑: 달콤하다-아프다-삶에서 가장 중요한 본질
　　　인생: 재미있고 즐겁다-고난의 가시밭길, 참 쓸쓸함-정말 만만치가 않다.

예 2) 미시령 노을
　　　　　　- 이성선
나뭇잎 하나가

아무 기척도 없이 어깨에
축 내려앉는다.

내 몸에 우주가 손을 얹었다

너무 가볍다.

　낙엽 하나로 우주와의 소통에 참여하고 우주의 무게를 측량하는 능력 때문이다.

3. 제재 통찰의 깊이와 수준의 3단계

　1) 제1단계(가장 낮은 단계)-오감으로 대상을 표면적으로 인식한다.

2) 제2단계(중간 단계)-대상이 숨기고 있는 존재, 법칙과 그 이치를 터득한다. 물론 1단계 감각인식의 정보를 포함하고 있으며 인식 도구는 이성과 지성이다.

3) 제3단계(근원적인 본질 인식)-우주에 대한 의식이다. 대상의 본질에 대한 깨달음이며, 인식 도구는 초월적 영성이다.

이러한 재재 통찰의 과정에서 미적 울림의 철학적 기반이 결정되는 것이다.

예) 국화 옆에서

- 서정주

한 송이의 국화꽃을 피우기 위해

봄부터 소쩍새는
그렇게 울었나 보다.

한 송이의 국화꽃을 피우기 위해
천둥은 먹구름 속에서
또 그렇게 울었나 보다.

그립고 아쉬움에 가슴 조이던

머언 먼 젊음의 뒤안길에서
인제는 돌아와 거울 앞에선
내 누님같이 생긴 꽃이여

노오란 네 꽃잎이 피려고
간밤에 무서리가 저리 내리고
내게는 잠도 오지 않았나 보다.

이 시의 주제는 생명 탄생의 신비로움과 외경심, 또는 고뇌와 시련 끝에 도달한 인생의 원숙한 경지, 하나의 생명체 탄생을 위한 우주적인 참여로 볼 수도 있다.

3류 작품은 위 1단계인 감각인식의 수준에 머문 것이며, 2류 작품은 이성과 지성의 법칙인식 수준이며, 1류 작품은 감각인식과 법칙인식의 차원을 초월한 영적인식의 세계를 들려주는 것이다. 이러한 결과는 작가의 심오한 마음공부에서 나온다는 사실이다.

김우종 교수는 이 작품을 '아시아에서 천만 명을 죽음으로 몰아넣으면서 혼자 살아남은 일본 왕 히로히토를 찬란하게 피어나는 국화꽃에 비유한 작품'(《창작산맥》 2023,겨울호)으로 평가한다.

13. 글의 진술방법

1. 서사

1) 서사의 개념

　사실을 있는 그대로 말이나 글로 표현하는 것을 서사(narration)라고 한다. 즉 어떤 사건을 시간의 흐름에 따라 이야기하듯이 서술하는 기술 방법이다. 이를 좀 더 구체적으로 말하면 어떤 사건에 대하여 그 전개 과정이나 인물의 움직임을 생생하게 서술함으로써 독자로 하여금 그 사건의 구체적인 전개 과정을 떠올릴 수 있도록 하는데 경우에 따라서는 필자가 의도하는 감정까지 느끼도록 하는 표현 방법이라고 하겠다.

서사는 '서정', '서사', '극' 등 문학의 한 장르(갈래)로서의 '서사'와는 구별되어야 한다. 한편 서사는 묘사와도 구별된다. 독자로 하여금 기술하는 대상에 대해 상상하도록 한다는 점에서 묘사와 동일한 속성을 지니지만 구체적인 움직임과 사건의 전개를 기술한다는 점에서 한순간에 존재하는 대상의 형상을 기술하는 묘사와 다르다.

서사 구조 측면에서도 이해해 볼 수 있다. 서사의 간단한 사전적 의미는 '사실을 있는 그대로 적는 것'이다. 한 발 더 들어가면 '시간의 흐름에 따라 사건의 형식으로 일어난 일에 대한 서술'이 된다. 좀 더 문학적으로 표현하자면 '어떤 인물의 행위가 일정한 줄거리를 갖추면서 시간적인 흐름에 따라 이야기되는 양식'이다.

어떤 이야기라도 사건을 전개하기 위해서는 필연적으로 서사의 도움이 있어야 한다. 서사는 특정 시간에 일어나는 일련의 행동과 행위에 초점을 맞추게 되는데 자연스럽게 그 행동과 행위가 그 이야기 안에 어떤 의미를 갖게 되는 것이다. '움직임(행동. 행위)', '시간', '의미'를 서사의 3요소로 보기도 한다. 이중 어느 하나가 빠져도 서사적 기능을 발휘할 수 없다.

왜 서사의 첫째 요소가 '움직임'인가. 그것은 서사가 어떤 이야기 안에서 움직이는 모든 서술 혹은 관찰 대상의 활동을 보여 주기 때문이다. 주인공 없이 영화가 진행될 수 없듯 이것 없이는 이야기가 진행될 수 없는 것이다.

둘째 요소는 '시간'인데, 어떤 인물의 어떤 움직임도 시간이라는 배경을 떠나서는 설명될 수 없다. 그것이 언제 일어난 움직임이냐는 것이 중요하다는 얘기다. 이런 서사에서의 시간은 크게 두 가지로 기술되는데, 하나는 시간의 흐름을 그대로 따라 기술하는 방식이고(순행적, 진행적), 또 하나는 현재에서 과거로(역행적), 또 과거에서 현재로(역순행적) 시간을 이동하는 형식이다.

셋째 요소로 '의미'를 꼽았는데 그것은 서술자가 진술해 내는 모든 사건과 행동들이 가지는 의미들이 모여 바로 그 이야기의 주제가 되기 때문이다. 그래서 서사 속의 사건은 단지 그 사건 하나만, 또 어떤 행위 하나만 단순하게 일어나는 것으로 끝나지 않고 다른 사건들과 또 다른 행위들과 연관성을 가지며 새로운 의미를 만들어 낸다.

이것을 서사의 유기적 관계라고 부른다. 서사의 줄거리를 이루어 나가는 힘이자 얼개가 되는 것이다. 이러한 의미를 살펴보고 있는 것이 바로 서사 구조인 것이다.

2) 서사의 요소

서사의 요소로 구성, 인물, 사건, 시간을 볼 수도 있다. 서사란 사건을 서술하는 기술 방법이다. 어떤 사건을 효과적으로 서술하기 위해서는 전체적으로 완결되고 통일된 의미가 드러나도록 글을 구성하여야 한다. 여기서는 이를 위하여 고려해야 할 요소들에 대해 알아보기로 한다.

① 구성(plot)

하나의 사건은 일련의 움직임과 행동들로 이루어지는데 이처럼 사건을 구성하는 움직임과 행동들을 '단위 사건'이라고 한다. 서사의 목적은 독자로 하여금 사건의 구체적인 전개 과정을 떠올릴 수 있도록 하고, 경우에 따라서는 필자가 의도하는 감정까지 느끼도록 하는 데 있다. 독자에게 기술하고자 하는 사건에 대한 선명한 인상을 주기 위해서는 단위 사건들 가운데에서 글 전체의 통일성을 뒷받침할 수 있는 것만을 선택하여야 한다. 선택된 단위 사건들은 필자가 의도하는 바를 드러낼 수 있도록 인과 관계에 의해 긴밀하게 배열되어야 한다. 인과 관계를 바탕으로 한 단위 사건들 사이의 긴밀한 배열이 '구성'이 되는데 서사의 구성은 일반적으로 '발단-전개-절정-결말'의 형태를 취한다.

〈예문 1〉
구두 수선을 주었더니, 뒤축에다가 어지간히는 큰 징을 한 개씩 박아 놓았다. 보기가 흉해서 빼어 버리라고 하였더니, 그런 징이래야 한동안 신게 되구, 무엇이 어쩌구 하며 수다를 피는 소리가 듣기 싫어 그대로 신기는 신었으나, 점잖지 못하게 저벅저벅, 그 징이 땅바닥에 부딪치는 금속성 소리가 심히 귓맛에 역(逆)했다. 더욱이 시멘트 포도(鋪道)의 딴딴한 바닥에 부딪쳐 낼 때의 그 음향(音響)이란 정말 질색이었다. 또그닥또그닥. 이건 흡사 사람은 아닌 말발굽 소리다.

어느 날 초 으스름이었다. 좀 바쁜 일이 있어서 창경원(昌慶苑) 곁 담을 끼고 걸어 내려오노라니까, 앞에서 걸어가더니 이십 내외의 어떤 한 젊은 여자가 이 이상히 또그닥거리는 구두 소리에 안심이 되지 않는 모양으로, 슬쩍 고개를 돌려 또그닥 소리의 주인공을 물색하고 나더니, 별안간 걸음이 빨라진다.

그러는 걸 나는 그저 그러는가 보다 하고, 내가 걸어야 할 길만 그대로 걷고 있었더니, 얼마쯤 가다가 이 여자는 또 뒤를 한번 힐끗 돌아다본다. 그리고 자기와 나와의 거리가 불과 지척(咫尺)임을 알고는 빨라지는 걸음이 보통이 아니었다. 뛰다 싶은 걸음으로 치맛귀가 옹이하게 내닫는다. 나의 그 또그닥거리는 구두 소리는 분명 자기를 위협하느라고 일부러 그렇게 따악 딱 땅바닥을 박아 내며 걷는 줄로만 아는 모양이다. (중략)

여자는 왜 그리 남자를 믿지 못하는 것일까. 여자를 대하자면 남자는 구두 소리에까지도 세심한 주의를 가져야 점잖다는 대우를 받게 되는 것이라면, 이건 이성(異性)에 대한 모욕이 아닐까 생각을 하며, 나는 그 다음으로 그 구두 징을 뽑아 버렸거니와 살아가노라면 별(別)한 데다가 다 신경을 써 가며 살아야 되는 것이 사람임을 알았다.

— 계용묵, 〈구두〉

〈예문 1〉은 주인공이 구두에 징을 박으면서 발단한 사건을 서술한 글이다. '또그닥또그닥'하는 소리로 인하여 오해를 받은 것과 오해로부터 벗어나기 위해 걸음을 빨리한 것, 그리고 그것이 오히려 위협이 되어 끝내 오해를 풀지 못하고 만 것 등 단위 사건들이 인과관계에 의해 긴밀하게 배열되어 있음을 알 수 있다. 결국 구두의 징을 뽑음으로써 결말을 짓는다.

② 인물

인물(character)은 서사의 초입이라고 할 수 있다. 모든 이야기에는 사람이 나오고, 잘 꾸려진 이야기에는 잘 성격화된 사람이 등장한다. 이야기의 첫걸음은 어떤 종류의 사람을 설정하는 데에 있다. 성격창조는 서술과 묘사와 대화로써 이루어진다.

〈예문 2〉
　나는 중학교 입학을 하며 '신반 서동'에서 자취 겸 하숙을 했는데 공교롭게도 도로 건너편 뒷집이 빵공장이었다. 그 집의 사장이 윤 씨여서 우리는 '윤빵집'이라 불렀다. 학교의 일과를 마치고 집으로 돌아올 무렵이면 빵집에서 풍겨오는 그 고소하고 감미로운 냄새는 환상, 그 이상이었다. 빵의 종류는 단순했다. 팥빵과 롤빵, 도넛 등 세 가지 정도로 기억된다.
　그 빵을 처음으로 먹어본 것은 정근이 형 때문이다. 중학교 입학을 하고 두어 달 지난 어느 봄날 오후, 바로 그 빵집 앞에서 우연히 형을 만났는데, 그는 빵을 호주머니에 불룩하게 넣고, 손에도 몇 개 들고 있었다. 빙긋이 웃으면서 나에게 팥빵 하나를 불쑥 내미는 것이 아닌가. 그러면서,
"너도 사먹어. 난 이거 등록금으로 사 먹는 거야."

— 백남오, 〈정근이와 윤빵〉

〈예문 2〉는 등록금로 빵을 사먹는 정근이라는 인물을 그려내고 있다.

③ 사건

서사 속에서 발생하고 벌어지는 온갖 일들을 지칭하는 사건(incidents)을 서술하는 것은 서사의 본령이다. 사건은 행동의 집합이며, 서사는 사건의 연쇄이다. 사건의 주체는 인물이다. 서사는 등장인물의 행위인 것이다. 서사는 인물과 사건을 함께 생각해야 한다.

〈예문 3〉
먼저 부산으로 내려갔다. 부산에는 중학교 시절 단짝 친구인 '김혜' 군 역시 공고를 졸업하고 대기업에 취업해 있었다. 김 군을 설득하여 함께 같은 길을 가고자 함이었다. 아버지가 초등학교 교사인 친구 역시 풍부한 감성에 문학적 소질이 있으나 가정

형편이 녹록지 않아 공고 기계과에 진학한 경우이다.

"김혜야. 나는 직장 사표내고 왔다. 너도 그만두고 우리 대학 가자. 취업의 길이 우리의 길은 아닌 것 같다. 잘 생각해 봐라. 인생이 걸린 문제다."

친구는 놀라지 않았다. 당연한 듯 받아들였고 직장에는 당장 사표를 던졌다. 우리는 함께 대학의 문을 두드리기로 의기투합한다. 예비고사는 대구에서 준비하는 것으로 결정되었다.

나는 아버지께 우리 집 유일한 재산인 소 한 마리를 팔아달라고 했다. 아버지로서는 참으로 어처구니가 없는 일이었을 것이다. 처음에는 펄쩍 뛰시더니, 장고 끝에 결국은 나의 뜻을 따라 주셨다. 자식 이기는 부모가 없다는 말은 바로 이 경우에 해당될 것이다. 대단한 모험이자 결단이셨다.

이듬해 3월, 친구와 대구 남산동 골목에 하숙집을 정하고 입시학원에 등록하여 공부를 시작했다.

— 백남오, 〈대학으로 가는 길〉

〈예문 3〉은 대학으로 가기 위해 몇 가지의 사건이 제시되고 있다. 첫째는 친구를 설득하여 함께하기 위해 부산으로 내려간다. 둘째는 재수할 자금을 위하여 아버지를 설득하는 장면인데, 비장미까지 느껴진다고 할 수 있다. 셋째는 학원공부를 포기하고 새로운 공부 방법을 모색하는 사건이라 볼 수 있다.

④ 시간

일차적인 의미로 서사는 사건의 서술이라고 할 수 있다. 시간(time)은 인물과 사건 서술을 두루 꿰뚫는 서사의 본질이라고 할 수 있다. 시간의 흐름은 서사의 근본에 게재된 원리이므로 명시적으로 드러나지 않더라도 모든 서사에 원천적으로 전제되어 있는 것이다.

〈예문 4〉

지난 세월이 강물처럼 아득할 때도 있지만 어제처럼 선명하게 남아있는 일도 있다. 40여 년 전 대학시절이 그렇다. 정확하게 말하자면 학보사 기자시절이 평생을 지배한다. 수습으로 시작, 정기자가 되고, 편집장으로 캠퍼스를 누비던 그 푸른 시절이 40년이란 세월의 강을 넘어 거울처럼 다가온다.

그때를 생각하면 지금도 발걸음이 빨라지고 심장이 고동친다. 3월에 입학을 하고 곧바로 학보사 수습기자 공채시험 광고가 나붙었다. 각 동아리에서는 저마다 좋은 신입생을 유치하려고 경쟁을 벌였음도 물론이다. 국어교육과 신입생과 나의 관심은 학보사가 단연 으뜸이었다. 원서를 내고 시험장에 들어서는 순간 가슴이 서늘했다. 10여 명 모집에 무려 백여 명의 응시자가 몰려들었기 때문이다. 분명 그랬다. 되는 시험이 아니라고 절망했는데 운 좋게 최종합격자 명단에 올랐으니 그 감동은 컸다.

— 백남오, 〈학보사의 인연으로〉

〈예문 4〉는 가까이로는 화자의 학보사 기자라는 대학생활 4년의 시간이 작품 속에 투영되어 있다. 멀리로는 40년 저쪽의 아득한 시간이 바라다 보이기도 한다.

2. 묘사

1) 묘사의 개념

묘사(description)는 글쓴이가 알고 있는 지식으로 설명하는 것이 아니다. 지금 여기에 있지 않은 대상이나 현상을 마치 있는 듯이 언어로 서술하거나 그림처럼 나타내는 것이다. 즉 표현하고자 하는 대상의 모습, 감촉, 소리, 냄새 등을 마치 그 대상이 눈앞에 있는 것처럼 그려내는 기술 방법인 것이다. 대상의 특징을 일반화하거나 유형화하여 설명하지 않고 그림 그리듯이 그대로 표현함으로써 독자로 하여금 구체적인 모습이나 소리 등을 상상할 수 있도록 하고 경우에 따라서는 분위기까지 느끼도록 하는 표현 방법이 묘사이다. 지배적 느낌과 인상을 도드라지게 하는 것이 묘사에서 중요하다.

묘사를 할 때는 묘사하고자 하는 대상에 대하여 본 것 또는 느낀 것은 무엇인가, 그 대상의 특성을 어떻게 논리적으로, 또는 미적으로 포착할 것인가, 그 대상의 지배적 인상은 무엇인가, 그 대상을 어떠한 관점에서 묘사할 것인가, 그 대상을 어떤 순서에 따라 묘사할 것인가에 대한 물음에 답해야 한다.

묘사는 객관적 묘사와 주관적 묘사로 분류된다. 객관적 묘사는 과학적 묘사라고도 하는데 어떤 대상을 가능한 한 정확하게 표상해내는 방법이다. 주관적 묘사는 인상적 묘사 또는 문학적 묘사라 하는데 정확하고 사실적인 정보를 전달하기보다는, 상징적 언어의 사용을 통하여 어떤 분위기나 감정이나 인상을 창조해내는 데 그 주된 목적이 있다.

⟨예문 1⟩

이지러는 졌으나 보름을 갓 지난 달은 부드러운 빛을 흐뭇이 흘리고 있다. 대화까지는 팔십 리의 밤길, 고개를 둘이나 넘고 개울을 하나 건너고 벌판과 산길을 걸어야 된다. 길은 지금 긴 산허리에 걸려 있다. 밤중을 지난 무렵인지 죽은 듯이 고요한 속에서 짐승 같은 달의 숨소리가 손에 잡힐 듯이 들리며, 콩포기와 옥수수 잎새가 한층 달에 푸르게 젖었다. 산허리는 온통 메밀밭이어서 피기 시작한 꽃이 소금을 뿌린 듯이 흐뭇한 달빛에 숨이 막힐 지경이다. 붉은 대궁이 향기같이 애잔하고 나귀들의 걸음도 시원하다.

— 이효석, ⟨메밀꽃 필 무렵⟩

⟨예문 1⟩은 마치 한 폭의 그림을 보는 듯한 느낌을 준다. 달빛이 쏟아지는 밤, 산허리 메밀밭 사이로 길게 뻗은 길이 보이고 달빛을 받아 푸르게 젖은 잎새와 소금을 뿌린 듯한 메밀꽃이 눈앞에 생생

하다. 고요한 가운데 나귀들의 발굽 소리가 들리는 듯하며 애잔한 분위기마저 느껴진다. 독자로 하여금 같은 길을 가보고 싶은 충동을 느끼게 하는 것은 바로 생생한 묘사의 힘이다.

〈예문 2〉
새벽의 겨울바람이 매섭게 불어왔다. 밝아 오는 아침 햇볕 아래 헐벗은 들판이 드러났고 곳곳에 얼어붙은 시냇물이나 웅덩이가 반사되어 빛을 냈다. 바람 소리가 먼 데서부터 몰아쳐서 그가 섰는 창공을 베면서 지나갔다. 가지만 남은 나무들이 수십여 그루씩 들판 가에서 흔들렸다.
― 황석영, 〈삼포 가는 길〉

〈예문 2〉는 헐벗은 들판, 얼어붙은 시냇물과 웅덩이, 그리고 매서운 겨울바람에 흔들리는 가지만 남은 나무들을 묘사한 것이다. 이 글은 떠돌이 노동자들의 삶을 그린 소설의 첫 부분으로 어디로 갈 것인가를 고민하는 주인공 영달의 암담한 심정을 암시하고 있다.

묘사는 글 전체를 구성한다기보다는 여기저기에 부분적으로 삽입되어 배경이나 인물 등을 표현하는 경우가 많지만 묘사는 매우 중요한 역할을 한다. 묘사의 효과는 직접적이기 때문이다. 글을 쓰는 사람이 어떤 대상을 '참 아름답다. 정말 아름답다.'라고 아무리 강조하여도 독자로 하여금 자신이 느낀 감동을 느끼게 하기는 어렵지만 굳이 '아름답다'라는 표현을 쓰지 않더라도 구체적인 움직임이나 자태, 빛깔, 분위기 등에 대한 묘사만으로 감동시킬 수 있는 것이다.

위의 예들은 대체로 글을 읽는 사람에게 기술하는 대상에 대한 어떤 느낌을 불러일으키도록 하기 위한 것들이다. 이러한 글의 묘사 방법을 '암시적 묘사' 또는 '인상적 묘사'라고 부르기도 하는데 일반적으로 '묘사'라고 칭하는 것은 이를 가리킨다.

한편 묘사가 독자에게 기술하는 대상에 대한 정보를 제공하기 위해 즉 대상에 대해 구체적으로 이해시키기 위해 쓰이는 경우도 있다.

⟨예문 3⟩

주능선이 다 보이는 산속의 봉우리에서 자리를 잡는다. '삼신봉' 허리길이 감으로 잡히고, 사방은 거침없는 조망으로 눈부시다. 지리산 남쪽, 최고의 전망대로서 손색이 없다. 계곡을 오를 때만 해도 봄으로 충만했던 계절이 이곳은 아직도 움을 틔울 준비만 하고 있는 회색 겨울이다. 지리산의 다면성을 보여주는 것이다. 한숨 돌리고 선경에 들기로 한다.

천왕봉에서 노고단까지, 광활한 푸른 바다의 물결처럼 출렁이는 백리 주능, 반야봉을 주봉으로 섬진강까지 현란하게 뻗은 불무장등, 머리 위를 지나가는 지리산의 기둥 남부능선, 지리산 어느 곳에서 바라보아도 멀리서 아물거리기만 하던 호남 땅 백운산은 사천왕이 되어 눈앞에 우뚝 선다. 이승의 영욕들이 바람처럼 스러지고, 새로운 피안의 세계로 녹아드는 듯하다. 지금 눈앞에 펼쳐지는 이 풍광이야말로, 나는 청학동의 모습이라고도 생각하는 것이다.

— 백남오, 〈청학동 가는 길〉

〈예문 3〉은 경치 묘사를 잘 보여주는 부분이다. 삼신봉에서 지리산을 조망하는 모습의 묘사는 서정과 서경의 결합으로 청학동의 모습을 더욱 실감 있게 그려내고 있다.

〈예문 4〉
점순이는 뭐 그리 썩 이쁜 계집애는 못 된다. 그렇다구 또 개떡이냐 하면 그런 것두 아니고, 꼭 내 안해가 돼야 할 만치 그저 툽툽하게 생긴 얼굴이다. 나보다 십 년이 아래니까 올해 열여섯인데, 몸은 남보다 두 살이나 덜 자랐다. 남은 잘도 현칠이들 크건만 이건 우아래가 몽툭한 것이 내 눈에는 헐 없이 감참외 같다. 참외 중에는 감참외가 젤 맛좋고 이쁘니까 말이다. 둥글고 커단 눈은 서글서글하니 좋고, 좀 지쳐 찢어졌지만 입은 밥술이나 혹혹히 먹음직하니 좋다.

— 김유정, 〈봄. 봄〉

〈예문 4〉는 점순이의 외양을 묘사하고 있는데 "개떡이냐 하면 그런 것두 아니고"는 아주 못생긴 것은 아니라는 해학적 표현이며 "좀 지쳐 찢어졌지만 입은 밥술이나 혹혹히 먹음직하니 좋다." 역시

"입은 한쪽으로 찢어졌지만 밥술은 굶지 않게 생겼다." 또는 "톡톡히 먹는다."는 모두 해학적 표현에 속한다.

2) 묘사에서 고려할 요소

묘사가 잘된 글은 마치 현실 세계에서 실제로 감각하는 것과 같은 느낌을 주는데 효과적인 묘사를 위하여 고려해야 할 요소들은 다음과 같다.

① **지배적 인상**(dominant impression)

묘사는 대상의 모습을 눈에 비친 그대로 하나도 빠뜨리지 않고 그려내는 것은 아니다. 사실 이렇게 자세히 묘사하는 것은 불가능할 뿐만 아니라 독자에게 의도하는 느낌을 불러일으키지도 못한다. 효과적인 묘사가 되기 위해서는 대상으로부터 강렬한 인상을 받은 특성을 그리거나 특별히 관심이 있는 특성을 중심으로 묘사하여야 하는 것이다. 이처럼 중심을 이루는 인상을 '지배적 인상'이라고 부른다.

묘사란 대상의 '지배적 인상'을 기술하는 것인데 대상의 요점과 특색을 가려 드러내고 불필요한 것은 버려야 효과적인 묘사가 된다고 할 수 있다. 다시 말하면 어떤 대상을 묘사할 때에는 그 대상의 지배적 인상을 뒷받침하는 특징들을 선택하여 기술하여야 한다는 것이다. 묘사한 글이 통일성과 의미를 갖는 것은 이처럼 지배적 인상을 중심으로 기술하여야 가능하다.

다음은 시골의 장터거리를 묘사한 글이다.

〈예문 5〉

(1) 마을에서 면사무소로 올라가는 자드락길 초입에 우리집이 있었다. 닭 몇 마리를 놓아 기를 만한 조그만 뜨락을 둘러친 울바자가 있었고, 그 울바자 너머로는 언제나 먼지와 허접쓰레기가 흩날리는 장터거리가 있고, 거기선 닷새마다 한 번씩 저자가 섰다. 무싯날에는 내왕하는 사람들을 거의 볼 수 없을 정도로 황량하기만 해서 동네의 개들이 몰려와서 흘레를 붙곤 하였다.

(2) 그러나 저자가 서는 날엔 새벽부터 장꾼들이 몰려들기 시작해서 아침 선반 때가 되면 그 넓은 장터가 사람들의 아우성으로 꽉 들어찼다. 술을 마시지 않았어도 얼굴이 불콰하게 상기된 코주부들끼리 서로 상대의 멱을 뒤틀어 잡고 패대기 질을 벌이는가 하면, 소매치기에게 무명 판돈을 몽땅 털린 뒤 눈자위를 허공에 걸고 장마당에 퍼질러 앉아 넉장거리를 하는 아낙네도 있었다. 주위로 구경꾼들이 몰려들었고, 대성통곡인 아낙네를 부며 속수무책인 구경꾼들도 푸념을 늘어놓았다. 세상이 하루가 다르게 극악해져 간다고.

(3) 비라도 추적추적 내리는 여름 장마철에는 우리집 울타리 너머에서 어리전이 서기도 하였다. 저자 거리에 내리는 비는 장마당의 악다구니와 앙탈을 함초롬히 적셔 잠재우는 대신, 장거리의 정경들을 보기 흉한 꼴로 다시 일으켜 세우는 묘한 마력이 있었다. 키꼴이 성큼한 장 닭이 속살까지 비에 젖어 측은한 몰골로 벼슬을 늘어뜨리고 망연히 서 있는데, 비를 피해 남의 집 추녀 아래로 멀찌감치 비켜선 닭 주인 역시 비에 흠뻑 젖어 있었다. 비 맞은 꼴이 측은해 보이기는 닭이나 닭 주인의 형용이 조금도 짝이 지지 않았다. 그때 베잠방이 속으로 닭 주인의 남근(男根)이 또한 측은하게 들여다보이기도 하였다.

— 김주영, 〈고기잡이는 갈대를 꺾지 않는다〉

〈예문 5〉의 (1) 단락에서는 황량한 시골 마을의 정경을 표현하고 있으며 (2) 단락에서는 장터의 소란하고 부산스러운 모습과 민초들의 끈질기고 억척스러운 삶을 생동감 있게 그리고 있고 (3) 단락은 비 오는 날의 어리전을 묘사한 것으로 비에 젖은 장닭과 닭 주인의 초라한 모습이 인상적으로 그려져 있다. 장터의 풍경을 빠짐없이 세밀하게 기술하기보다는 필자에게 강렬한 인상을 준 것, 필자가 장터의 분위기를 효과적으로 전달하는 데 필요하다고 판단한 것 등과 같이 지배적 인상을 중심으로 묘사함으로써 글을 읽는 사람으로 하여금 작가의 가난하고 힘들었던 시절의 고향 마을 장터를 생생하게 떠올릴 수 있도록 해 준다.

②핍진성(Verisimilitude)

서사에다 사실적인 실감을 부여함으로써 그 서사가 실제 현실과 흡사한 느낌을 주는 것을 핍진성(verisimilitude)이라 한다. 핍진성은 개연성(plausibility-그럴듯함)과 명확히 구분되는 것은 아니다. 핍진성은 제라르 주네트가 서사물들에 사실적인 신빙성을 부여하기 위해 고안한 개념이다. 개연성은 문학을 가능성의 기록이라고 본 아리스토텔레스가 가능성을 보다 자세히 설명하기 위해 사용한 용어인데 이후 플롯과 관련된 개념으로 널리 쓰이게 되었다. 핍진성을 높이기 위한 서사문학적 장치로는 세부 묘사와 동기 부여 등을 들 수가 있다.

14. 수필의 언어와 소설의 언어

1. 각 장르의 언어적 특징

각 쟝르에 해당하는 언어적 특징은 다음과 같이 요약할 수 있다.

1) 시적 언어-압축과 생략-절규하는 언어(뜨거움)
2) 소설적 언어-치밀한 묘사와 장황한 서사적 언어
3) 희곡적 언어-현장감 넘치는 대화 중심의 언어
4) 수필적 언어-독백의 언어/절제와 차분함

여기서 소설에 사용되는 언어는 모든 장르의 언어를 종합적으로 수용한다고 볼 수 있는데 '현장성, 총체성, 이념성, 대화성'이 그것이다.

① 현장성-묘사, 설명, 논증, 서사/시간착오 기법, 역사적 현재의 기법
② 총체성-외연적, 내포적 총체성
③ 이념성-작중인물의 이데올로기를 담아낸다.
④ 대화성-대화성이 가장 풍부한 장르다.

이에 반하여 수필의 언어는 다음과 같은 성격을 지닌다.

첫째, 소박미와 품격성을 가진다.

둘째, 함축미와 문미성文美性을 가진다.
 ① 수필언어는 말이 많지 않다.
 ② 필자의 인격적 깊이와 지성을 드러낸다.
 ③ 체험에서 우러나온 철학적 깨달음을 준다.
 ④ 여운을 풍긴다.
 ⑤ 함축미와 절제미로 문장의 향기와 맛을 낸다.
 ⑥ 설명과 묘사가 장황하지 않다.

셋째, 여백미와 리듬성
수필이 리듬성을 가지기 위해서는 다음을 갖추어야 한다.
 ① 잘 읽힐 수 있는 문장의 흐름과 길이의 조절
 ② 이야기의 내용과 의미를 최적의 상태로 전달할 수 있는 언

어 선택과 배열
　③ 적절한 서술 어조와 감정조절장치

넷째, 고백미를 가지며 무형식성의 성격을 지닌다.

다섯째, 현재진행형의 언어.

결국 수필의 언어는 간결성, 담백성, 여운성, 품격성, 함축성, 여백성, 리듬성, 현재진행성 등이며 게다가 영성이 깃든 언어가 되면 더 효과적인 표현이 된다고 할 수 있다.

2. 소설서사와 수필서사의 시학적 거리

1) 서사의 개념과 유형

볼프강 가이저에 의하면 서사의 기본적인 구성요소는 인물, 사건, 공간이다. 따라서 서사란 화자가 시간의 흐름 속에서 인물, 사건, 공간으로 구성된 이야기를 담화로 재현하는 것이다.

2) 소설과 수필의 거리

소설이 허구적 서사라면 수필은 경험적 서사이다. 이를 대비시키면 다음과 같다.
　①가상적 인물에 대한 실제적 인물

② 개연적 사건에 대한 실제적 사건
③ 인공적 시공간에 대한 실제 시공간
④ 허구적 구조에 대한 경험구조
⑤ 가상적 화자에 대한 실제화자
⑥ 창조적 상상(자유로운 상상력)에 대한 미적 재구성(경험의 해석과 철학적 통찰)
⑦ 보편적 주제에 대한 주제의 깨달음
⑧ 총체성의 언어에 대한 관조의 언어
⑨ 보편적 소통에 대한 자기 회귀적 소통

'소설 서사'는 수다스럽고 장황한 설명과 묘사이다. 모든 장르의 언어와 수사법을 무제한 자유롭게 도입하여 치밀한 서술전략을 구사한다. 이에 비해 '수필 서사'는 리듬이 실린 산문언어를 함축적으로 사용하여 정서와 감정을 시적으로 다스리고 언어와 감정의 절제를 통해 감칠맛 나는 말로 멋과 분위기를 창조한다. 소설과 시의 장점만을 취한 중간 형태이며 궁극적으로 작가의 영혼을 위로하고 치유의 힘을 발휘하는 것이다.

소설 서사가 개연성과 전형성을 전제로 보편적 인식의 세계 즉, 보편적세계관을 추구하는 것이라면 수필 서사는 작가 개인의 체험적 고백양식을 통해 자기관조의 성찰, 즉 깨달음을 지향한다. 결국 한국 선비문학의 전통적인 격조 높은 풍류성은 수필문학이 이어받고 있다고 할 수 있다.

15. 수필창작의 쟁점과 명작의 구조

1. 들어가는 말

 지금 우리는 인공지능이 인간을 능가하는 첨단시대를 현실로 맞이하고 있다. 미래사회의 시인은 소그룹으로 전락하거나 취미 단체에 머물 것이라는 견해는 매우 설득력이 있어 보인다. 강력한 체험을 바탕으로 하는 수필이야말로 새로운 시대 문학의 대안으로 떠오르고 있음은 고무적이다.
 수필에 대한 다양한 정의들이 있지만 "작가가 체험을 통한 철학적 깨달음을 교술성을 바탕으로 한 수필적 구성과 문장으로 형상화한 가장 인간적인 문학"이라는 것이 변함없는 필자의 견해다.
 수필은 절제된 언어와 서사적 재미, 극적인 스릴까지 모든 장르의 장점을 두루 갖추었다. 15매 전후의 형식 속에 한 개인의 내면 풍경을 고스란히 그려낼 수 있다. 때로는 짧아서 아쉬운 시와 너무 길어서 읽기 힘든 장편소설의 지루함까지 15매 속에 녹여낸다. 우주를 표현할 수 있으며 인류의 정신사까지 담을 수 있음도 물론이다. 15매의 틀 속에 문학의 다양한 미적 장치를 구비하여 깊게, 때로는 폭넓게 감동을 준다. 이 얼마나 매력 넘치는 문학인가. 나는 이것을 매력을 넘어선 수필의 마력이라 부르고 싶다.

첨단 미래로 다가갈수록 독자의 마음에 울림을 주는 수필이 중요하다. 지금은 새로운 시대의 작품이 요구되는 시점이다. 예술은 늘 새로움을 창조해 가는 과정이기 때문이다. 향기 있는 유머, 빛나는 위트, 냉정한 논리, 인간에 대한 뜨거운 사랑과 통찰, 찌르고 울리는 맛이 있는 고매한 수필은 어느 시대의 독자들에게도 적용되는 덕목일 것이다.

이러한 시대에 부응하는 좋은 수필을 쓰기 위해서는 어떤 것들이 필요할까. 참으로 많은 요소들이 결합되어 한 편의 작품을 완성하게 될 것이다. 그중에서도 가장 중요한 쟁점 몇 가지에 대하여 살펴보고자 한다.

2. 형상화의 문제

형상화의 사전적 의미는 문학적으로 특히 어떤 소재를 예술적으로 재창조하는 것을 이른다. 형상이란 사람이나 사물의 '꼴'을 말하는데, 문학에서의 형상화란 언어를 이용하여 현실 세계를 더욱 실감나게 글로 바꾸어 놓는 것을 말하는데 달리 구상화라고도 한다. 넓은 의미로는 작가가 의도한 바를 전달하거나 문학적 목적을 수행하기 위해 작가가 선택한 재료에 예술적 형태를 부여하는 모든 과정을 말하며 좀 더 좁은 의미로는 소설에서의 요소들이 획득하는 구체적이고 실감 있는 표현, 특히 그것들이 묘사나 대화 등의 극적 기법을 통해 제시되는 것을 지칭한다.

글쓰기의 기본은 나와 나를 둘러싸고 있는 세계에 대한 해석解釋이라 볼 수 있다. 세계란 사물은 물론 사람과 사건까지 포함한 개념이다. 글을 쓴다는 것은 세계라는 텍스트를 어떻게 해석하느냐는 데서 출발한다. 그 해석된 내용이 구체적 형체를 갖추는 단계까지 올라가야 한 편의 글이 완성되는 것인데 이것이 형상화形象化다. 형상화란 추상적 개념을 구체화하는 것만을 의미하지 않는다. 어떤 구체적 사물이라도 그것을 감각적으로 강화시켜 주어야만 한다. 문학적 성취는 참신한 소재, 참신한 해석, 참신한 형상화에 의해 성패가 갈린다. 이 글에서는 해석과 형상화가 구체적으로 어떤 것이며 그것이 수필의 예술성 실현에 어떻게 기여하는가에 대해서 살펴보고자 한다.

해석은 우선 참신하고 개성적이어야 한다. 예술적 감동은 바로 그 참신한 발상에서 생성되기 때문이다. 지금까지 기성작가가 해석한 의미와 같은 것으로 해석한다면 그것은 모방의 수준을 넘어서지 못한다. 개성적인 시각이란 '낯설게 하기'라는 빅토르 슈클로

프스키적 시각을 의미한다고 해도 좋다. 그런데 이 '낯설게 하기'라는 말은 '낯설게 보기'라고 해야 더 정확할 것 같다. 왜냐하면 '낯설게 하기'란 개념 속에는 대상에 대한 '비일상적 시각', '뒤집어 보기', '현미경적 시각'이란 항목이 들어 있기 때문이다.

하나의 문학작품이 성공하느냐 그러지 못하느냐 하는 것은 이 형상화에 의해 결정된다는 사실에 주목해야 한다. 우리가 수필의 예술성을 강조하면서도 구체적 방법론에 부딪히면 뜬구름잡기식이 되는 것은 바로 이 형상화 과정이 무엇인지, 또 어떤 효과를 가지고 오는지 깊이 인식하지 못하기 때문이다. 해석만 있고 형상화가 없으면 관념적인 글이 되고 해석과 형상화가 함께 어우러지면 감동이 배가된다. 잘된 작품은 모두 이 과정을 거치고 있다. 따라서 해석과 형상화는 문학 작품이 갖추어야 하는 필요충분조건이라 하겠는데 서정수필에서 그것은 절대적이라 하겠다.

형상화를 좀 더 구체적으로 말한다면 직접적인 메시지 전달 기능을 배제하여 언어를 사물화 시켜야 하는 것이다. 가령 '나는 너를 사랑한다.'고 하는 대신에 '나는 네 창문을 지켜보는 새벽별'이라고 한다거나 '독재자는 물러가라.' 대신에 '겨울이 가면 봄은 머지않다.'라고 하는 등이다. 이런 관점에서 형상화란 직접적인 메시지 전달의 언어가 아니라 사물 혹은 존재의 본질을 드러내는 언술이라 할 수 있다. 다음 시를 한번 보자.

    사나이 생각은 믿기 어렵고

여인네의 생각은 변하기 쉽다고
사람들은 모두 다 한숨 지으나
세월이 지나고 나면 그것조차 잊으리

— 김유리, 〈어느 벗에게〉

인용된 작품은 시각적으로는 시 같아 보일 수가 있다. 그 율격이나 행 가름과 같은 특징이 있고 시인이 썼기 때문이다. 그러나 그 언어의 속성을 들여다보면 시의 언어라 하기 힘들다. 시적 형상화가 전혀 이루어지지 않은 일방적이고 직접적인 메시지 전달로 끝났기 때문이다. 운율을 붙인 짧은 산문 한 토막에 지나지 않는다.

결국 형상화 문제에 있어서는 형상사유의 훈련이 중요하다고 본다. 보통의 사람들은 대개 논리 사유에 젖어 있다. '논리 사유'란 이해와 추상화를 통해 개념을 창출하는 일이다. 이성, 종교, 철학, 사회학, 인문학 등 논리 사유는 학문의 전개 방식이다. 논리 사유의 출발점은 이해와 추리라 볼 수 있다. 거의 모든 사람들은 논리 사유에 길들여져 있다고 보면 된다.

이에 비해 '형상 사유'란 이미지와 감각으로 사유하는 일이다. 감성, 문학, 예술의 사유 방법이며 감성 인식의 출발점은 감각과 상상이라 할 수 있다. 문학과 예술이 일상을 형상화시키는 것이다. 대개의 사람들에게 예술이 어려운 것은 형상화라는 것이 그냥 얻어지는 것이 아니고 수련의 결과물이기 때문이다. 따라서 예술가에게는 형상화에 대한 훈련이 필요하다고 보면 된다. 다음 몇 가지

예를 보자.

   1) 朱門酒肉臭(주문주육취))
     귀족들의 붉은 대문 안에는 술과 고기가 썩어 냄새를 피우고 있는데
     路有凍死骨(노유동사골)
     길가에는 얼어 죽은 사람들의 시체가 뒹굴고 있다.
     榮枯咫尺異(영고지척이)
     영화로움과 빈곤함이 지척 간에 판이하니
     惆悵難再述(추창난재술)
     슬픔과 한탄스러움이 이루 말할 수가 없구나)
                   — 두보(杜甫), 〈詠懷〉

위 시는 부와 가난의 개념이 아니라 구체적 형상을 보여주고 있다.

   2) 오월은 금방 찬물에 세수를 한 스물한 살 청신한 얼굴이다.
     하얀 손가락에 끼어있는 비취가락지다
                   — 피천득, 〈오월〉

위 작품은 〈오월〉에 대한 부분적인 형상화의 모습이다.

3) 중학교 3학년이 되자 주된 관심은 고교 진학이었다. 고등학교에 갈 것인가 말 것인가. 간다면 인문계인가 실업계인가. 지역은 부산, 대구, 진주, 마산 중 어디로 갈 것인가. 어려운 선택의 기로에 선 것이다.

문제는 모든 것이 우리 집에서 내가 처음으로 겪는다는 사실이다. 아무도 그 길을 걸어간 사람이 없었음이다. 할아버지도, 할머니도, 아버지도, 어머니도, 삼촌도, 누나도, 중학교 다니는 나보다 학교에 더 다닌 분이 없다는 슬픈 현실이었다. 그러니 나의 선택에 가족 중 누구도 구체적인 조언을 해줄 사람이 없었다. 마을의 분위기 역시 읍내 중학교까지는 몰라도 대처에 있는 고등학교를 간다는 것은 상상조차도 할 수 없는 무모함이었다.

— 백남오, 〈실업계 고교생이 되어〉

위 작품은 첩첩 두메산골에서 가난하게 태어난 화자가 적성도 무시된 채 그냥 맹목적으로 고등학교에 진학하게 되는 무모한 과정이 담담하게 형상화되어 있다.

4) 아버지의 오른쪽 어깻죽지에 손바닥만 한 검붉은 반점斑點이 있다. 그 반점은 감히 똑바로 쳐다보기조차 어려운 아버지의 완강한 힘과 권위權威를 느끼게 하는 것이다. 아버지의 반점은 선천적인 것이지, 병리적인 것은 아니다. 아버지는 나이 팔십이 넘도록 건강하게 사셨고, 지금은 비록 중풍 든 몸을 지팡이

에 의지하시고도 병객인 체를 않고 지내시는데, 나는 그 반점이 원자로의 핵처럼 당신을 지탱한 원동력이 아닌가 생각하게 된다. 내가 아버지의 그 반점을 처음 본 것은 〈육이오 사변〉이 나던 해 여름, 낙동강 상류의 어느 나루터에서다. 아버지와 나는 피난을 가는 길이었다. 그때, 열네 살인 나는 산모퉁이를 돌아서 엄청난 용적容積으로 개활지開豁地를 열며 흐르는 흐린 강을 아버지의 등 뒤에 움츠리고 서서 놀란 눈으로 바라보았다. 저 강을 반드시 건너야 할 아버지의 이념理念을 내 어린 나이로는 짐작할 수 없었지만, 등 뒤에서 점점 다가오고 있는 포성에 마음은 쫓기고 있었다. 그 나루터에는 피난민들이 가득 모여서 아비규환阿鼻叫喚을 이루고 있었다. (중략)

"아버지 목을 꼭 잡고, 얼굴을 등에 꼭 붙여라. 어떤 일이 벌어져도 절대로 움직이지 마라."

나는 아버지의 그 반점을 그때 처음 보았다. 아버지 신체의 비밀을 발견하고 나는 당혹감에 내 얼굴을 아버지의 등에 대지 못하고 엉거주춤하고 있는데, 아버지의 불호령이 떨어졌다.

"얼굴을 아비 등에 꼭 붙여라."

나는 엉겁결에 얼굴을 아버지의 등에 꼭 댔다. 내 얼굴이 반점에 닿지는 않았지만 바로 눈앞에 화난 아버지의 검붉은 얼굴 같은 반점이, 나를 쳐다보고 있었다.

— 목성균, 〈아버지의 강〉

윗글에서 보다시피 화자에게 아버지는 우상이다. 그 우상의 상징은 아버지의 등에 있는 반점이다. 뒤에서는 포성이 따라오고 목숨을 담보로 강물을 헤엄쳐 나가는 순간에 그 반점을 보았다. 아버지의 그 초인적인 의지를 직접 체험한 것이다. 드디어 강을 건넜을 때, 아버지는 모래 바닥에 화자를 내동댕이치듯 내려놓고, 엎드리어 양 어깨를 들썩이며 서럽게 울었다. 화자가 아버지의 우는 모습을 본 것은 그때 한 번뿐이었다. 강변 모래 바닥에 엎드려 오른쪽 어깻죽지의 검붉은 반점이 들썩거리도록 소리 없이 울던 아버지의 모습을 똑똑히 목도한 것이다.

외적으로는 아버지의 감히 범접할 수 없는 권위와, 초인적 의지와 왜 우상인가를 담담하게 그려주고 있다. 또한 그러한 이면에는 진하고 끈끈한 혈육의 정이 어떤 것인가를 구체적으로 보여준다. 이 작품은 그러한 과정이 전체적으로 담담하게 형상화되어 있는 것이다.

3. 리듬과 서정성의 문제

문장에서의 리듬은 모든 문학 장르에서 간과할 수 없다는 것이 주지의 사실이다. 산문에서 더구나 수필에서는 리듬이 지금까지 그 중요도에 비해 다소 소홀히 생각되었음을 누구도 부인하지 못할 것이다. 어쩌면 수필에서 리듬이 주는 생동감과 미학적 깊이의 확대를 알지 못했거나, 무시한 탓이 아닌가 생각된다. 리듬을 효과적으로 사용하여 독창적이고 특징적인 세계를 펼쳐 보일 때 수필의 경지를 한 차원 끌어올릴 수 있다.

리듬은 운문만의 전유물이 아니다. 좋은 산문은 반드시 리듬이 깔린다. 리듬이란 정연한 흐름을 의미한다. 그 흐름은 감정일 수도, 의미일 수도, 이미지일 수도 있다. 리듬은 불규칙한 세계에 대한 질서를 부여하고자 하는 인간 본연의 욕망이라고 할 수 있다. 어떤 대상에 대한 흥미와 아름다움을 느끼게 해 주는 요소인 동시에 일을 원활하게 진행할 수 있도록 돕는 윤활유 같은 성질의 것이다. 조화롭지 못하거나 단조로운 흐름은 우리의 감각을 불편하게 하기에 글이나 이야기에 자연스러운 리듬이 있어야 함은 당연한 것이다.

시에서 외형률인 외부 리듬은 낭송의 맛을 더해주고, 내재율인 내부 리듬은 정감의 깊이를 단단하고 알차게 만드는데 수필의 경우도 그대로 적용된다. 윤오영은 《수필문학입문》에서 "시적 내재율이 다시 승화되고 변화되어 은밀하게 물소리와 같이 흐르는 산문의 운향(韻響)"이 있다고 했다. 좋은 문장은 물소리처럼 흐르는 세련된 리듬이 깔린 자연스러운 문장이다. 수필 문장이 소설 문장과 다른 점도 바로 이런 리듬에서 발견된다. 적절한 리듬은 문장의 밀도를 높이고 독자들에게 미적인 쾌감을 준다.

문장에 리듬의 효과를 내기 위해서는 구체적으로 어떤 방법이 있을까. 음수율과 음보율을 이용하거나, 문장의 길이로 서술 속도 조절, 동어반복을 피하고 조사나 접속사 서술어 어미 등에 변화를 주는 방법, 의도적인 단문과 리듬을 위한 쉼표, 불필요한 수사나 지난한 묘사를 과감히 절제한 문장 사용, 산행수필의 경우 심장박동과 발걸음의 속도 호흡까지 문장 속에 접목시키는 등 그 방법은 다양하다.

중요한 것은 필자 나름대로 자기만의 독특한 리듬을 개발해 가는 치열함과 실험정신을 갖추는 것이다. 주제와 소재에 따라 적합하고 적절한 리듬을 찾아내는 일은 창작의 중요한 일부라는 사실을 늘 명심해야 한다.

> 울며 소맷귀 부여잡는 낙랑공주樂浪公主의 섬섬옥수纖纖玉手를 뿌리치고 돌아서 입산入山할 때에, 대장부의 흉리胸裡가 어떠했을까? 흥망興亡이 재천在天이라, 천운天運을 슬퍼한들 무엇하랴만, 사람에게는 스스로 신의信義가 있으니, 태자가 고행으로 창맹蒼氓에게 베푸신 도타운 자혜慈惠가 천 년 후에 따습다.
>
> ― 정비석, 〈산정무한〉

〈산정무한〉은 우리에게 너무나 익숙한 '국민수필'이라 할 수 있다. 이 익숙함은 리듬에서 오는 것이다. 3,4음보로 반복되는 이 운율감은 국어교과서에서 만났던 가사와 시조의 전통적인 리듬에서 이어진 것이다. 이러한 친숙한 리듬감에 낭만적인 마의태자의 역사적 일화까지 결합되니 내면 깊숙이 묻어두었던 문학적 감수성이 표출되는 것이 아니겠는가. 다음 예문을 보자.

배낭 깊숙이 묻어두었던 노란 나의 표지를 "바람 따라, 그리움 따라"를 꺼낸다. 힘들고 지쳤지만 듬성듬성 달아주면서 내려가기로 한다. 조금은 용기가 생긴다.

반시간 이상을 내려왔을까, 계곡 중간에 진분홍색 수달래가 너무 화사하게 시선을 끈다. 아무도 보이지 않고 길도 없는 이 깊은 산속에서, 생을 불사르며 혼자서, 온몸으로 피어있는 모습이 찡하다. 잠시 후, 고로쇠 채취 흔적이 역력하다. 사람 냄새다. 희미한 길도 보인다.

— 백남오, 〈혼자 걷는 지리산 길〉

다시 비탈, 비탈길이다. 다만 지형이 칼 능선에서 평원으로 바뀌고 있다. 조릿대도 보인다. 커다란 봉우리를 넘어서자 깜짝 놀랄 일이 벌어진다. 갑자기 산이 온통 붉다. 말로만 듣던 적송지대를 만난 것이다. 크고 붉은 아름드리 소나무 숲이 꿈결처럼 펼쳐진다. 수백 그루는 되어 보인다.

— 백남오, 〈반야성지 묘향대의 밤〉

큰일날 뻔했다. 정반대로 방향을 잡았던 것이다. 이럴 경우, 돌아서 원위치하는 것이 정도다. 모든 일정을 취소하고 왔던 길로 되돌아가려고 방향을 돌린다. 안전한 방법을 택하고자 함이다. '새봉'에서 5분쯤 되돌아왔을까. 길이 두 갈래인데 우측은 아주 희미한 작은 길이고, 좌측은 넓고 사람이 많이 다닌 길이다. 햇

갈린 지점이다. 넓은 길을 선택한다.

— 백남오, 〈비 내리는 벽송사 능선〉

위 작품에 대한 리듬의 효과를 최초로 언급한 이는 김유섭 평론가다. 그는 평론 〈존재의 근원을 찾아서〉 - 백남오 수필집 《지리산황금능선의 봄》(《수필과비평》158호)에서 다음과 같이 분석했다.

단문들이다. 산을 오르고 산을 내려가고 능선을 걸을 때와 눈부신 산상의 풍경을 묘사하는 문장들이 짧은 단문으로 이어진다. 어떠한 의도된 논리도 없다. 그 짧은 단문 사이 중간 중간 리듬의 균형을 잡으려는 듯 조금 긴 문장을 배치했지만 그 문장 역시 생략해도 될 쉼표를 찍어 리듬을 살리고 있다. 또한 문장의 길이와는 상관없이 서사와 묘사를 할 때 상황의 전개 속도가 산행하는 순간을 그대로 옮겨 놓은 듯한, 속도를 가지고 있다. 마치 산행을 하면서 보고 느끼는 순간을 자신만의 내재된 율격으로 되살려 글로 펼쳐 놓은 듯하다.
그것은 글을 읽는 이를 작가와 함께 호흡하며 산행을 하고 있는 듯한 생생한 느낌에 빠져들게 한다. 묘사든 사색의 내용이든 설명의 상황이든 예외 없이 움직이고 있는 생동감과 진정성으로 충만해 있다. 그것은 명백하게 의도적인 단문과 리듬을 위한 쉼표, 그리고 불필요한 수사나 지난한 묘사를 과감히 절제한 문장, 상황 전개의 속도감이 산행을 하고 있는 화자의 심장 박동과 발걸음의 속도, 호흡까지도 성공적으로 느껴지게 하고 있다는 점에서 의도적이라고 볼 수밖에 없다.

어떤 상황에서도 리듬은 적절한 속도를 유지하면서 글의 내용과 함께 유유히 흐르고 있다. 약간 빨라지기도 하고 다소 느려지기도 하지만 결코 산행을 하는 작가의 심장박동과 발걸음의 속도를 벗어나지 않는다. 따라서 글을 읽는 이로 하여금 산행의 현장으로 빠져들게 하는 이 놀라운 리듬의 효과다.

문학작품은 문장이 기본이다. 문장 그 자체가 문학성과 연결된다는 말이다. 아무리 좋은 소재와 주제를 갖추었더라도 정감 어린 문장력이 뒷받침되지 못한다면 문학작품으로 성립하지 못한다. 문학작품에서 교훈적인 경구는 별 의미가 없다. 작가가 아무리 좋은 명구를 작품 속에서 말한다 할지라도 공자 맹자만큼이야 하겠는가. 감동적이고 교훈적인 내용은 도덕책 속에 얼마든지 있다. 문학작품은 작가의 개성적인 문장력을 바탕으로 삶을 구체적으로 보여주는 형상화가 이루어져야 한다.

이 시대 작가의 사명감 중 하나는 문학적 향기가 묻어나는 격조 있는 문장을 창출하는 일이다. 수필 문장은 산문이면서도 소설과 다르고 함축과 리듬을 중시하면서도 시와는 확연히 구분된다. 수필은 본성적으로 산문인 소설과 운문인 시의 중간적 속성을 취하고 있다. 이러한 수필 문장의 특성은 예로부터 전통적으로 계승된 문장론의 유산이란 점에 주목해야 하는데 그것은 고려조와 조선조를 거쳐 근현대에 이르는 동안 무수한 시행착오를 거쳐 이어져온 고귀한 미덕으로 볼 수 있기 때문이다.

 수필 문장은 고도로 세련된 아이러니의 변증법을 통해 독특한 문장미학을 구축한다. 그것은 고도의 장인적 수련 과정을 통해서 얻을 수 있는 달관의 문장술이다. 안성수는 《수필오디세이》(수필과 비평, 2015)에서 "수필 문장은 표면적으로는 산문성, 소박성, 평이성, 담백성, 간결성, 보편성, 사실성 등을 내세우지만 심층에서는 운문성, 격조성, 세련성, 심오성, 함축성, 개성, 진실성 등을 요구한다."고 강조한다. 매우 공감이 가는 지적이다. 이 같은 문장미학은 반어적 구조 속에서 변증법적으로 통일시킴으로써 낯설게 하기의 미적 효과는 물론 독특한 문장의 질감과 말맛을 창조해내게 된다.

 이러한 경지에 도달하기 위해서는 낱말의 선택, 풍부한 어휘의 구사력이 필수다. 문장성분과 호응관계, 구조의 이해에서부터 다양한 문장 작법에 이르기까지 절차탁마가 있어야 한다. 그래야 감칠맛 나게 되고 글의 품위와 격이 상승된다. 문장이 곧 사람이라는 말은 이를 두고 하는 말이다.

 좋은 문장은 아무리 좋은 단어나 명구가 있을지라도 작품 속에 더이상 들어갈 틈은 없다. 이미 완벽하게 직조된 원단과 같다. 작가의 손을 떠난 작품은 더이상 뺄 말도 넣을 어휘도 있어서는 안 된다. 완성된 건축물에 다른 벽돌이 필요 없는 것처럼 말이다. 좋은 수필 문장은 감각적이다. 평이한 것처럼 보이지만 고도의 비유가 숨어 있다. 그것이 독자를 끌어당기는 힘이다. 이처럼 자기만의 문장을 만들어가는 끊임없는 수련이 필요한 것이다.

4. 소재 선택의 문제

어떤 글이든 독자에게 흥미와 관심을 불러일으킬 수 있는 소재를 선택해야 한다. 독자의 관심을 끌지 못하는 소재의 글은 이미 죽은 것이나 다름이 없다. 무명작가의 사소한 일상이나 개인적 신상에 관한 소재는 독자들의 관심을 끌지 못할 것이다. 사실 이것은 매우 중요한 문제다. 왜냐하면 "사소한 일상을 통한 깨달음"이란 보편적 수필의 개념에 정면으로 배치되는 개념이기 때문이다.

그렇다면 이 문제를 해결할 수 있는 구체적인 방안은 무엇일까. 적어도 책상머리에서 머리로 짜내는 관념적인 수필은 적절하지 못하다는 사실이다. 미래에는 전문적인 삶의 현장을 담은 수필이 대세라고 본다. 이미 그런 시대에 접어들었다. 가령, 고래를 잡는 일, 나무를 키우는 일, 꽃을 탐색하는 일, 세계를 일주하는 일, 전국을 도보로 걷는 일, 한국의 미를 찾아나서는 일 등이 새로운 시대의 핵심적인 소재의 방향이다. 이런 전문적인 소재를 취할 수가 없다면 여행이라도 떠나서 자신만의 고유한 세계를 만들어내야 한다. 그것을 소재로 한 수필을 독자는 갈구한다. 또한 그러한 소재 선택과 함께 일관된 주제가 작품집 전체를 관통해야만 한다. 그래야만 독자를 확보할 수 있을 것이라 믿는다. 비유하자면 고구마 줄기이론과 같은 성격의 것이다. 고구마 뿌리는 덩이넝쿨이 줄기로 이루어져 있다. 하나를 캐면 줄줄이 이어져 나온다. 수필도 이와 같이 비유할 수 있다는 것이다. 유년의 추억을 하나로 묶는 일, 다양한 사람들의 이야기를 하나로 묶어내는 일, 산을 하나로 묶는 일, 바다이야기, 평생을 종사한 직업적 삶의 체험 등이 이에 해당되리라 본다. 이러한 방법은 비교적 쓰기도 쉽지만 또한 가치 있는 것이기도 하다. 이것저것 백화점식 글은 쓰기도 힘들지만 쓰고 난 후에도 독자의 박수를 받아내기도 쉽지 않을 것이다.

이는 전 장르에 해당되는 담론이기도 하다. 박경리의 대하소설《토지》, 조정래의《태백산맥》, 이병주의《지리산》, 김주영의《객주》, 최명희의《혼불》을 생각해 보면 그 답은 명확해진다. 이들은 생애를 바쳐 이 소설의 완성에 바쳤고 그 결과 이 작품들은 우리 문학의 커다란 산맥을 이루어 문학사에 영원히 남게 될 것이다. 수필도 이 같은 작품이 요구되는 시대로 접어들었다고 본다.

5. 나오는 말

이상에서 수필 창작의 다양한 요소 중에서 몇 가지 쟁점을 살펴보았다. 물론 이 세 가지가 전부일 수도 없다. 중요한 것은 수필이 미래문학의 대안이 될 수 있도록 좋은 수필이 양산되어야 한다는 점이다.

수필가들이 극복해야 할 과제가 많다. 치열한 작가정신이 우선되어야 한다. 수필은 수필가만의 전유물이 아니지 않은가. 시인, 소설가, 극작가, 평론가가 쓰는 수필이 더 격조 높을 수 있음을 알아야 겠다. 신선하고 매력적인 소재를 찾고 구성에 대해 고민해야 할 일이다. 미적인 울림이 감성과 이성의 눈을 뛰어넘어 본질적 깨달음을 통한 영적靈的 경지까지 승화될 수 있으면 좋다. 새롭고 실험적인 수필로 독자들을 감동시켜야 한다. 그래야 수필문학의 견고한 위치가 나오고 미래문학의 중심으로서 대접받게 될 것이다.

수세기 동안 문학사를 지배해 온 견고한 3분법의 벽이 조금씩 허물어지면서 수필문학은 새로운 세기를 이끌어갈 장르로 부각하고 있다. 채굴되지 않은 원석 같은 것이라 해도 좋다. 이 모든 것이 사실이라 할지라도 그것을 치열한 노력으로 극복하는 일은 분명 수필가의 몫이다.

16. 체험과 모자이크 법칙

1. 체험의 모자이크

　수필이 자기 체험을 소재로 한 고백의 문학이라고 해서 겪은 일들을 모두 나열하지는 않는다. 비슷한 일을 이미 겪고 싫증까지 느끼는 독자에게 거부반응을 주게 된다. 체험은 소재로서의 요소이긴 하지만 선택된 체험만이 의미를 얻어 독자를 설득해야 한다.
　따라서 삶의 모든 표정을 세세하게 기록할 필요가 없다. 또한 억지로 의미를 부여할 이유도 없다. 어린이가 그려낸 그림과 이름난 화가가 그린 미술작품을 대비해 보면 잘 이해될 것이다. 같은 대상을 놓고 그렸다 해도 그림에 옮겨진 선택에 뚜렷한 차이가 있을 것이다. 아동화에선 눈썹이 몇 개인지까지 셀 수 있도록 세세하게 그려질 수 있지만, 미술작품인 초상화에선 굵은 한 줄로 그어지거나 생략될 수도 있기 때문이다.

　같은 일정으로 같은 곳에 여행을 다녀와서 수필을 썼다고 해도 글쓴이에 따라 그 내용은 얼마든지 다를 수도 있고 당연히 달라야 한다. 이 체험을 얼마나 소화하고 어떻게 해석하며 무엇에 비유할 것인지는 전적으로 글쓰는 사람에 달려 있다. 글에 담기는 내용은 작가의 내적 자본 곧 역량에 따라 결정된다. 즉 작품의 수준은 지식의 양과 지성과 인격에 의해서 결정된다고 말할 수 있는 것이다.

　많은 독서량과 깊은 사유, 풍부한 사색은 개인의 노력에 따라 그 역량이 결정될 것이다. 체험은 누구나 하는 것이지만, 체험의 운용은 능력에 따라 결정된다는 말이다. 능력이란 지성과 인격의 결합인 역량의 다른 표현일 수 있다.

　사람들은 누구나 자기 나름의 체험을 귀하게 간직한다. 일상적으로 겪는 온갖 일들 가운데 특별한 의미를 부여하고픈, 그래서 특별한 의미가 함축된 일을 따로 저장하게 된다. 경험은 무의식적으로 겪어낼 수 있되, 체험은 반드시 의식이라는 대가를 치르면서 저축하게 된다. 체험의 선택은 그 자체가 현명한 삶의 선별인 셈이다.

　수필 창작 과정에서 삶의 표정을 모두 쓸 필요도 억지로 의미를 부여할 이유도 없다. 그러나 아무리 소소한 일상일지라도 그것에 특별한 의미를 부여할 이유가 있다면 마땅히 소재로 선택할 만하다. 이 체험의 선택이란 것은 각자의 판단기준과 판단능력에 따른 문제다.

체험 가운데서 쓸 만한 체험만 간추려내는 체는, 사람의 내면에 존재하는 의식의 체이다. 이 체의 크기와 깊이는 지성과 인격으로 정해지는 것일 뿐 문장의 기교에 의해 결정되지 않는다.

우리는 눈으로 실체를 보고 마음으로 본질을 본다. 실체와 본질을 함께 보아야, 겉과 속을 아울러 보아야, 편견이나 무지 또는 집착에서 벗어날 수 있다. 그래야 마음의 자유로움을 만날 수 있고, 이런 자유로움에서만 체험의 선택이 쉬워진다. 사색함으로써 이 모든 것을 가능하게 해 준다.

2. 체험의 생략

수필에서는 운문에서처럼 극도의 생략이 요구되지 않는다. 그렇지만 산문이기에 체험의 재생이나 적절한 절제를 요구한다. 사람은 때때로 단지 '흥興'이라는 하나의 글자와 반응을 놓고도 그 뜻을 10자나 수백 자로 확대해석하는 능력을 발휘해야 한다. 그게 작가의 역량이다. 수필 쓰기에서도 이를 곧잘 원용하고 있다. 문학성 짙은 작품을 창작하기 위해서는 그 내면에 상당한 수준에 이른 동질의 체험이나 유사한 내용의 체험이 이미 내장되어 있어야 한다. 그래야 다양하게 사유하고 확장해 갈 수가 있는 것이다.

독자 나름의 상상이나 연상을 위해 여백을 남겨가며 쓸수록 작품의 매력은 커지고 글은 담백해진다. 이런 여백을 남기지 않는 글, 곧 설명이 장황한 글은 읽어도 정서의 갈증을 계속 느끼게 된다.

글을 쓰는 사람은 흔히 자기 체험을 완벽하게 전달하려고 애쓴다. 완벽한 전달을 위해 생략해야 할 것을 생략하지 못하고 구질구질하게 달고 다니는 경우가 다반사이다. 필요 이상의 형용사, 부사를 구사하기도 하는데 이런 경우 독자는 형용사, 부사에 끌려다니게 되므로 줄거리를 놓치거나 주제에서 이탈하여 작품의 본질에서 멀어지기 쉽다. 형용사, 부사는 글의 초점을 흐리게 하거나 혼미하게 유도하기에 생략되어야 할 우선 대상이다.

서툰 사진사는 피사체의 전경을 빠짐없이 담아내려고 욕심을 부린다. 전문 사진작가는 강조하고픈 대상에 초점을 맞춰서 사진을 찍는다. 그 외의 피사체는 흐린 영상으로 담아낸다. 눈에 들어오는 모든 것을 담아내지 않고, 선별적으로 초점을 맞춰서 찍어내는 영상의 아름다움, 이런 생략과 초점 두기 곧 집중 조명의 기법은 수필 쓰기에서도 그대로 적용된다. 수필에의 생략도 이와 똑같다. 결국 선택도, 생략도 역량의 문제라고 할 수 있다.

생각이 미처 덜 여문 사람은 자신의 성숙도나 사유의 깊이를 재는 일은 미뤄놓고 미문을 쓰려는 욕심으로 미사여구를 빌려다 쓰거나, 화려한 문체를 위해 수사력을 발휘하려고 고집한다. 또는 외국어 문체처럼 써서 신선한 충격을 주려 한다. 그럴 필요가 없다. 그런 수사적 시도가 오히려 그 사람을 천박하게 만들 뿐이라는 사실을 명심할 필요가 있다. 진실한 말은 아름답지 않다. 아름다운 말은 진실을 전달하는 데 적합하지 못함을 명심해야 한다. 필자 역시도 체험의 생략에 과감하지 못하여 늘 고민한다. 원고지에 옮겨 쓰는 과정에서 퇴고를 거듭한다. 한 편의 글을 완성하기 위하여 수십 번 이상씩 베껴 쓰고 지우고 잘라내고를 거듭하고 있음을 고백하지 않을 수가 없다.

3. 모자이크 법칙

'모자이크 기법'이란 작은 단편들을 모아 일정한 형상을 표현하는 미술 기법을 말한다. 모자이크는 여러 가지 색의 돌이나 유리, 금속, 조개 껍질, 타일 등을 조각조각 접합시켜서 무늬나 회화를 형성한다. 고대 메소포타미아에서 기원한 이 기법은 그리스를 거쳐 로마에 수용되었고 특히 비잔틴 시대에 성행하였다.

고대 중앙아메리카에서는 일찍이 모자이크 기법이 발달하여 마야문화나 아즈텍족의 유물 중에는 모자이크로 장식된 것이 많다. 고대 오리엔트나 고전기 그리스에서도 벽이나 천장 등의 장식으로 사용되었고, 특히 헬레니즘 시대 이후 발전하였는데 폼페이에서 출토된 모자이크나 라벤나 성당의 모자이크 등이 대표적이다. 이후 뜸하게 제작되던 모자이크는 19세기 말에 스테인드글라스와 함께 부활하여 현대에는 공공 건축이나 종교건축 등의 장식에 많이 쓰인다.

어릴 적에 누구나 한 번쯤은 색종이를 이용하여 나름의 작품을 만들어 본 경험이 있으리라 생각된다. 모양을 먼저 스케치하고 그 위에 필요한 색종이나 어떤 패턴을 잘게 쪼개어 붙이는 것도 모자이크 중 하나라 볼 수 있다. 원하는 모양이나 색깔을 찾아서 구멍을 뚫거나 찢고 오려 붙이면서 완성하는 방법이다. 재료 모두를 활용하는 것이 아니라 필요한 재료만 필요로 하는 것이다. 이것이 문예 창작에서도 그대로 적용된다.

17. 수필 쓰기에서 상상력과 허구의 문제

아리스토텔레스는 문학에 대해 혼이 깃든 자연과 작가의 영혼이 만나 얻어지는 열매라고 했다. 즉 나의 목소리와 타자의 목소리가 얽혀 합쳐져 하나가 되는 것이라는 의미다. 이때 상상력은 타자의 의지를 침투케 하며 새로운 영감의 출현을 가능케 하는 힘을 가리킨다.

상상력을 가장 독자적으로 탐구한 바슐라르는 이미지의 생성은 인간 존재의 근본적 움직임인 역동적 상상력에 의해서 이루어진다고 말한 바가 있다. 이때 물질로서의 대상은 상상력 속에서 하나의 역동적 환경 안에 존재하는데 이 물질이 역동적 상상력에 의해 이미지로 변형된다고 본다. 따라서 역동적 상상력은 이미지 생성의 원천이 되며 새로운 이미지 추구를 위해 절대적으로 필요한 것이다.

본디 상상想像이란 말의 어원은 코끼리를 한 번도 본 적이 없는 중국인들이 인도에서 온 코끼리 뼈만 가지고, 코끼리의 형상을 머릿속에 그렸다는 데서 유래한 것이라 한다. 이 어원은 상상력의 핵심을 정확하게 보여준다. 무엇인가 제대로 상상하려면 코끼리 뼈라는 현실적 토대가 있어야 한다는 것이다. 이런 점에서 상상력은 현실 구속적이다. 코끼리 뼈만으로는 코끼리를 상상하기 어려우니 그 위에 살을 붙이고 코끼리를 일으켜 세운 뒤 걷게 만드는 힘은 온전히 예술적 상상력의 몫인 것이다.

하이데거의 경우 문학은 만물을 향해 열려있는 신화적 상상력에 근거를 한다는 견해도 매우 시사적이다. 베이컨은 역사는 기억을, 철학은 이성을, 문학은 상상을 바탕으로 전개된다고 말했다. 베이컨은 상상은 사실들을 마음대로 변형시켜 사실보다 더 아름답게, 더 좋게, 더 다양하게 만들어 즐기는 것이라고도 하였다. 영국의 수필가 조셉 애디슨은 감각의 대상이 없을 때에도 머릿속에서 여러 심상들을 융합하여 전혀 새로운 심상을 형성하는 능력이라고 했다. 노드롭 프라이는 상상력은 인간의 경험을 토대로 하여 있음직한 본보기를 구성해가는 힘이라 정의한 바 있다. 이러한 견해들은 모두가 문예 창작에서 상상력이 절대적으로 중요하다는 의미로 해석할 수가 있다.

수필이 체험의 상상화이고 소재의 의미화라고 한다면 상상은 대상을 인식하고 현실을 통해서 이상세계를 재구성하고 재창조하려는 노력일 것이며 변증법에 가까운 재인식의 작업이라고도 할 수 있다. 수필 창작에서 상상은 새롭게 보기에 해당한다. 현실적 대상을 새롭게 해석하고, 새롭게 묘사하고, 새롭게 의미를 부여하는 미적 행위다.

문학적 상상력은 사물의 속성을 통해서 인간의 속성을 유추해 내는 지난한 노력이며 창작활동의 근원적인 역할이기도 하다. 또한 상상은 산재한 소재들을 하나로 통일시키는 능력이며 현실적인 소재를 독자적으로 변형시켜 새로운 현실을 창조하는 힘이다. 예술은 이러한 상상력으로 근원과 의미를 탐색하는 데 목적을 두는 것이다.

김우종 교수는 한국수필의 문제점으로 상상력의 공급 부족으로 인한 미적 감동의 결핍 현상을 들었다. 수필에서 상상이 소홀히 다루어지고 있다는 지적이다. 이는 수필은 허구의 문학이 아니라 체험의 문학이라는 본질을 편협하게 해석한 것이 원인이다. 수필 속의 상상력은 그 체험의 한 부분이다. 수필 창작에서 상상은 허구가 아니다. 소설의 구성도 체험적 요소와 상상력으로 짜여져 있다. 소설 속의 상상은 상상임을 밝히지 않는다. 소설에서는 실제 체험에 해당되는 부분까지 허구라 여긴다. 그러나 수필에서의 상상은 허구라 하지 않는다. 수필의 체험은 내적 체험까지를 포함하고 그 체험은 상상에 가깝다. 수필에서의 상상은 허구의 도입이 아니라 수필을 문학적으로 형상화하기 위한 수법이자 기법이다. 수필에서 그 사실을 감동적으로 전달하기 위해서는 예술적인 표현을 개발해야 한다. 그 예술적 표현 방법이 상상력인 것이다. 수필에 대한 담론 중에 지속적으로 논의되는 화두는 허구성에 대한 것이다. 수필의 허구성 논의는 상상력 사이의 문제로 이 양자의 유기적 구조와 미학의 문제다.

김소운도 이 점에 대해 고민했던 흔적이 보인다. "진실이란 말은 반드시 사실 그대로란 뜻은 아니다. 사실만을 나열한다고 해서 그것이 문장을 이루는 것도 아니요, 하물며 문학이 되는 것도 아닌 것은 재언할 필요가 없다. 나 자신의 글이란 것을 돌이켜보면 실로 '허구' 그것과는 너무나 거리가 먼 것을 자인하지 않을 수 없다. 진실이란 반드시 사실 그대로를 뜻하는 것은 아니다. 그런데도 소위 내가 쓴다는 글은 언제나 사실의 테두리를 벗어나지 못한다. 목적이 있고, 읽는 대상을 의식하면서 쓰는 글― 그것이 과연 옳은 글이라고 할 수 있을는지 의문이다." 사실을 그대로 글로 재현했을 때 그 글이 진실된 문학 작품이라 할 수 있는가를 의혹해 하는 글인데 동시에 상상력의 필요성을 역설하는 글이기도 하다.

수필의 구조미학은 문학적 상상력으로 가능하다. 상상의 힘을 빌려 구조적인 수필미학을 실현할 때 수필은 한 장르로서 탄탄한 자리매김을 할 것이다. 모든 문학은 상상력의 소산이다. 상상력이 다소 과장되고 사실을 부풀리더라도, 조금은 허구적인 상황을 펼치더라도 수용해야 한다. 작가가 말하고자 하는 진실을 전달하려는 의도이기에 조금 과장되었다 할지라도 사실로 인정해야 한다. 상상력을 하나의 표현구조로 받아들여야 한다는 말이다.

상상력은 작가의 감수성이라고도 볼 수 있다. 감수성이란 미적 대상에 대한 인식과 외계의 자극을 직관적으로 받아들이는 능력이다.

  수필은 사물이 숨기고 있는 내적 의미를 밝히는 의미화의 작업이다. 작가는 실제 체험 속에서 새로운 눈으로 새롭게 선택된 소재를 가지고 새롭게 형상화해야 한다. 대상을 새롭게 해석하고 풀이할 때 그것은 체험과 사실의 재창조라 할 수 있다. 이때 상상력은 모든 예술의 필수적인 요소가 된다.

  수필의 상상력은 우리가 일상에서 경험하는 무수한 감각적 흔적을 사용하여 새로운 사물의 이미지를 만들어 낸다. 좋은 수필에 대한 규정은 작가 자신의 삶을 통하여 체득한 경험을 상상력이라는 문학적 장치를 통해 얼마나 잘 표현하느냐에 달렸다고 하겠다. 이처럼 수필은 상상의 힘을 빌려서 예술적 깊이를 더하게 된다. 그럼에도 수필에서의 상상은 한계성을 지닐 수밖에 없다. 수필은 자기 체험을 바탕으로 하는 이상, 사실 안에서만 가능하다. 즉 수필의 상상력은 진실의 순도 안에서 제약을 받을 수밖에 없다는 것이다.

  수필적 상상은 과거의 체험이나 사건의 기억을 재생해 낼 때, 흐릿한 사실조차 상상에 의존하여 선명하게 드러낸다. 이때 과거의 사건이 비록 희미할 뿐이지 결코 허구는 아니다. 아련한 기억 속에 묻혀 있던 실제의 상상이라는 문학적 장치를 사용하여 되살려내는 것이다. 작가의 기억창고에서 끄집어낸 체험 위에 상상이 농축될 때 수필로서의 가치를 지니게 된다.

  수필에 있어 허구 수용의 문제는 간단하지가 않다. 최근에는 허구의 부분적인 수용론이 계속 늘어나는 추세다. 문학의 창조적 지평을 확장할 수 있다면 허구를 거부할 이유가 없다고 본다. 허구가 있음으로써 사람의 정신세계는 풍요로워지고 생활의 폭은 넓어진다. 그런 점에서 수필에서의 상상력은 허구의 문제와는 별개다. 소설의 허구는 '무'에서 '유'를 창조하는 것이지만 수필에서의 허구는 사실을 바탕으로 한 상상을 의미한다.

상상력은 글감을 찾는 과정에서뿐만 아니라 글의 의미를 엮어가는 과정에서도 중요한 역할을 한다. 사물을 어떤 관점에서 바라보느냐에 따라 글의 차이가 생겨나고 현실과 상상이 결속하는 강도에 따라 작품의 수준이 달라진다. 수필은 체험을 물리적으로 바라보지 않고 상상을 통하여 낯설고 새롭게 봄으로써 새로운 인생의 의미를 찾아내는 작업이다.

상상력은 체험에서 나온다. 현실적인 체험에서 나오지 않은 상상력은 이른바 환상이다. 코올리지는 사상과 사물과의 조우가 어떻게 가능한가에 대한 문제를 상상력에서 찾았다. 즉 정신과 자연을 연결시키고 있는 것이 상상력이라는 것이다. 상상력을 무한한 존재의 영원한 창조 행위를 유한한 정신 속에서 반복하는 일이라 생각했다. 신이 혼돈(Caos)으로부터 세계를 창조하여 그 혼돈된 세계에 질서와 형태를 부여했듯이 인간의 정신도 신이 그랬듯이 질서와 형태를 부여할 수 있다는 의미다. 그 창조적 힘이 문학에 있어서는 상상력이라는 논리다.

만약 수필이 개인적 삶의 체험만을 기록한다면 일기문이 되겠지만, 상상력의 옷을 입히기 때문에 문학작품이 되는 것이다. 상상력은 수필을 문학답게 만드는 장치다. 수필은 허구가 없고 허용되지 않기 때문에 소설처럼 체험한 것처럼 꾸밀 수는 없다. 작가가 체험한 사실을 미학적 상상력으로 증폭시켜 표현할 수 있을 뿐이다. 이때 대두되는 것 중 하나가 발칙한 상상력이다. 발칙한 상상력은 도발적이고 도전적이고 창의적이다.

문학이 자아성찰만이 아니고 독자를 염두에 둘 때, 분명한 것은 독자를 어떻게 설득할 것인지에 관심을 가져야 한다. 이 문제에서 문학의 표현 구조의 제 요소가 중요하게 대두되는 것이다. 참신한 주제와 소재라 해도 그것이 독자의 손에 들어갔을 때, 어떻게 전달하는 것이 효과적인가 혹은 감동적인가 하는 문제는 표현구조에 따라 다르다.

유한근 교수는 작가의 언어 인식, 표현구조, 문장력 등 제 요소에 따라 달라지겠지만 근본적인 문제는 작가의 상상력과 직결된다고 보았다. 작가의 상상력은 그 작가의 사고구조나 감성구조, 문학에 대한 이해, 문학관과 긴밀한 관계를 가진다는 것이다. 작가의 응축된 삶에 대한 체험, 가치관 등 자연인으로서의 모든 조건들까지도 예외가 될 수도 없다고 했다. 더 중요한 것은 상상력이 어떤 양상으로 나타나는가 하는 부분에 대한 지적이다. 작가의 상상력이 어느 곳으로 어디까지 뻗어나가고 있으며, 얼마나 깊고 높게 확대되어 나가느냐가 중요하다. 이 때문에 작가는 언제나 고뇌하고 괴로워할 수밖에 없는 것이다.

인류가 존재하는 한 새로운 것은 나타나야만 한다. 그렇지 않으면 인류는 소멸하게 되는 것처럼 문학도 죽게 될 것이다. 따라서 새로운 것에 대한 창조가 문학인의 소명이다. 이 소명을 완수하기 위해서는 상상력을 확장시켜야 한다. 비록 그 상상력이 발칙하더라도 말이다.

　이미지는 작가의 상상력에 의해 생성되는 것이며 이는 다시 독자의 상상력을 자극하게 된다. 이미지의 창출은 작가와 독자의 상상력이 긴밀히 만나는 데서 가능한 것이다. 이처럼 상상력은 구체적인 현실과 예술을 결속하게끔 하는 끈으로 작용하므로 모든 문학이 상상력을 기본 요소로 삼고 있다. 그만큼 상상력은 예술의 세계를 무한히 확대하면서 창조적인 기능을 한다. 허드슨이 '문학적'이라고 할 때, 우리는 상상적인 것으로 이해한다고 말한 것도 이 같은 맥락에서다. 이처럼 문학작품에서 상상력은 사물의 본질을 생성하고 구체화하여 의미화 시킬 수 있는 정신적, 감각적 원동력인 것이다.

18. 기행수필 쓰기의 본질

1. 머리말

방민호 교수는 계절과 음식과 유행과 여행을 담은 글이야말로 그 소재로 인하여 어쩔 수 없이 산문을 산문답게 만든다고 했다. 특별히 여행은 가장 다양한 글감을 얻게 한다. 새롭게 보고 만난 것들에 대한 감동과 충격은 내면 깊이 잠들어 있던 문학의 샘을 일깨운다. 때문에 그것을 어떻게 문학화할 것인가에 대한 부담은 다른 글감보다 훨씬 더 크다. 여행이 일반화되어 버린 현대사회에서 보고, 듣고, 느끼고, 생각하는 것도 사람마다 크게 차이가 나지 않는다고 보면 자칫 천편일률적으로 진부하고 식상한 글들이 될 가능성이 높기 때문이다.

여행이란 울타리를 벗어나는 일이다. 그리하여 새로운 것들을 보고 들은 것을 소재로 문학작품을 만드는 일도 일정한 틀에서 벗어나야 함이 정도다. 새로운 것에서 받는 신기함과 호기심은 여행에서만 얻을 수 있는 특별함이다. 요즘은 여행을 너무 쉽게 떠날 수 있다. 그러니 가서 보는 것보다 더 실감나고 특별하게 써 놓은 글이어야 한다. 그래야 읽고 싶고 감동을 받게 될 것이다. 직접 가서 본 것보다도 더 새롭게 쓰는 글을 쓴다는 일은 큰 부담이다. 신선한 충동에 의해 쓰인 글이라 해도 내가 받은 충동 이상으로 독자에게 느껴질 수 있을지도 의문이다. 그렇지 못하다면 그건 문학작품으로서의 생명력을 얻지 못한다.

현대는 여행을 웰빙의 출발로 생각한다. 그러다 보니 그런 내용의 글이나 자료도 넘쳐난다. 이러한 사회적 시대적 분위기를 잘 어우르며 어떻게 남보다 더 새롭게 보고 특별하게 갈무리하여 기행수필로 문학화 하느냐가 문제의 본질인 것이다.

2. 기행수필의 발자취

우리나라 수필문학은 기행수필로부터 시작된다. 727년 신라시대 승려 혜초(704-787)가 쓴 《왕오천축국전》을 그 출발점으로 볼 수가 있다. 이 책은 당시 인도 및 서역 각국의 종교와 문화풍속 등에 관한 기록이 중심을 이룬다. 1권 1책으로 현재 파리국립도서관에 소장되어 있는 것은 1908년 프랑스의 동양학자 펠리오가 중국 간쑤성 천

불동 석불에서 발견했기 때문이다. 이후 기행수필은 송강 정철(鄭澈)의 〈관동별곡(關東別曲)〉, 김인겸(金仁謙)의 〈일동장유가(日東壯遊歌)〉, 김진형(金鎭衡)의 〈북천가(北遷歌)〉, 홍순학의 〈연행가〉 등으로 이어진다. 박지원(朴趾源)의 〈열하일기(熱河日記), 1780〉는 한문으로 된 기행수필이고, 유길준(俞吉濬)의 〈서유견문(西遊見聞, 1895)〉은 근대 최초의 기행문이다. 면암 최익현의 〈유한라산기, 1875〉, 육당 최남선(崔南善)의 〈백두산(白頭山) 근참기(覲參記), 1926〉도 기행수필의 맥락이다. 이은상의 〈피어린 육백리〉, 정비석의 〈산정무한〉은 국어교과서에도 수록되어 오랜 감동을 안겨준 수필의 명작들이다. 교통수단이 발달되고 여행의 영역이 넓어진 현대에 들어선 엄청난 기행문학 작품이 쏟아지고 있다. 한비야의 《바람의 딸 걸어서 지구 세바퀴 반》, 《지도 밖으로 행군하라》, 백남오의 《지리산 황금능선의 봄》, 《지리산 빗점골의 가을》 등이 전형적인 현대 기행수필이라 할 수 있을 것이다.

3. 기행수필의 종류

　기행수필의 형태는 다양하다. 일기문이나 편지글처럼 쓰여지기도 하고 내용 중엔 시나 전설, 유래 등을 넣기도 한다. 여행에서 얻은 것을 자신이 가장 잘 표현해 낼 수 있는 형태로 쓰는 것이다.
　옛 기행문들을 보면 특별한 상황에서 쓰여진 것들로 내용상 유람(遊覽)기행, 사행(使行)기행, 유배(流配)와 피란(避亂)기행(紀行) 등 몇 종류로 나뉘어진다. 빼어난 산수(山水)를 찾는 기행문은 유람

기행으로 절대다수를 차지한다. 사행기행은 사신(使臣)으로 따라가서 유람을 하게 된 해외유람담이다. 산수를 찾는 것보다 이국정취, 대인관계의 기술들이 강조되었다. 유배·피란기행은 작자가 처한 특수한 상황, 즉 귀양살이나 전란을 피해 다니면서 체험하는 생경한 경험이 중심이 된다. 작자가 처한 절박한 현실을 극복해 내는 고난상이 글 속에서 승화되어 감동을 준다. 일반적인 분류는 ① 일기 ② 편지 ③ 감상문 ④ 보고문 ⑤ 안내문 ⑥ 논설문 형식으로 나눈다.

기행수필은 다음과 같이 분류할 수 있다.

1) 일정(路程) 중심의 수필

가장 일반적인 형식이다. 기행문은 언제 떠나서 언제 돌아온다는 노정(路程), 무엇 때문에 어디로 가는가의 목적과 목적지, 무엇을 보고 듣고 겪었는가의 견문 체험적 내용, 경험을 통하여 자신이 느낀 감상 등이 내용이 된다.

2) 느낌 중심의 수필

기행수필을 문학작품으로 승화시킨다는 면에서 가장 관심을 갖게 하는 형식이다. 그 시대의 주인공이 되어 보기도 하고, 현재와 과거를 비교하며 나름대로의 느낌을 문학적으로 표현해 내려 하는 수필이다.

3) 역사 중심의 수필

역사나 유래는 독자의 흥미와 지식을 충족시킬 좋은 읽을거리다. 이것을 잘만 이용하면 좋은 글을 만들 수 있다. 그러나 전체 내용에서 차지하는 비중이 너무 크다 보면 결국 내 글은 없게 된다. 역사나 유래를 통해 역시 나에게 무엇을 말하려 하고 있는가를 잘 포착하고 그걸 주제감 있게 풀어내는 힘이 있을 때 읽을 맛 나는 수필이 된다.

4) 디카수필

여행의 기록을 글로 옮기던 시대에서 사진 또는 동영상으로 남긴다. 바로 디카수필의 탄생이다. 디카수필은 즉흥적으로 쓰는 수필이기 때문에 심오성과 사상성, 서정성, 완벽성을 기대하기가 어려운 부분이 있다. 그러나 수필이 갖는 자유분방함, 형식에 구애됨이 없는 다양함, 순발력 등을 구현할 수는 있다. 즉흥성이 갖는 가벼움이 있을 수도 있지만 순간적인 공감대의 발견과 깨달음을 줄 수도 있는 장점도 분명 있을 것이다.

4. 기행수필을 어떻게 쓸 것인가

기행수필은 단순한 여행의 기록을 넘어서야 한다. 문학은 창작이다. 얼마큼의 창작력으로 보고 듣고 느낀 것을 담아내는가는 작가의 역량이 달려 있다. 여행을 떠나서 그 지방의 명승고적, 특색,

인정, 풍속, 산업 등에 대하여 보고 들은 사실이나 겪은 일을 느낌을 곁들여서 적되 생활언어가 아닌 문학언어를 사용하여 써야 문학성이 인정될 것이다.

1) 기행수필의 내용

　기행수필에는 여정, 견문, 감상의 내용이 들어가는데 다음의 특성을 고려하여 써야 한다고 본다.
　① 여행 중 보고 들은 것이 글감이다. 하지만 정말 신선한 것, 특별한 것을 글감으로 취해야 하며 문학적 형상화에 필요한 것만 취하는 모자이크 법칙이 적용되어야 한다.
　② 보이지 않는 것을 보는 눈, 볼 수 없는 것을 보는 눈을 가져야 한다.
　③ 단순한 시간의 경과나 여행한 차례가 아니라 수백 년, 수천 년을 거슬러 올라 그 시대에 도달해 보고 그 시대와 현재의 '나'를 연결시켜 보는 힘이 필요하다.
　④ 새로 보고 들은 일에 대한 느낌도 중요하지만 그것들이 오늘 이 시대의 나에게 무슨 의미가 있는가를 깨달을 수 있어야 한다.
　⑤ 작가의 개성과 독창적 생각이 나의 글쓰기 특성으로 분명히 각인되어야 한다.

2) 기행수필 쓰기의 본질

여행처럼 신선하고 다정다감한 경우는 없을 것이다. 보고 듣는 모든 것이 새롭다. 새것이니 호기심이 일어나고 기발한 감상이 떠오를 수가 있다. 객지에서 얻은 감상을 쓰는 것이 기행문이다. 떠남이 본질이니 책상머리에 앉아서는 쓸 수 없다. 멀든, 가깝든, 처음이든, 여러 번째든, 어디론가 떠나야만 한다. 이태준의 《문장강화》에서는 기행문의 요건을 이렇게 말한다. (1) 떠나는 즐거움이 나와야 한다. (2) 노정(路程)이 나타나야 한다. (3) 객창감(客窓感)과 지방색이 나와야 한다. (4) 그림이나 노래를 넣어도 좋다. (5) 고증을 일삼지 말 것이다.

기행문은 자유롭게 쓰는 글이다. 그러나 그 자유로움 속에 다른 데에서는 담을 수 없는 것을 담아내야 한다. 그것이 기행수필만의 맛이요 멋이다. 다음 기행수필의 몇 구절을 감상해 보자.

① 나도 월파정에서 부서지는 달빛 아래 첫 입맞춤을 했다. 그녀는 달빛이 새드는 소나무에 기대어 서 있었고 나는 그녀에게 다가가 그 어색한 입맞춤을 했다. 멀고 아득한 기억의 저편에서 떠오르는 그 소녀도 아마 첫 입맞춤이었으리라. 덤덤한 것도 같고 섬찟한 것도 같은, 그러나 따듯했던 그 어색한 입맞춤의 소녀는 열여덟이고 나는 열아홉 살이었다. 세상이 다 캄캄해지는 것 같던 첫 입맞춤을 누군들 잊으랴. 월파정은 그렇게 우리들에게 첫

사랑의 기억을 갖게 해 준 푸른 잔디밭이었던 것이다.
— 김용택, 《그리운 것들은 산 뒤에 있다》 중
〈아, 그리운 월파정!〉에서

② 얼마나 잤을까. 수면을 재촉하던 감미로운 바퀴 소리가 때 아닌 함성으로 찢어졌다. 시계를 보니 아침 6시였다. 동쪽을 향하고 있는 복도에는 이미 일행들이 일출을 보기 위해 나와 있었다. 달리는 기차에서 맞는 광막한 사막의 일출, 어제 홍산에서 놓쳤던 바로 그 태양인가 보았다. 하룻밤을 외박하고 돌아온 그는 어떤 모습이 되어 있을까. 초야를 치르기도 전에 외박하고 돌아온 신랑을 기다리듯 초조하게 기다렸다.
— 정경, 《실크로드를 가다》 중 〈돈황 가는 길〉에서

③ 나는 물속에 드리운 내 그림자를 보며 나직이 읊조린다. 명사산은 월아천이 있어 아름답다. 사막에서 절망하지 않음은 땅 밑으로 흐르는 강물이 있음을 일깨우기 때문이다. 우리의 삶은 얼마나 아름다운가. 가슴 깊은 곳에 초승달 같은 사랑을 숨기고 있음이. 메마른 삶 어디엔가 숨어 있을 눈부신 보석 하나. 월아천에서 나는 그것을 보았다.
— 변해명, 《길 없는 길을 따라》 중 〈명사산 월아천〉에서

④ 대체 청학동은 그 어디쯤일까. 갈등으로 분열된 시대, 청학

동은 이미 하늘로 날아오른 마을은 아닐까. 아둔한 나의 눈으로는 청학동 속에서도 청학동을 볼 수 없을 것만 같기도 하다. 이 상세계가 현실 속에서 존재할 수는 있을까. 청학동은 우리들 마음속에 내재된 영원한 안식처를 향한 원초적인 슬픔 같은 것은 아닐까. 유한한 인간의 한계를 벗어난 영원 속에 청학동이 존재할지도 모른다는 생각도 든다. 그럼에도 내가 또다시 청학동을 찾아, 지리산을 오르는 일은 계속될 것이다.

— 백남오, 《지리산 황금 능선의 봄》 중 〈청학동 가는 길〉에서

⑤ 언덕 위에서 소나무 가지 사이로 내려다본 옛날 로마공화국 광장, 그 넓은 광장엔 부서진 벽과 돌기둥, 대리석 조각만 여기저기 흩어져 있다. 한쪽에 원로원 벽돌 건물이 남아있고, 키케로 등 웅변가들이 화려한 수사修辭로 열광시키던 연단 자리를 안내인이 가리키는데도 폐허만이 충격으로 다가왔다.

— 유혜자, 《자유의 금빛날개》 중 〈로마의 휘파람〉에서

5. 맺음말

산문은 모름지기 겨울에 살에 와닿는 눈송이처럼 구체적이고 감각적이고 새롭고 독하고 아름다워야 한다. 기행수필은 더욱 기발하고 감각적이면 좋다. 이러한 글은 많지 않다. 그러한 글이야말로 영원한 현재성을 가진다. 그래서 누구나 볼 수 있고 말할 수 있는 표

현은 진부할 수밖에 없다. 추상어와 관념어로 시종하는 문장은 현학의 폐단이 있으며 상식적인 어휘로 일관하는 문장은 멋이 없다. 한자어를 필요 이상으로 많이 사용하는 문장은 고루하다. 기행수필 역시 이 범주를 벗어나지는 못할 것이라 본다. 그럼에도 일차적인 기록이 가장 중요하다고 본다. 여행 중 단 몇 줄이라도 메모할 수 있다면 그것을 근거로 작품화할 수 있지만 기록이 없으면 한 편의 작품을 완성하기는 어렵다. 문학성은 그 다음의 문제다.

19. 스마트 시대의 수필 쓰기

1. 들어가는 말

 세상이 급변하고 있다. 신문이나 텔레비전보다는 인터넷이 더 깊고 빠른 뉴스를 쏟아내는 시대가 되었으며 대부분의 정보는 빛의 속도로 시공의 제약을 뛰어넘어 공유되고 있다. 어린이들은 컴퓨터를 놀이 도구처럼 다루고, 주부들도 컴퓨터를 유용한 생활의 반려자로 활용하기에 이르렀다. 컴퓨터만 있으면 무엇이든지 할 수 있다. 마침내 사이버 시대, 스마트 시대가 활짝 열린 것이다.
 문학에서도 컴퓨터의 영역이 크게 확대되었다. 사이버 공간에서는 작가와 독자 사이에 직거래가 이루어진다. 문예지나 사보, 잡지의 운영자들도 인터넷 문학 사이트를 유영遊泳하면서 좋은 필자를 발굴하여 원고를 청탁하는 추세다.

2. 수필문학의 활로 찾기

인터넷이 폭발적으로 확산되면서 종이책의 전성시대가 가고 전자책과의 공존시대가 열렸다. 이런 추세라면 종이책이 전자책에 아예 밀려나지나 않을까 걱정이다.

박재식은 〈바보상자〉라는 수필에서 "영상매체에 중독된 사람들은 책을 읽는 흥미보다는 책을 읽을 필요를 느끼지 않는다. 필요한 지식과 정보는 영상을 통해 보다 손쉽게, 보다 신속히 재미까지 곁들여서 얻을 수가 있는 것이다. 여기에 한 술 더 떠서 컴퓨터라는 무소불위의 새로운 네모상자까지 나타나 정보화 사회의 필수적인 가장집물(家藏什物)로 등장하였으니 마침내 책 무용론이 바로 눈앞의 현실로 대두하고 있는 형편이다."라고 썼다.

이제 수필도 인터넷을 통한 활용을 적극적으로 확대해 나가야 할 때가 되었다고 본다. 그래야 미래문학으로서의 활로가 트일 것이다. 음악, 미술, 연극 등 다른 예술 장르는 재빨리 뉴미디어에 접목하고 있지 않은가. 문학도 이제 활자매체의 영역에서 벗어날 시도를 해야 한다. 한때 광대라고 업신여김을 받았던 장르는 지금은 시청자들의 열렬한 환호 속에 팬클럽까지 생겨나고 있음을 주지해야 한다. 문학도 영상과 음악을 외면하고 고집스럽게 활자에만 의존했던 울타리에서 벗어나야 한다. 특별히 수필문학은 발 빠르게 변화된 환경에 능동적으로 대처해야 할 것이다. 그 길만이 수필이 문학의 중심으로 재편되는 지름길이 아닐까 싶다.

3. 인터넷시대와 수필문학

우리는 필기 도구의 발전에서도 교훈을 얻을 수가 있다. '붓-펜-만년필-볼펜-사인펜'으로 발전한 것이 필기도구의 변천사다. 오늘날 붓은 소수의 서예가들에게나 유용하고, 펜은 이미 사라진 지 오래되지 않았는가.

신상렬은 '영상시대의 장편수필掌篇隨筆, 그 효능과 문학성'이란 글에서 "수필문학도 영상시대의 그 엄청난 위력과 무한한 잠재성을 외면해서는 안 된다. 오히려 이를 적극적으로, 또 슬기롭게 잘 활용만 한다면 수필문학의 위상을 한층 높일 수 있을 뿐만 아니라 수필문학의 진가와 그 뛰어난 문학성을 대중에게 널리 알릴 수도 있게 되었다. 특히 수필문학은 다른 어떤 문학 장르보다도 인터넷을 비롯한 영상시대에 잘 맞는 특성을 지니고 있어 인터넷 독자의 관심을 끌기에 충분하다."고 지적했다. 명심해둘 말이다.

인터넷 시대 독자인 네티즌들은 대체로 짧고 스피디한 문장, 대중적인 언어, 진솔한 이야기, 심금을 울리는 이야기, 낭만적이고 서정적인 문장, 재치와 유머가 넘치는 문장, 해학성이 넘치는 글을 좋아하는 추세다. 수필은 인터넷 시대에 가장 잘 어울리는 글이다.

젊은이들에게 유행했던 3행시도 시사하는 바가 크다. 신문, 방송,

인터넷에서 인기를 끌던 3행시는 젊은이들을 문학 가까이로 다가서게 하는 좋은 길잡이가 되었다. 가장 짧은 시간에 가장 간단한 글자로 자기의 느낌을 전달할 수 있는 방법이 바로 3행시이기 때문이다.

이제 수필은 무엇보다 짧아져야 한다. 네티즌들이 3행시를 좋아하는 것은 바로 짧은 글을 선호한다는 반증이다. 전통적으로 수필 한 편의 길이를 원고지 10~15매 정도로 규정하고 있는 것은 오랜 관행일 뿐이다.

인터넷에서는 원고 분량을 규제하지는 않는다. 디카시가 있듯이 디카수필이 필요한 시대가 되었다. 아무리 명작일지라도 네티즌, 즉 독자가 없다면 무슨 의미가 있겠는가. 신상렬의 손바닥에 한 편의 수필을 쓸 수 있는 장편수필(掌篇隨筆)의 주장은 매우 설득력이 있다고 본다. 아직도 부동의 위치를 가진 피천득이나 윤오영의 수필이 대개 원고지 8매 전후의 짧은 수필에 해당한다는 점도 상기할 필요가 있다. 이 장편수필은 컴퓨터 모니터 하나의 화면으로 전체를 보여줄 수 있어서 네티즌들이 그 내용이나 이미지를 파악하기도 쉽다.

이제 미래문학은 아름다운 사진과 영상과 음악까지 곁들인 멀티미디어로 가야 하는 것이 큰 방향이라고 본다. 사회변화와 독자들의 취향에 적극적으로 동참하고 독자들과 늘 호흡을 함께하려는 열린 태도가 수필의 위상을 높이는 지름길이다.

짧은 분량 속에 생각이나 상념의 정제, 간결하고 함축적인 문장력, 번뜩이는 위트 등이 번뜩인다면 네티즌들에게 호감을 사리라 생각한다. 그런 의미에서 5매 수필, 3매 수필까지도 가능하다고 본다. 결국 시와 수필이 혼용되는, 장르를 뛰어넘는 시대로 접어 들고 있는 것이 큰 추세라고 보는 것이다.

4. 스마트시대 수필의 조건

1) 큰 방향은 경박단소형輕薄短小型이다.
2) 길이가 짧아야 한다.
3) 재미가 있어야 한다.
4) 멀티적인 효과를 의식해야 한다.
5) 제목은 호기심을 자극해야 한다.
6) 관심을 끄는 주제여야 한다.
7) 독창적인 시각이어야 한다.
8) 창의적인 해석이 필요하다.
9) 특유의 상상력을 발휘해야 한다.
10) 친환경적인 소재가 좋다.
11) 미래에 대한 비전이 있어야 한다.
12) 가장 인간적인 문학이란 점을 잊어서는 안 된다.

5. 닫는 말

디지털시대의 코드는 경박단소형輕薄短小型이다. 스마트폰을 보면

답이 있다. 또한 컴퓨터의 칩을 생각해 보면 분명하다. 시는 극서정의 단형시, 소설은 미니 픽션, 수필은 단형 산문으로 나아갈 것이다. 사람들이 모두 단거리 주자가 되어가고 있다. 관심의 지속이나 사고의 집중이 다양한 매체의 발달로 어려워진 때문이 아닌가 생각된다. 컴퓨터 화면 하나나 스마트폰 한 면 정도에 모든 이야기나 내용을 담아야 한다. 지금 우리가 시대정신이라고 할 때 헤겔이 생각하던 19세기 중반과는 전혀 다른 의미를 가진 세상에서 살고 있는 것이다.

　어쩌면 문예지에 작품 한 편을 발표하려고 노력하는 일이 이제는 중요하지 않을 수도 있다. 인터넷 문학 사이트를 찾아가 자유롭게 작품을 올리는 일이 더 중요할지도 모를 일이다. 그것이 오히려 더 손쉽고 의미 있는 시대로 가고 있다. 인터넷 문학 사이트의 독자층이 두터울 수도 있다. 인터넷은 세계로 열린 창이다. 수필은 이제 네티즌의 마음에 정신적 위안을 줄 수 있는 문학 장르가 되어가고 있다.

20. 좋은 글의 요건과 연암의 글쓰기

1. 좋은 글의 요건

글을 쓰는 사람의 꿈은 좋은 작품 한 편 남기는 일일 것이다. 또한 그 한 편의 작품이 독자들에게 깊은 감명을 주고 인류에 회자되는 생명력을 가진 작품이기를 소망할 것이다.

문장에 생명력이 있다는 것은 그것이 언제 읽어도 가치 있는 글로 다가섬을 의미한다. 과거에 쓰여진 것이지만, 단순히 과거를 기억하는 데 그치지 않고, 바로 오늘을 살기 위해 절실히 요구되는 글이 있다. 말하자면 영원한 현재성을 간직하고 있다는 말이다. 이런 글이야말로 좋은 글이고 영원히 젊은 글이라고 말할 수 있을 것이다.

문학평론가 방민호 교수는 《모던수필》(향연, 2003)에서 "글을 잘 쓰는 사람은 한 편을 써도 찌르고 울리는 맛이 있으나, 그렇지 못한 사람은 아무리 많이 써도 무딘 칼이요 못 맞춘 과녁이다."라고 피력한 바 있다. 같은 책에서 좋은 산문의 요건으로 "산문은 모름지기 겨울에 살에 와 닿는 눈송이처럼 구체적이고 감각적이고 새롭고 독하고 아름다워야 한다. 이러한 글은 많지 않다. 그러한 글이야말로 영원한 현재성을 가진다."라고 강조한 바도 있다.

필자는 좋은 산문의 요건을 이렇게 명쾌하고 구체적으로 제시한 것을 아직 본 적이 없다. 좋은 문장을 가리는 시금석으로 삼을 만하다.

중국 송나라 때의 문장가 구양수歐陽脩는 글을 잘 쓰려면 많이 읽고(多讀), 많이 쓰고(多作), 많이 생각해 보라(多商量)고 했다. 이 3다三多의 명언이야말로 글을 쓰는 사람들에게는 영원한 진리라 생각한다.

흔히들 좋은 글이라면 정확성, 명료성, 타당성, 일관성, 진실성, 독창성을 갖추어야 된다고 말한다. 글쓴이의 의도를 독자에게 충실히 전달하기 위해서는 이러한 조건을 적절하게 갖추어야 한다는 것이다. 독자가 편하게 읽을 수 있도록 어휘, 부호, 상징, 띄어쓰기, 단어 배열, 문장 길이, 단락 나누기, 일화의 소개 등을 적절히 조화시켜 자연스러운 서술이 되도록 해야 한다. 독자에게 흥미와 관심을 불러일으킬 있는 주제를 선택해야 함은 물론이다.

문학작품에서 표현은 정확하고 내용은 진실해야 한다. 문맥이 어렵거나 까다로우면 읽기가 힘들다. 훈계조에 속하는 글도 바람직하지 못하며 전문적인 지식용어, 외래어, 사자성어, 인용문을 지나치게 빌려오는 것도 좋지 않다. 겉모양만 아름다운 미문도 피해야 한다. 유식하고 잘난 체하거나, 자만심이 느껴지면 결코 좋은 글이라고 할 수 없다.

이렇게 여러 상황을 고려하여 볼 때, 좋은 글이란 다음과 같이 생각해 볼 수 있을 것이다.

1) 읽기 쉬운 글이다

무엇보다도 상대방이 이해할 수 있는 단어와 구문을 사용해야 한다. 읽기 쉬워야 한다는 말이다.

글의 목적은 전달과 감동에 있다. 아무리 값비싼 음식이 멋진 테이블에 차려져 있다고 해도 먹을 수 없다면 소용이 없다. 문장도 마찬가지다. 만일 어떤 독자가 읽고 고개를 저으면서 무슨 말인지 모르겠다고 하면 그 글은 이미 실패작이다. 그래서 요즈음 난해한 신학이나 철학, 또는 의학이 수필형식으로 쓰이는 경향이 늘고 있고 그것이 독자에게 널리 읽힌다.

부자연스러운 글이야말로 자신에게 솔직하지 않다는 증거다. 자신을 진솔하게 보여주는 글이 가장 읽기에 쉬운 글임을 알아야 한다. 내용은 높고 먼 곳을 바라보되, 표현은 수수하고 알기 쉽게 하는 글이 좋은 글이다.

2) 간결한 글이다

문장은 가급적 길이가 짧으면 좋다. 글은 짧되 뜻은 깊어야 여운이 길어지고 생각할 맛이 생긴다. 내용을 효과적으로 전달하기 위해서도 중언부언하지 말고 솔직한 정서적 형상화가 이루어져야 한다.

문장을 길게 화려하게 쓰는 것보다는 간결하게 소박하게 쓰는 것이 좋다. 이는 지나치게 꾸미지 않고 군더더기를 덧붙이지 않는다는 것을 의미하는 것이다. 그렇게 써야 명쾌하게 이해될 수 있다. 특히 호흡이 긴 만연체 문장을 사용할 경우는 문장성분의 호응관계가 제대로 이루어지기 어려워 문장이 꼬일 가능성이 크기에 유의해야 한다.

3) 담백한 글이다

산문에서 문장력이 차지하는 비중은 소설보다 크다. 전통적으로 딱딱한 문장보다는 부드러운 문장을 선호한다. 부드러운 문장이라 함은 미사여구나 수식어를 사용하는 미문(美文)이 아니라 간결한 표현 가운데 함축성이 담겨 있는 글을 말한다. 좋은 문장에 요구되는 탁월한 표현력도 계절에 맞추어 옷을 입는 것처럼 소재와 주제에 맞추어 표현 양식을 달리해야 한다.

문장은 상 차리기와도 같다. 미문은 요리 솜씨를 한껏 발휘하여

한식, 일본식, 중국식, 서양식, 가릴 것 없이 차려내어 모양과 빛깔이 요란하지만 별로 먹을 것이 없다. 문장의 격을 알면 기교를 걷어내고, 간결한 문장으로 의미하는 뜻을 분명히 하게 된다.

문장이 건조해지는 것을 막기 위해서는 적절한 수식도 필요하다. 그 '적절함'의 한계는 음식의 간을 맞추는 분량에 해당한다. 글을 처음 쓰는 사람은 공통적으로 문장을 아름답게 꾸미려고 한다. 하지만 난삽한 문장이나 겉멋을 부린 미문은 진실을 가리는 셈이 되어 의사 전달에 어려움이 있다. 손맛처럼 글맛도 하루아침에 얻을 수는 없다. 미문은 초심자가 빠지기 쉬운 유혹인데 이에서 벗어나려면 상당한 수련이 필요하며 많은 습작을 통해 문장의 격을 조금씩 높여나갈 수가 있다.

4) 개성이 있는 글이다

글은 사람이다. 글과 사람 사이에는 밀접한 관계가 있어 글이 사람 됨됨이를 반영한다. 성품이 솔직한 사람은 자기의 모습을 진솔하게 드러내며, 적극적이고 솔직한 사람은 글에서도 그 성향이 나타난다. 재주가 놀라우면 재치 있는 문장을 쓰며, 성품이 부드러운 사람은 부드러운 문장을 쓴다. '공작은 아름다우나 날지 못하며, 참새는 왜소하나 하늘로 비상할 수 있다.'는 이치와 같다고 할 것이다.

문장은 사람에 따라 진술하는 방법이 다르게 마련인데 독자를 설득하기 위해서는 본인이 잘 알고 있는 어휘를 쓰고 적절한 표현법을 사용해야 한다. 낱말과 낱말, 문장과 문장, 단락과 단락의 연결이 분명하여 호응관계가 조화롭게 이루어져야 하며 내용에 따라 유연한 문장, 간결한 문장, 명쾌한 문장, 화려한 문장, 장대한 문장, 기발한 문장, 섬세한 문장을 적절하게 선택하는 여유가 필요하다.

5) 사람 냄새가 나는 글이다

인간의 정과 윤리가 사라져가는 시대, 문학작품의 가장 큰 역할은 인간성 회복에 기여하는 것이라고 본다. 따라서 인간의 정이 바탕에 흐르는 글이 좋은 글이 된다. 작가와 독자 간에 정감이 흐르는 문장에서는 주제가 선명하고 표현은 구체적이고 문장의 결은 자연스럽다. 정이란 지나치게 밖으로 비치면 유치하고 속에 파묻히면 허전한 것이다. 라디오 연속극의 대사처럼 보이지 않는 화자인 독자에게 말하는 어투가 문학적 문장이다.

문장은 감동을 기대한다는 점에서 실용문이나 소설 문장과는 다르다. 지성적인 지식마저 서정적으로 표현되어야 교시성(敎示性)을 높일 수 있다. 이것이 교시성의 딱딱함을 피하는 방법이다. 주제를 함축적이고, 서정적이면서 지적일 때 인간미가 깔려지는 글이 된다.

문장의 맛은 눈으로 보면서 소리 내어 읽는 것이다. 시적 리듬이 깔리고 동화적 상상력이 더해질수록 그 문학성은 빛날 것이다.

2. 연암 박지원의 글쓰기

연암 박지원은 〈종북소선자서(鍾北小選自序)〉에서 좋은 문장의 요건 네 가지를 제시했다. 즉, 성색정경(聲色情境)이다. 연암은 남을 흉내 내기보다는 자신의 것을 만들어야 한다고 했다. 남을 닮지 않은 나만의 것, 즉 자기만의 고유한 정체성이 담겨 있는 글을 중요하게 여겼는데 이때 다르되, 법도를 갖추어야 한다는 점도 잊지 않았다. 그 내용을 살펴보자.

1) 문장에는 소리(聲)가 있어야 한다. - 울림이 있어야 한다.

울림이 있는 문장을 강조한 것이다. 소리는 울림이 있어야 전달이 된다. 울림이 크기 위해서는 파장이 맞아 떨어져야 한다. 글안에 담겨 있는 글자 하나하나가 읽는 이의 마음을 때림으로써 울림을 만들어 낼 수 있어야 한다. 그러기 위해서는 무엇보다 공감이 필요하다. 읽는 이가 공감할 수 없는 글은 소리가 나지 않는다. 설령 난다 해도 잡음이다.

2) 문장에는 색(色)이 있어야 한다. - 화려함, 은은함, 평이함의 색깔을 조절해야 한다.

문장에도 색이 있다. 문장의 색을 자유롭게 조정할 수 있는 능력이 필요하다. 화려함, 은은함을 문장의 기교로써 말하고자 함을 강조할 수도 있다. 경우에 따라서는 평이한 문장으로 전달함으로써 오히려 더 강한 효과를 낼 수도 있다. 강조하기 위해서 마음껏 드러낼 수도 있고, 역으로 살짝 감추어 보이게 할 수도 있다는 것이다. 그 둘 사이의 미묘한 저울질을 아는 것이 필요하다. 색에도 다양한 색이 있음이다.

3) 문장에는 정(情)이 있어야 한다. ― 정서는 직접 표현하지 않는다.

외로움, 가난, 슬픔과 의지 등의 다양한 정서를 표현할 수 있어야 한다. 가을하늘을 날아가는 외기러기의 울음 하나로 외로움을 전달할 수 있어야 하고, 한 달 채 입고 다니는 때 자국 나는 옷으로 곤궁함을 표현할 수 있어야 한다. 혼자서 비벼먹는 비빔밥 한 그릇으로 슬픔과 의지를 동시에 표현할 수도 있다. 자연과 사물은 그대로이지만 그 위에 내가 비추어짐으로써 내 마음을 대신 말해줄 수 있는 것이다. 열 마디 말보다 더 진하게 감정을 나타내주는 그것, 문장 안에 그것을 담아내야 한다. 굳이 외롭다는 말을 직접 하지 않아도 외로움을 표현하는 문장 말이다.

4) 문장에는 경(境)이 있어야 한다. ― 강조와 생략으로 사물의 본질을 드러내야 한다.

생략할 것은 생략하고 강조할 것은 강조하여 사물의 본질을 드러낼 수 있어야 한다. 햇빛이 프리즘을 통하여 다채로운 빛깔로 나타나듯이, 사물은 작가의 눈을 통하여 제 각자의 빛깔을 드러내야 하는데 이는 생략과 강조를 통해서 나타낼 수가 있다. 할말을 다해 버리면 경이 살아나지 않는다. 연암은 아픔을 아프다고 쓰지 말라고 했다. 사랑을 말하되 그 사랑을 담담히 감정의 체로 걸러 사물에 얹어낼 수 있어야 한다고 말한다. 멀리 있는 사람의 얼굴에는 눈 코 입을 그리지 않는 법이다. 하지만 초상화에는 눈썹 입술 얼굴의 표정까지 자세히 그려야 한다. 그 사이의 미묘한 저울질이 중요하다.

5) 연암의 네 가지 글쓰기 법칙

① 정밀하게 독서하라.
② 관찰하고 통찰하라.
③ 원칙을 따르되 적절하게 변통하여 뜻을 전하라.
④ 관점과 관점 사이를 꿰뚫는 사이의 통합적 관점을 만들라.

21. 문학적 표현과 수필의 서정

1. 일상적 표현과 문학적 표현

　문학은 일상생활과 늘 함께한다. 문학은 우리 삶과 동떨어진 특별한 언어예술 행위가 아니며 우리 삶의 일부분이 자연스럽게 녹아 있다. 문학의 내용 그 자체가 우리 삶을 응축해 놓은 것이며 우리는 문학작품에 쓰인 인상적인 구절이나 표현을 일상생활 속에서 활용하기도 한다. 흔히 보는 광고문, 안내장, 선전문구 등에서도 이런 예를 발견할 수 있다.

　생명을 가꾸듯 시어를 다듬고, 인생의 향기를 음미해 본다.(oo식품)
　시계는 시간을 보기위한 것이 아니라, 시간을 만들기 위한 것이다.(ooo시계)

문학은 살아 움직이는 유기체라고도 한다. 이는 문학이 독자의 반응에 따라 그 의미가 다양하게 나타난다는 것을 뜻하기도 한다. 독자는 작품의 의미를 자신의 체험 속에서 총체적으로 수용하고 재해석하려 한다. 이 때문에 독자의 관심과 반응이야말로 문학 작품의 생명력이 되는 것이다. 문학이 생명체와 같다 함은 단순하게 작품을 감상하는 차원을 넘어서는 일이다. 자신의 체험과 성찰을 변용하고 구체적인 언어로 재창조함으로써 그 생명을 유지한다는 의미다.

사랑은 작가를 만든다. 인간에 대한 관심과 애정으로 우리는 생활 속의 작가가 될 수가 있다. 문학은 일종의 인간학이다. 따라서 인간과 사회에 대한 깊은 탐색 과정을 거칠 때 훌륭한 글이 될 수 있다. 다음 글을 보자.

칠흑 같은 어둠 속에 스쳐간 환한 빛, 나는 보았다. 나는 볼 수 있었다. 이윽고 소나기가 유리창을 두드렸다. 억세게 퍼부었다. 유리창을 열고 커튼을 젖히며 밖으로 뛰어 나갔다. 억센 빗줄기를 맞으며 나는 서 있었다.

서서히 어둠이 걷히며 비가 그쳤다.

어둠을 몰아 버린 동녘 하늘에 뻗쳐오르는 새로운 태양, 나는 그 자리에 꿇어앉았다. 내게는 빛이 남아있다. 아직도 성한 두 눈과 두 손, 두 발 그리고 병들지 않은 싱싱한 마음, 이것만도 내게는 과분하다는 생각이 자성의 빗발로 나를 씻어 내렸다.

"하나의 문이 닫히면 또 다른 문이 열린다."는 것은 절망이란 없다는 이야기다. 나는 들리지 않는 불행보다 볼 수 있는 희망을 선택하기로 한 것이다.

— 반숙자, 〈가슴으로 오는 소리〉에서

 이 글의 화자는 시간이 흐를수록 청력을 잃어가는 절망감 속에서 새롭게 삶의 의미를 되찾고 있다. 바로 이런 인생에 대한 깊은 성찰과 깨달음이 바탕이 되어 감동적인 글을 창조할 수 있었다.
 같은 깨달음을 표현하여도 표현하는 방법에 따라 감동의 깊이는 다르다. 어떻게 하면 실감나고 생동감 넘치게 표현하여 감동의 깊이를 더할 수가 있을까. 그 문학적 표현에 대하여 알아본다.
 첫째, 상대방이 생생하게 느낄 수 있도록 구체적으로 표현하여야 한다. 이야기의 상황을 설정하고 배경을 묘사하면서 그 속에서 활동하는 인물을 창조하고 그 인물이 구체적으로 살아가는 모습을 서술하거나 대화로써 보여 주어야 한다. 다음 작품을 보자.

 형은 점심을 굶었다. 점심시간이 삼십분밖에 안 되었다. 우리는 한 공장에서 일했지만 격리된 생활을 했다. 공원들 모두가 격리된 상태에서 일만했다. 회사사람들은 우리의 일 양과 성분을 하나하나 조사해 기록했다. 그들은 점심시간으로 삼십분을 주면서 십 분 동안 식사하고 남은 이십 분 동안은 공을 차라고 했다. 우리 공원들은 좁은 마당에 나가 죽어라 공만 찼다. 서로 어울리지 못하고 간격을 둔 채 땀만 뻘뻘 흘렸다. 우리는 제대로 쉬지도 못하고 일했다. 공장은 우리에게 일방적으로 원하기만 했다. 탁한 공기와 소음 속에서 밤중까지 일을 했다. 물론 우리가 금방 죽어가는 상태는 아니었다. 그러나 작업환경의 악조건과 흘린 땀에 못 미치는 보수가 우리의 신경을 팽팽하게 잡아 당겼다. 그래서 자랄 나이에 제대로 자라지 못하는 발육부조 현상을 우리는 나타내었다.

— 조세희, 〈난장이가 쏘아올린 작은 공〉에서

이 글은 1970년대 낮은 임금과 열악한 노동환경 속에서 살아가는 소외계층의 삶을 구체적으로 그려내고 있다. 바로 이런 현실에 대한 구체적이고 실감나는 묘사가 독자들에게 현실의 문제를 피부로 느낄 수 있게 하는 것이다.

둘째, 구체적인 대상을 끌어들여 공감의 폭을 넓혀야 한다. 즉 느낄 수 있는 사물에 보이는 감각적인 대상에 견주어 자신의 심정을 표현하는 방법이다. 다음 글을 읽어 보자.

가시고기를 생각하면 왜 자꾸만 아빠가 떠오르고 슬픔이 밀려올까요?

세상에는 참 많은 아버지가 있습니다. 그러나 우리가 만나고 싶은 아버지는 진정한 분입니다.

가시고기는 이상한 물고기입니다. 엄마 가시고기는 알들을 낳은 후에 어디론가 달아나 버려요. 알들이야 어찌되든 상관없다는 듯이요. 그럼 아빠 가시고기가 혼자 남아서 알들을 먹으려고 달려드는 다른 물고기들과 목숨을 걸고 싸운답니다. 먹지도, 잠을 자지도 않으면서 열심히 알들을 보호하는 거예요.

알에서 깨어나 무럭무럭 자라난 새끼들은 어느 날 엄마처럼 제 갈 길로 떠나버리죠. 그리고 홀로 남은 아빠 가시고기는 돌 틈에 머리를 처박고 죽어 버린답니다.

가시고기는 언제나 아빠를 생각나게 만들고, 내 마음속에는 슬픔이 뭉게구름처럼 피어오릅니다. 아, 가시고기 우리 아빠!

— 어느 광고 문안에서

일반적으로 문학적 표현은 구체적인 사물을 끌어들여 형상화한다. 문학적 형상화는 구체적 대상을 통해 표현하는 비유, 상징 등의 표현기법에 의해 주로 만들어진다. 표현하고자 하는 대상을 어떤 대상과 연결시킬 때 문학적 창조인 형상화가 이루어진다. 따라서 대상을 문학적으로 표현하기 위해서는 먼저 그 대상의 모습이나 성격과 어울리는 사물을 연결시켜 보아야 한다. 위 글에서 아버지와 가시고기의 공통점은 자식을 위한 희생이다. 이 둘을 연결시킨 발상이 참신하다고 하겠다.

셋째, 구절이나 내용을 반복하거나 열거하여 표현에 리듬과 탄력성을 부여해야 한다. 어떤 문장의 성분요소나 유사한 내용을 반복하거나 열거하여 늘어놓을 때 글에 리듬감이 생긴다. 특히 짝 짓기, 즉 비교나 대조의 수법으로 서로 대구가 되어 호응을 이루도록 문장을 구성할 때 리듬감이 형성되어 글에 탄력이 생긴다. 다음 글을 보자.

논둑 위에 깔렸던 잔디들도 푸른빛을 잃어버리고, 그 맑고 높던 하늘도 검푸른 구름을 지니고 찌푸리고 있는데, 너, 보리만은 대기 속에서도 솔잎과 같은 새파란 머리를 들고 하늘을 향하여, 하늘을 향하여 솟아오르고만 있었다. 칼날같이 매서운 바람이 너의 등을 밀고, 얼음같이 차디찬 눈이 너의 온몸을 덮어 엎눌러도, 너는 너의 푸른 생명을 잃지 않았었다. 춥고 어두운 겨울이 오랜 것은 아니었다. 어느덧 남향 언덕 위에 누렇던 잔디가 파란 속잎을 날리고, 들판마다 민들레가 웃음을 웃을 때면, 너, 보리는 눈과 밭과 산등성이에까지 이미 푸른 바다의 물결로써 온 누리를 뒤덮는다. 낮은 논에도, 높은 산등성이 위에도 보리다. 푸른 보리다.

— 한흑구, 〈보리〉에서

이 글의 탄력성은 어떤 연유로 생기는 것일까. 구절의 반복과 열거로써 글의 리듬과 탄력이 생긴 것이다. 이런 운율적인 요소로 말미암아 우리는 이 글을 읽으면서 맥박이 뛰며 심장이 고동침을 느낄 수가 있는 것이다.

넷째, 새롭고도 참신한 표현은 신선한 느낌을 주어, 생각이나 느낌을 강렬하게 전달하여 우리의 마음을 움직인다는 점을 인식해야 한다. 세상의 진리는 의외로 단순할 수가 있다. 이 간결한 진실의 말이 때로는 힘을 발휘한다. 하지만 이미 그 의미와 표현에 익숙해져 있을 때, 그 말은 진부하다. 진부한 소재와 표현은 자극과 긴장감이 떨어진다. 이미 예상되는 전개는 김빠진 맥주와도 같다. 따라서 보편적인 의미나 진실을 효과적으로 전달하고자 하려면 개성이 드러난 독특한 소재로 참신하게 표현할 필요가 있다. 어떤 영화, 어떤 글이 우리에게 긴장감을 조성하여 재미를 창출하는가를 생각해 보라. 다음 글을 보자.

> 오늘밤은 유난히도 노란 달만이 빛난다. 밤이 깊어 갈수록 어느새 나도 노란색, 달도 노란색으로 변해간다. 드디어 난 노란 계란이 되었다. 달에서 느껴지는 따스함과 별들이 지켜주는 안정감으로, 이제 난 부화할 시간을 준비한다.
>
> — 어느 학생의 일기

이 글은 어느 학생이 밤에 달을 보며 자신의 마음 상태를 적은 글이다. 평범한 내용이지만 진부하지 않고 새롭다. "노란 계란이 되어 부화할 시간을 기다린다." 이 얼마나 참신한 발상에서 나온 표현인가. 이렇게 새롭고도 참신한 표현은 우리의 마음을 움직이게 하는 힘을 가지고 있다.

문학적 표현과 비문학적 표현의 경계는 무엇인가. 문학은 언어로 빚은 예술이다. 따라서 예술적 가치로서의 아름다움, 즉 '미의식'이 중요한 덕목이 된다. 문학작품의 아름다움은 근본적으로 작품을 구성하는 요소의 유기적 관계 속에서 생겨난다. 수필의 아름다움 역시 수필의 언어가 지니고 있는 산문정신과 문학적 표현을 바탕으로 실현된다.

문제는 문학적 표현이다. 문학과 일상의 명확한 경계는 무엇인가. 이 원초적이고 1차적인 물음에 대한 해답에 봉착하지 않을 수가 없다. 어쩌면 어떤 문학이론가도 그 경계를 명확하게 선을 긋기는 어려울 것이다. 결국은 문학을 판가름하는 것은 언어를 예술적으로 사용하느냐, 그렇지 않느냐의 문제일 것이다. 김수업 교수는 《배달문학의 갈래와 흐름》(현암사, 1992)이란 책에서 다음과 같이 언급을 한 바가 있다.

'예술인 것'과 '예술이 아닌 것' 사이에는 여러 가지 다양하고 복합적인 요소들이 실제로 끼어들어 있다고 생각한다. 그러나 나는 그 가운데서도 가장 결정적인 것으로서 '비유적 기능의 형식'이라는 것을 들어 풀이해 보고 싶다. 이것이야말로 '말을 자료로 하여 삶을 표현한 것'들 가운데서 예술과 비예술 곧 문학과 비문학을 가려내는 변별자질로서 가장 본질적인 것이 아닌가 싶기 때문이다.

비유적 형식이 예술과 비예술, 문학과 비문학을 구분하는 변별적 자질이라고 주장한다. 이 주장에 따르면 문학의 본질은 언어의 예술적 사용으로서의 비유다. 문학이 아름답고 창조적인 언어 표현으로 독자에게 감동을 주는 것이라고 했을 때 이를 가장 극대화할 수 있는 것이 비유라는 의미다. 비유의 핵심은 언어를 아름답고 창조적으로 사용하는 것이다.

비유는 말하고자 하는 바인 원관념을 보조관념에 빗대어 바꾸어 표현하는 방식이다. 비유에는 은유, 환유, 알레고리, 아이러니 등이 있고 상징도 비유와 멀리 떨어져 있지 않다. 상징은 원관념보다는 보조관념이 더 두드러진다는 특징이 있기는 하다. 비유는 문장표현의 미적 효과를 높이기 위한 수사인데 언어를 무한히 확대하고 창의적 사유를 견인하는 원동력이다.

작가는 이 문학과 비문학적인, 난해하지만 현실적인 문제를 피해갈 수는 없다. 그리하여 문학과 비문학의 차이, 수필과 일상 사이, 그 경계를 어떤 식으로든 논의한다는 자체만으로도 매우 의미있는 일이라 생각한다.

일상을 문학적으로 형상화한다고 할 때 표현도 중요하지만, 일단은 내용과 형식을 묶어서 보아야 한다. 체험과 깨달음, 인생에 대한 깊은 성찰이라는 수필의 기본적인 내용에 다양한 형식이 결합되기 때문이다. 이때 형식은 문학적인 표현과 가장 가까운 의미가 된다.

문학 언어는 기본적으로 감각적이어야 한다. 독자가 생생하게 느낄 수 있도록 구체적으로 표현해야 한다는 말이다. 이야기의 상황을 설정하고, 배경을 묘사하고, 그 속에서 활동하는 수필적 자아를 창조하고, 그 자아가 활동하고 생각하는 모습을 사실적으로 서술해야 한다.

또한 구체적인 대상을 끌어들여 공감의 폭을 넓혀야 한다. 즉, 느낄 수 있는 사물과, 보이는 감각적인 대상에 자신의 사상을 투영시켜야 한다. 그 표현에는 리듬과 탄력성이 매우 중요한 요소가 될 것인데 이는 문학적 표현이나 형상화의 핵심이라 할 수 있다. 일반적으로 어떤 문장성분 요소나 유사한 내용의 반복과 열거를 통해 리듬이 생긴다. 비교나 대조의 수법으로 서로 대구가 되어 호응을 이루도록 문장을 구성할 때, 리듬감이 형성되고 글에 탄력감이 나타난다. 좋은 산문은 문장에 리듬감이 있어야 함은 오랜 세월 산문을 써본 사람이라면 느낄 수 있는 일이다.

새롭고 참신한 표현도 신선하다고 할 수 있다. 생각이 강렬할 때 독자의 마음을 움직일 수가 있는 것이다. 간결하지만 진실한 말이 때로는 힘을 발휘하며 의미있는 생각이나 정서를 독창적으로 표현한 창조적인 언어도 울림을 줄 것이다. 어떤 의미와 표현에 익숙해져 있을 때, 그 말은 이미 진부하다. 진부한 소재와 표현은 자극과 긴장감이 떨어지게 만드는데 이런 유의 작품에 독자는 더이상 관심을 갖지 않는다.

문학적인 표현은 멀리 있는 것이 아니다. 생활 속에서도 더 감동적이고, 더 아름다운 표현을 얼마든지 창조할 수가 있다. 일상생활 속의 가치 있는 체험과 성찰을 생동감 넘치게 표현하여 독자들에게 감동을 안겨야 한다.

2. 수필에서의 서정抒情

서정이란 참으로 깊고 넓은 의미를 지니고 있다. 다양한 빛깔과 독특한 개성으로 존재한다. 더구나 미래사회는 규정되고 틀지어진 서정이 아니라 더 폭 넓고 정밀한 서정의 시대가 열릴 것이라 생각한다.

작가는 각자의 개성과 빛깔로 영원한 서정성을 가꾸기 위해 한 걸음씩 뚜벅뚜벅 걸어가야 한다. 서정의 힘이야말로 우리 자신을 긍정적으로 변화시키고 세계를 아름답게 가꾸어 삶을 풍요롭게 할 것임을 확신하는 것이다.

수필가는 언어를 서정으로 이끌어야 한다. 이때 '서정'이란 말은 '노래', 'lyric'과 같은 서구의 개념이 아니다. 서정이란 말은 '정감'이란 뜻으로 좁혀 쓰고 있다. 그렇다고 수필은 '정'을 좁은 개념으로 보지 않는다. 정이란 마음과 사물이 만나 일어나는 심리적 현상으로 느낌만 있는 것이 아니라 무수한 대화의 출입문 구실을 하기도 한다.

수필은 정을 수용하는 문학이다. 수필은 인간과 사물의 정情을 통하게 하고 그 수필을 만나는 인간으로 하여금 의견이나 견해를 말하게 한다. 이것이 미적 대화다. 그러므로 수필의 서정은 감정이나 생각이나 사상이나 관점보다는 사물을 말하는 것이다. 서정, 그것은 진술이 아니라 표현인 것이다.

서정이 왜 표현일까. 서정의 '서(抒)'는 '정(情)'을 구체적으로 드러나게 하기 때문이다. 수필가는 산문으로 서정화하는 언어의 장인이어야 한다. 그래야 문학성 높은 수필을 존재하게 하는 것이다. 높은 식자라고 하여 수필가가 되는 것도 아니고 깊은 사상을 간직한다고 수필가가 되는 것은 아니다. 언어가 선연하게 사물을 드러내게 하는 비밀을 터득하지 못하면 문학성 있는 수필을 창작하지 못한다.

 수필은 쉽게 쓰여 지는 문학이 아니다. 의미를 전달하려고 글을 쓰는 일이란 정확한 작문 실력이 있으면 되고, 타당성을 얻는 논설문은 주제의 내용을 잘 소화하면 된다. 수필은 서정抒情하는 에세이다. 서정하는 에세이, 그것은 사물을 새롭게 만나게 하는 언어의 꽃밭이 되어야 한다.

 언어가 서정抒情을 하게 수필가는 언어를 사물화 해야 한다. 어떻게 언어를 사물화 하는가. 낱말을 상象으로 변용하여 문장을 구조할 줄을 알아야 한다. 수필가는 개념화된 낱말들을 엮어서 문장을 짜지 않는다. 개념이란 약속된 느낌을 주고, 약속된 생각을 주고, 약속된 이해와 판단을 제공해 준다. 이러한 것은 기억된 지식이다. 상象란 이러한 지식으로는 가 볼 수 없는 미궁이다. 개념이란 교통 표지판과 같다. 그 표지판만 기억하면 항상 낯익은 곳을 갈 수 있을 뿐 새로운 곳으로는 갈 수 없다. 수필가는 상이란 미궁을 만들어 놓고 누구든 자유롭게 만나게 한다. 수필이란 미궁의 꽃밭이다. 수필가는 상들을 구조하여 산문의 문장을 만들고, 시인은 상들을 엮어서 시詩의 행行과 연聯을 만든다. 수필가는 그렇게 주제를 절묘하게 형상화한다. 작품 속에 있는 모든 낱말들이 상인 것은 아니다.

 이러한 엮음에서 수필가의 문체가 형성된다. 상들을 엮자면 그 문체 속에는 상이 아닌 것들이 접착제 노릇을 해야 한다. 꽃밭에 어디 꽃만 있는가. 줄기며 뿌리며 잎들과 함께 있는 것이다. 수필이란 언어의 꽃밭에 꽃이란 상징의 상이 있다. 수필의 성패는 이러한 상들을 어떻게 엮어서 문장의 흐름을 자연스럽게 만들어 내는가에 달려있다.

　수필이 말하는 것은 그 내용을 전달하는 것이 아니라 '느껴 달라, 생각해 달라.'는 것이다. 그러면 그 수필이란 꽃밭에 있는 꽃송이들이 선연하게 나타나 안개같이 향기를 뿜는다. 그 향기가 바로 언어의 미다. 서정이란 바로 언어의 미가 어우러지는 현장으로 보면 된다.

　수필의 서정이란 언어를 사물화하여 상을 만들어 한없이 느끼고 생각하게 한 다음 사색으로 초대하는 힘이다. 이러한 힘이 수필의 표현이다. 수필의 다양한 서정은 다양한 의미를 만나게 한다. 이러한 만남이 체험인 것을 수필가는 알아서 언어를 사물화한다. 언어를 체험하라, 언어를 사물화하라, 언어로 서정하라. 이러한 미적인 요구는 수필가들에게 아무리 강조해도 지나치지 않다. 인간의 삶을 다양하게 사색하라. 이것이야말로 수필이 맺는 값진 열매이다.

22. 사유 확장의 단계

수필, 사유 확장의 단계

글쓰기의 출발점은 나 자신이다. 나로부터 시작해야 한다. 나는 누구인가, 나는 어디서 왔으며 어디로 가는가, 나의 성장배경은 무엇이며 누구의 영향을 받았는가, 내가 좋아하는 것은 어떤 것이며 꼭 이루고 싶은 꿈은 무엇인가, 내 사랑의 유토피아는 무엇이며 어디에서 찾을 수 있는가, 나의 치명적인 결점은 무엇이며 내 몸의 가장 취약한 부분은 어디인가, 내 인생의 좌절은 어떤 것이며 나의 고독과 외로움은 어디서부터 비롯되었는가, 내 영혼 가장 깊은 곳의 미세한 풍경까지도 그려낼 수 있다면 얼마나 좋을까, 무엇보다도 내 존재의 본질은 무엇인가 등등 자신에 대한 다양하고 진지한 사유가 최우선되어야 한다.

　나에 대한 탐구가 어느 정도 끝나면 자연스럽게 너와 우리의 문제로 확장되어갈 것이다. 무의식 속에 새겨져 있는 유년의 기억들, 내가 좋아하고 사랑한 사람들, 나를 성장시킨 스승님, 상처와 배신을 남긴 사람 등등 너에 대한 이야기가 문학의 중요한 소재가 될 것이다. 사회공동체가 가야 할 길과 함께 이루어야 할 소망은 우리라는 이름의 새로운 사유로 이어지게 되리라 본다.

　그 다음 단계는 나라와 국가에 대한 문제이다. 무엇보다도 나라와 조국이 얼마나 소중한 존재인지를 인식해야 한다. 나라 없는 설움이 어떤 것인지, 조국을 잃은 난민들의 아픔이 얼마나 비참한 것인지는 동서고금의 역사가 적나라하게 보여주고 있다. 우리는 이미 지난날 일제로부터 36년간 망국의 설움을 겪은 역사가 있다. 백 년이 되어가는 지금까지도 그 상처는 여물지 않고 고스란히 남아 있다. 당시 나라를 되찾기 위하여 수많은 애국지사들이 초개처럼 목숨을 던진 일을 생각하면 가슴이 아려오고 깊은 슬픔이 한으로 사무친다.

　어떤 이념도 아무리 좋은 통치 이념과 과학기술이라도 나라를 지키고 유지하는 것에 우선될 수는 없다. 어떤 지도자도 국익에 반하는 일을 한다면 그것은 반역으로 다루어야 한다. 우리가 추구하는 개인의 행복도 공동체가 지향하는 자유와 민주주의도 나라가 있어야 가능한 일이지 않은가. 나라의 미래를 암울케 하는 개인이나 집단이 있다면 통렬히 비판하고 응징해야 한다. 그것은 당연히 지식인의 양심이자 책무라 생각한다. 이 평범한 진리를 잠시라도 망각해서는 안 된다. 어느 시대나 표만 구걸하는 일부 정치인들의 형태를 보면 나라의 장래가 심히 우려스러울 때가 많다.

　나라가 태평한 다음에는 세계를 생각해야 한다. 세계는 지구촌을 의미하는 말이기도 하다. 이미 인류는 지구라는 하나의 공동운명체 속에 살고 있다. 지구의 생태계는 반드시 복원되어야 하고 모든 나라가 힘을 합쳐 함께 해결해야 한다. 지구는 언제부턴가 몸살을 앓고 있다. 인간이 저지른 수많은 자연 파괴 행위는 이제라도 당장 멈추어야 한다. 오존층의 파괴, 빙하지대의 해체, 지구온난화와 이상기온, 무서운 질병을 일으키는 바이러스의 출현, 이런 용어만 들어도 불안하고 몸서리가 쳐질 정도다. 인류의 생명을 위협하는 수많은 위험 요소에는 온 지구촌 사람들이 똘똘 뭉쳐 대처해야 한다. 이 지구라는 별은 사랑하는 내 아이들, 손자들이 대대손손 살아가야 할 삶의 터전이다. 세계의 평화와 희망을 소망하는 일이 작가들의 기본사유 속에 깔려 있어야 함은 당연한 것이다.

　사유의 끝자락은 우주라 생각한다. 우주에 대한 상상력은 그야말로 무한대이고 인간이 할 수 있는 그 어떤 상상력도 수렴될 수 있다. 태양계는 태양을 중심으로 수성, 금성, 화성, 목성, 토성, 천왕성, 해왕성이 돌고 있다. 태양계는 백만 개의 지구가 그 안에 들어갈 수 있을 만큼 거대하다고 한다. 그럼에도 우주에 있는 다른 항성들에 비하면 작은 편에 속한다고 하니 상상력에도 한계가 올 정도다. 은하수라 불리는 은하계는 길이가 10만 광년이나 된다고 하니 할말을 잃는다. 그 외에도 약 천억 개의 은하가 우주에 있단다. 그 각각의 은하 안에는 수백억, 수천억 개의 항성이 존재한다고 하니 우주 안에 있는 항성의 수는 상상력마저도 멈출 정도다. 우주에서 본다면 지구도 하나의 모래알에 불과하다는 말이다.

밤하늘의 별들을 바라보면서 우주와 무한대를 상상하는 일은 이성과 영혼을 가진 인간만의 영역이다. 그 속에서 '나'라는 존재는 얼마나 미세한 것이며 역설적으로 얼마나 큰 의미인가를 상상해 보는 일도 이성을 가진 작가의 특권이다. 우주를 소재로 수많은 예술작품이 쏟아지는 이유도 이런 신비로운 상상력에서 비롯된 것이 아닐까 싶다.

수필공부시간에 가끔, "수필은 왜 나의 이야기만 해야 됩니까."라는 질문을 받을 때가 있다. 나의 이야기만 하는 것이 수필이 아니라 나로부터 출발해야 된다는 의미다. 나라는 존재에 대한 진지한 탐구와 성찰이 끝난 다음에 다음 단계로 옮겨가야 한다. 사유에 단계가 있다면 나로부터 시작하여 너, 우리, 나라, 세계, 우주로 차츰 확장되어 가야 된다는 말이다.

작가가 글을 쓰는 궁극적인 목표는 나 자신을 위한 것이기도 하지만 우리를 위하여, 나라를 위하여, 인류의 내일을 위하여, 감동적인 글 한 편 남기는 것이 아니겠는가. 그러기 위해서는 내 존재의 본질부터 출발해야 함은 당연한 일이 아닐까 싶다. 어쩌면 나 자신을 아는 일이야말로 가장 난해한 과정일지도 모른다.

23. 미래수필의 미적 요건에 대한 탐색

1. 들어가는 말

많은 학자들이 인문학의 종말을 예언하고 염려한다. 앨빈 커넌이 선언한 '문학의 죽음'이 곳곳에서 감지되고 있음도 사실이다. 미래 사회의 시인은 소그룹으로 전락하거나 취미 단체에 머물 것이라는 견해는 매우 설득력이 있다. 이런 시점에서 체험을 바탕으로 하는 수필이 새로운 시대 문학의 대안으로 떠오르고 있다.

수필은 디지털 문화 환경에 가장 적합한 매체다. 수필은 절제된 언어와 서사적 재미, 극적인 스릴까지 모든 장르의 장점을 포괄하는 문학이다. 다양하면서도 개인중심적인 사이버리즘 공간에서는 추상적인 관념이나 고도의 비유로 노래하거나, 허구적 삶의 얘기는 그 입지가 좁아질 것으로 본다.

　문제는 이러한 디지털 환경일수록 독자의 마음에 울림을 주는 수필이 중요하다는 점이다. 찰스 램의 《엘리아수필》, 몽테뉴의 《수상록》, 파스칼의 《팡세》를 들먹일 필요도 없다. 우리나라 정철의 〈관동별곡〉, 정비석의 〈산정무한〉, 노천명의 〈대동강변〉은 감동적인 명수필로 회자되지만 이제는 이를 뛰어넘는 새로운 시대의 작품이 요구되는 시점이다. 예술은 늘 새로움을 창조해 가는 과정이다. 향기 있는 유머, 빛나는 위트, 냉정한 논리, 인간에 대한 뜨거운 사랑과 통찰, 찌르고 울리는 맛이 있는 영적인 수필은 어느 시대의 독자들에게도 필요한 덕목으로 다가 오고 있다.

　이 글에서는 이러한 수필시대의 도래를 맞이하여 미래수필이 갖추어야 할 미적 요건에 대해서 탐색해 보고자 한다. 이 시점에서 매우 의미있는 일이기 때문이다.

2. 수필의 개념과 장르적 성격

　일찍이 아리스토텔레스는 "시는 자연의 모방이다."라 했고, 몽테뉴는 《수상록》에서 "모두들 여기 내 생긴 그대로, 자연스럽고 평범하고, 꾸밈없는 별것 아닌 나를 보여주는 것" 말하자면 '천품 그대로의 내 형태'라며 수필에 대한 정의를 내린 바가 있다. 알베레스는 "지성을 기반으로 한 정서적, 신비적 이미지를 형상화한 문학"이라 했으며, 비평가 루카치는 수필의 양식을 "좀처럼 붙잡기 힘든 인간 영혼의 가장 은밀한 곳에 자리 잡은 마음의 미세한 풍경을 그린다."고 했다.

우리나라에도 수필에 대한 많은 학자들의 정의가 있다. 오양호는 최근《수필과비평》(2015년 6월호)의 〈수필. 에세이. 미셀러니〉란 평론에서 난마처럼 얽혀있는 이들의 관계를 다음과 같이 학문적 고찰을 통하여 "미셀러니는 잡록. 잡문의 한계를 결코 벗어날 수 없는 개념이고, 수필은 장구한 세월 동안 전래해온 가장 한국적인 글쓰기에 서구의 에세이 양식이 굴절. 변용. 수용된 글이다. 결국 오늘날 우리가 말하는 '범칭수필'은 수필에 에세이를 더한 개념이다." 고 명료하게 밝힌 바가 있다.

조동일은 3분법 체계였던 서정, 서사, 극이라는 전통적인 문학 장르로는 우리문학의 여러 하위 장르를 포괄할 수 없다는 인식에서 '교술(敎述)'이라는 제4의 장르를 추가하며 가사, 경기체가, 전기, 가전체, 수필을 여기에 편입시키게 된다. 조동일은 〈자아와 세계의 소설적 대결에 관한 시론〉(1974)에서 문학작품을 '자아'와 '세계'의 대립적 구조로 보았다. 이때 자아는 '나'라는 주체이며, 세계는 '자아에 대립' 되어 있는 상대방의 포괄적 개념으로 설명하며 다음과 같이 장르의 성격을 규명한다.

1) 서정(시): 세계의 자아화(작품 외적세계 개입 없음)
2) 서사(소설): 자아와 세계의 대결(작품 외적자아 개입)
3) 극(희곡): 자아와 세계의 대결(작품 외적자아 개입 없음)

4) 교술(수필): 자아의 세계화(작품 외적세계 개입)

'세계의 자아화'가 시이고, '자아와 세계의 대결'이 소설과 극이라면, 수필은 '자아의 세계화'로 설명될 수가 있다는 말이다. 세계를 자아화시킨다는 시는 세상의 논리를 완전히 자기 주관으로 판단하고 해석한다는 것이며, 자아와 세계의 대립이라는 소설과 극은 세계와 화합하지 못하고 끝없이 부딪치고 갈등한다는 의미다. 자아를 세계화시킨다는 수필은 자신을 접고 세계의 질서에 편입시킨다는 뜻이다. 이 논리로 본다면 시인, 소설가, 수필가는 서로 겹쳐질 수가 없다는 사실은 명백하다. 그 뿌리와 성정이 전혀 별개로 출발되기 때문이다. 여기서 작품외적 자아는 작품을 즐기는 '독자'이고 작품외적 세계는 우리가 실제로 부딪치는 '실제적 현실'로 보면 된다.

이렇게 수필은 대표적인 '교술'장르로 자리매김하게 되었다. 이때 '교'란 정보를 알리거나 주장한다는 것이고, '술'은 사실이나 경험을 서술한다는 의미이며, 가르치고 서술한다는 뜻을 가진 '교술'은 실제 존재하는 사실에 충실하고 될 수 있으면 그 사실을 다른 층위로 전환하지 않고 서술하는 방식이다.

교술은 실제로 존재하는 세계를 있는 그대로 기록하여 전달하는 것을 기본원리로 삼는다. 작품외적인 것이 작품에 그대로 들어와 있는 현상을 교술의 속성이라 할 수 있다. 현실, 즉 실제적 세계를 작가의 상상력에 의해 굴절시키지 않고 있는 그대로 작품화시키는 글쓰기다. 따라서 일상의 세계가 지닌 고유한 의미를 보존하는 범위 안에서 작품으로 재편성되는 것이 교술의 본질인 것이다.

조동일의 논리에 따를 경우 교술은 비문학이 된다. 이것이 수필의 태생적 한계이지만 수필은 엄연한 문학이다. 따라서 여기에는 새로운 해석이 필요하다. 그러니까 "체험과 기록성에 바탕을 둔 문학이다."라는 의미부여가 가능하다. 교술문학인 수필은 그 기록된 경험적 사실을 해석하는 행위라고 보면 된다. 그것을 가능하게 하려면 문학적 형상화를 시도해야 하고 철학적 사색을 넘어 영적인 단계까지 승화시켜야 한다. 물론 이때 교술적 속성은 문학적 형상화를 약화시키는 요소로 작용하게 된다. 이것이 수필창작의 어려움이요 역설적으로 그 묘미이기도 하다. 이러한 형상화 과정에서 시의 함축성이나 소설의 서사와 묘사를 빌려올 수 있는 열린 자세가 필요한 것이다.

3. 미래수필에서 요구되는 미적 요소

작가의 꿈은 좋은 작품 한 편 남기는 일이다. 그 한 편의 작품이 독자에게 깊은 감명을 주고 인류에 회자되는 생명력을 가진 작품이기를 소망한다. 문장에 생명력이 있다는 것은 그것이 언제 읽어도 가치 있는 글로 다가섬을 의미한다. 가령 과거에 쓰여 진 것이지만, 단순히 과거를 기억하는 데 그치지 않고, 바로 오늘을 살기 위해 절실히 요구되는 글이 있다. 말하자면 영원한 현재성을 간직하고 있다는 말이다. 이런 글이야말로 좋은 글이고 젊은 글이라 할 수 있다.

　최동호는 《수필과비평》(2015년 3월호)과의 대담에서 정신주의를 설명하는 과정에서 생명력있는 작품의 요건을 언급한 적이 있다. 즉 "고전적 명시들은 모두 구조적인 견고성을 가지고 있다. 그것은 '주체-대상-매개물'이라는 삼각형으로 요약된다. 이 구조가 견고하기 때문에 지속적이고 반복적 생명력을 갖는다."라고 설명했다. 오양호 역시 노천명의 〈대동강변〉이란 수필을 분석하는 과정에서 "수필이 시처럼 읽히는 구조를 가지고 있다."는 사실을 지적함으로써 최동호의 견해를 뒷받침해 주고 있다.

　방민호는 "글을 잘 쓰는 사람은 한 편을 써도 찌르고 울리는 맛이 있으나, 그렇지 못한 사람은 아무리 많이 써도 무딘 칼이요 못 맞춘 과녁이다."라고 《모던수필》(향연, 2003)에서 피력한 바 있다. 같은 책에서 좋은 산문의 요건으로 "산문은 모름지기 겨울에 살에 와 닿는 눈송이처럼 구체적이고 감각적이고 새롭고 독하고 아름다워야 한다. 이러한 글은 많지 않다. 그러한 글이야말로 영원한 현재성을 가진다."라고 주장했다.

　흔히들 좋은 글이라면 정확성, 명료성, 타당성, 일관성, 진실성, 독창성을 갖춘 글을 말한다. 그러기 위해서는 어휘와 상징, 일화 등과 함께 띄어쓰기, 문장, 단락 등을 잘 조화시켜 자연스러운 서술이 되도록 해야 한다. 문맥이 어렵거나 까다로우면 읽기가 힘들며 훈계조에 속하는 글은 바람직하지 못하기 때문이다. 전문적인 지식 용어, 외래어, 사자성어, 인용문을 지나치게 빌려오는 것도 좋지 않다. 겉모양만 아름다운 미문도 피해야 한다. 유식하고 잘난 체하거나, 자만심이 느껴지면 더욱 좋은 글이라고 할 수 없다. 탁월한 문학적 장치를 갖추었다 할지라도 이야기의 구조와 문장력이 뒷받침되지 못하면 기억되기 어렵다.

이러한 기존의 개념들을 고려하여 볼 때 미래수필에서 요구되는 미적 요건의 핵심은 무엇일까. 몇 가지 요소를 제시해 보고자 한다.

1) 시대의 핵심을 관통하는 주제의식

어떤 글이든 독자에게 흥미와 관심을 불러일으킬 수 있는 주제를 선택해야 한다. 독자의 관심을 끌지 못하는 주제는 이미 죽은 주제이다. 무명작가의 사소한 일상이나 개인적 신상에 관한 소재는 독자들의 관심을 끌지 못할 것이다. 사실 이것은 매우 중요한 문제다. 왜냐하면 '사소한 일상을 통한 깨달음'이란 보편적 수필의 개념에 정면으로 배치되는 개념이기 때문이다.

그렇다면 이 문제를 해결할 수 있는 구체적인 방안은 무엇일까. 적어도 책상머리에서 머리로 짜내는 관념적인 수필은 적절하지 못하다. 미래에는 전문적인 삶의 현장을 담은 수필시대가 열릴 것이라 본다. 이미 그런 시대에 접어들었다고도 할 수 있다. 가령, 고래를 잡는 일, 나무를 키우는 일, 꽃을 탐색하는 일, 세계를 일주하는 일, 전국을 도보로 걷는 일, 한국의 미를 찾아나서는 일 등이 새로운 시대의 핵심적인 주제의식이다. 이런 전문적인 일을 할 수가 없다면 여행이라도 떠나서 자신만의 고유한 세계를 만들어내야 한다. 그것을 소재로 한 수필을 독자는 갈구한다. 또한 그러한 주제가 작품집 전체를 관통해야만 한다. 그래야만 독자를 확보할 수 있을 것이라 믿는다.

이는 전 장르에 해당되는 담론이기도 하다. 박경리의 대하소설《토지》, 조정래의《태백산맥》, 이병주의《지리산》, 김주영의《객주》, 최명희의《혼불》을 생각해 보면 그 답은 명확해진다. 이들은 생애를 바쳐 이 소설의 완성에 바쳤고 그 결과 이 작품들은 우리문학의 커다란 산맥을 이루어 문학사에 영원히 남게 될 것이다. 수필도 이 같은 작품이 요구되는 시대로 접어들었다고 본다. 다음 수필을 한번 보자.

휴전이 되던 해 음력 정월 초순께, 해가 설핏한 강 나루터에 아버지와 나는 서 있었다. 작은증조부께 세배를 드리러 가는 길이었다. 강만 건너면 바로 작은댁인데, 배가 강 건너편에 있었다. 아버지가 입에 두 손을 나팔처럼 모아 대고 강 건너에다 소리를 지르셨다.

"사공-, 강 건너 주시오."

건너편 강 언덕 위에 뱃사공의 오두막집이 납작하게 엎드려 있었다.

— 목성균의 수필 〈세한도〉 부분

물론 나룻배는 건너오지 않았고 아버지는 두 번 다시 그 소리를 지르지도 않으셨다. 힘겨운 시대를 견뎌온 아버지의 완고함과 어느 정도 사람이 모여야 배를 움직인다는 사공의 자존심과의 이념적 대치라고도 볼 수 있다.

목성균 수필가는 57세가 되던 해인 1995년 《수필문학》으로 등단하여 10년 만인 2004년, 수필집 《명태에 관한 추억》을 남겨놓고 세상을 떠났다. 짧은 활동기간이었지만 그는 한국수필의 전통과 품격을 격조 있게 발전시킨 작가로 평가된다.

위 〈세한도〉의 시간적 배경은 휴전이 되던 음력 정월 초순께로 제시되고 있다. 이 시기는 우리 민족의 현대사에서 궁핍하고 처바한 고난의 시기다. 윤리마저 붕괴된 혼란의 시대다. 이 작품이 발표된 2003년은 한 세기가 다하고 새로운 세기가 도래하는 이념적 혼란기다. 이러한 역사적 전환기를 작품의 배경으로 삼은 것은 결코 우연이 아니라 작가의 철저한 주제의식에서 비롯된 것이다. 사소한 일상의 소재가 아니라 민족사적 현장에서 그 보편적 가치를 추구하고 있다는 사실이다.

이 작품은 네 개의 '세한도'를 통하여 주제를 구현하고 있다. ①추사의 세한도를 바탕에 깔고 ② 아버지의 세한도 ③ 사공의 세한도 ④ 나의 세한도가 그것이다. 아버지로 상징되는 구시대의 전통윤리와 사공으로 상징되는 현실적 이기주의가 충돌하는 과정에서 '나'는 경계인으로서 두 사람의 갈등 원인을 변증법적으로 해석한다.

결국 이 작품의 주제는 결말 부분인 "엄동설한 저문 강변에 세의를 지고 꿋꿋하게 서계시던 분의 모습이 보인다."에서 암시된다. 이는 냉엄한 시대현실인 동시에 전통윤리를 올곧게 지키려던 모습이기도 하다. 또한 화자에게는 삶을 이끄는 길잡이자 추구하고자 하는 보편적 질서가 되는 것이다. 이와 같이 평생을 두고 일관되게 관통하는 주제야말로 미래수필의 담론이다.

2) 원형(Archetype)의 탐색과 동화적인 상상력

문학은 가치 있는 인간 체험의 표현이다. 가치는 희귀성으로 평가되고 희귀성은 특이성으로 나타난다. 이 특이성을 개성이라 할 수 있다. 개성은 문학의 본질이며 생명이다. 객관적인 환경은 인류에 공통한 것이다. 그러한 공통적인 요소들은 문학에서 보편성으로 나타난다. 개성과 보편성은 서로 분리할 수 없는 문학의 성질들이다. 문학은 또한 기록이다. 이는 문학의 항구성을 의미한다. 개성을 문학의 생명이라고 한다면, 보편성은 그 육체이며, 생명과 육체가 결합하여 문학으로서의 기능을 발휘하는 항구성은 그 생리라 말할 수 있다. 보편적이며 독자에게 공감을 일으키는 주제를 선택해야 한다.

문학의 원초적 형태를 신화(mythos)로 보고 문학작품에 내재하는 신화를 추출함으로써 작품의 구조원리와 그 심층적 의미를 설명하려는 노력은 이미 있어왔다. 이름하여 신화원형비평이다. 여기서 핵심적인 개념은 원형(Archetype)이다. 원형은 원초적인 이미지이며 집단무의식의 일부이기도 하다.

결국 문학작품의 창작은 원형을 창조해내는 일이라 생각한다. 원형은 시대를 초월하고, 공간을 뛰어넘어 모든 인간이 가지고 있는 보편적인 정서이며 영원한 인류의 고향이요 향수라 할 수 있다. 이것은 또한 동화적인 것과도 연결되어 있다고 보면 된다.

한국의 고전이란 한국인이 공감하는 정서를 반영한 것이고 세계적 고전이란 세계인이 공감하는 정서를 반영한 작품이 되는 것이다. 적어도 한 편의 작품을 창작할 때는 이러한 보편성과 원형에 대해 반드시 생각해 보아야 할 것이다. 그래야만 독자들은 그것이 마치 '나의 이야기'인 양 감동하게 될 것이다.

> 마른 고사리 풀 뜯다가 길섶에 눕히고, 청태콩 눈 몰래 뽑아다 콩서리해 먹고 그 자리에 찌익 오줌을 깔기고 돌아서면 마냥 재미있던 장난, 그래도 아무도 꾸짖는 이 없던 그곳, 산을 내릴 때 산등성이의 노을 달려와 우리들의 그림자 길게 길게 늘어 잡던 곳……, 나의 기억 속에 펼쳐지는, 구겨진 생각들이다.
> 고향은 지워지지 않고, 잊어버릴 뿐.
> ― 유경환, 〈고향을 이루는 생각들〉 부분

사람은 누구나 향수에 젖어 산다. 그렇다고 모든 사람들이 구체적인 고향이 있는 것은 아니다. 그럼에도 고향을 꿈꾸는 것은 인간의 원초적인 본향이기 때문이다. 위에서 인용한 유경환의 수필에는 유년의 추억을 통한 고향에 대한 간절한 그리움이 묻어난다. 그 시대를 살았던 독자들 또한 같은 추억을 공유하고 있다. 그러기에 함께 아파하고 그리워한다. 이처럼 문학작품이란 고향을 찾아가는 여정 같은 것이기도 하다.

3) 리듬이 깔린 수필

리듬은 운문만의 전유물이 아니다. 좋은 산문은 반드시 리듬이 깔린다. 리듬이란 정연한 흐름을 의미한다. 그 흐름은 감정일 수도, 의미일 수도, 이미지일 수도 있다. 리듬은 불규칙한 세계에 대한 질서를 부여하고자 하는 인간 본연의 욕망이라고 할 것이다. 리듬은 어떤 대상에 대한 흥미와 아름다움을 느끼게 해 주는 요소인 동시에 일을 원활하게 진행할 수 있도록 돕는 윤활유 같은 것이다. 조화롭지 못하거나 단조로운 흐름은 우리의 감각을 불편하게 한다. 그리하여 글이나 이야기에 자연스러운 리듬이 있어야 함은 당연한 것이다. 시에서는 외형률인 외부리듬은 낭송의 맛을 더해주고 내재율인 내부 리듬은 정감의 깊이를 단단하고 알차게 만든다.

윤오영은 《수필문학입문》에서 "시적 내재율이 다시 승화되고 변화되어 은밀하게 물소리와 같이 흐르는 산문의 운향韻響"이 있다고 했다. 좋은 문장은 물소리처럼 흐르는 세련된 리듬이 깔린 자연스러운 문장이다. 수필 문장이 소설 문장과 다른 점도 바로 이런 리듬에서 발견된다. 문장에 적절한 리듬이 있으면 문장의 밀도가 높아지고 독자들은 부드러운 문맥의 흐름에서 미적인 쾌감을 느끼게 된다.

 글에서 리듬이라는 것은 모든 문학 장르에서 간과할 수 없다는 것이 주지의 사실이다. 산문에서 더구나 수필에서는 지금까지 그 중요도에 비해 다소 소홀히 생각되었음을 누구도 부인하지 못할 것이다. 수필에서 리듬이 주는 생동감과 미학적 깊이의 확대를 알지 못했거나, 무시한 탓이 아닌가 생각된다. 리듬을 효과적으로 사용하여 독창적이고 특징적인 세계를 펼쳐 보일 때 수필의 경지를 한 차원 끌어올릴 수 있다.

 그렇다면 문장에 리듬의 효과를 내기 위해서는 구체적으로 어떤 방법이 있을까. 음수율과 음보율을 이용해 볼 수도 있고, 산행수필의 경우 심장박동과 발걸음의 속도 호흡까지 문장 속에 접목해 볼 수 있다. 이외에도 문장의 길이로 서술 속도를 조절할 수 있으며, 동어반복을 피하고 조사나 접속사 서술어 어미 등에 변화를 주거나, 의도적인 단문과 리듬을 위한 쉼표, 불필요한 수사나 지난한 묘사를 과감히 절제한 문장 사용 등 그 방법도 다양하다. 하지만 더 중요한 것은 나름대로 자기만의 독특한 리듬을 개발해 가는 치열함과 실험정신을 갖추는 것이다. 주제와 소재에 따라 적합하고 적절한 리듬을 찾아내는 일은 창작의 중요한 일부라는 사실을 명심해야 한다.

 울며 소맷귀 부여잡는 낙랑공주樂浪公主의 섬섬옥수纖纖玉手를 뿌리치고 돌아서 입산入山할 때에, 대장부의 흉리胸裡가 어떠했을까? 흥망興亡이 재천在天이라, 천운天運을 슬퍼한들 무엇하랴만, 사람에게는 스스로 신의信義가 있으니, 태자가 고행으로 창맹(蒼氓)에게 베푸신 도타운 자혜慈惠가 천 년 후에 따습다.

— 정비석, 〈산정무한〉 부분

〈산정무한〉은 우리에게 너무나 익숙한 '국민수필'이라 할 수 있다. 이 익숙함도 리듬에서 오는 것이다. 3~4음보로 반복되는 이 운율은 국어교과서에서 만났던 가사와 시조의 전통적인 리듬에서 이어진 것이다. 이러한 친숙한 리듬감에 낭만적인 마의태자의 역사적 일화까지 결합되니 내면 깊숙이 묻어두었던 문학적 감수성이 표출되는 것이 아니겠는가.

4) 탄탄하고 개성적인 문장력

아무리 좋은 소재와 주제를 갖추었더라도 문장력이 뒷받침되지 못한다면 문학작품으로 성립하지 못한다. 문장 그 자체가 문학성과 연결된다. 문학작품에서 교훈적인 경구는 별 의미가 없다. 작가가 아무리 좋은 명구를 작품 속에서 말한다 할지라도 공자 맹자만큼이야 하겠는가. 감동적이고 교훈적인 내용은 도덕책 속에 얼마든지 있다. 문학작품은 작가의 개성적인 문장력을 바탕으로 삶을 구체적으로 보여주는 형상화가 이루어져야 한다.

이 시대 수필가의 사명감 중 하나는 문학적 향기가 묻어나는 격조 있는 문장을 창출하는 일이다. 수필 문장은 산문이면서도 소설과 다르고 함축과 리듬을 중시하면서도 시와는 확연히 구분된다. 수필은 본성적으로 산문인 소설과 운문인 시의 중간적 속성을 취하고 있다. 이러한 수필문장의 특성은 예로부터 전통적으로 계승된 문장론의 유산이란 점을 주목해야 한다. 고려조와 조선조를 거쳐 근현대에 이르는 동안 무수한 시행착오를 거쳐 이어져 온 고귀한 미덕으로 볼 수 있다는 것이다.

수필 문장은 고도로 세련된 아이러니의 변증법을 통해 독특한 문장미학을 구축한다. 그것은 고도의 장인적 수련 과정을 통해서 얻을 수 있는 달관의 문장술이다. 안성수는 《수필오디세이》(수필과비평, 2015)에서 "수필문장은 표면적으로는 산문성, 소박성, 평이성, 담백성, 간결성, 보편성, 사실성 등을 내세우지만 심층에서는 운문성, 격조성, 세련성, 심오성, 함축성, 개성, 진실성 등을 요구한다."고 강조한다. 매우 공감이 가는 지적이다. 이 같은 문장미학은 반어적 구조 속에서 변증법적으로 통일시킴으로써 '낯설게 하기'의 미적 효과는 물론 독특한 문장의 질감과 말맛을 창조해내게 된다.

이러한 경지에 도달하기 위해서는 낱말의 선택 능력이나, 풍부한 어휘의 구사력은 필수다. 문장성분과 호응관계, 구조의 이해에서부터 다양한 문장 작법에 이르기까지 절차탁마가 있어야 한다. 그래야 감칠맛 나게 되고 글의 품위와 격이 상승된다. 문장이 곧 사람이라는 말은 바로 이를 두고 하는 말이다.

돌산도 향일암 앞바다의 동백 숲은 바닷바람에 수런거린다. 동백꽃은 해안선을 가득 메우고도 군집으로서의 현란한 힘을 이루지 않는다. 동백은 한 송이의 개별자로서 제각기 피어나고, 제각기 떨어진다. 동백은 떨어져 죽을 때 주접스런 꼴을 보이지 않는다. 절정에 도달한 그 꽃은, 백제가 무너지듯이, 절정에서 문득 추락해 버린다. '눈물처럼 후드득' 떨어져 버린다.

— 김훈, 〈자전거 여행〉 부분

위에 인용된 김훈의 수필을 자세히 살펴보면 아무리 좋은 단어나 명구가 있을지라도 작품 속에 더이상 들어갈 틈은 없다. 이미 완벽하게 직조된 원단과 같다. 작가의 손을 떠난 작품은 더이상 뺄 말도 넣을 어휘도 있어서는 안 된다. 완성된 건축물에 다른 벽돌이 필요 없는 것처럼 말이다. 김훈의 수필 문장은 감각적이다. 평이한 것처럼 보이지만 고도의 비유가 숨어 있다. 그것이 독자를 끌어당기는 힘이다. 이처럼 자기만의 문장을 만들어가야 하는 과정이 필요한 것이다.

5) 끊임없는 실험정신

창작이론에 절대 왕도는 없다. 글쓰기는 이론으로 쓰는 것이 아니다. 창작과 이론의 관계는 상호보완적이다. 창작이론에 따라 글을 쓰기도 하고 문학작품을 통하여 창작이론이 만들어지기도 하는 관계이다. 따라서 작가는 이론에 개의치 않고 다양한 실험정신으로 창작활동을 해보는 것이 중요하다.

실험수필이라고 해서 문학성을 파괴하는 것이 아니다. 어떤 경우에라도 문학의 보편성과 항구성, 개성은 영원하고도 절대적인 것이다. 그러한 문학성을 지키기 위하여 다양한 실험을 시도해 보는 것임을 잊어서는 안 된다. 수필의 실험은 궁극적으로 장르의 발전을 선도하고 독자에게 보다 더 바람직한 미적 감동을 제공하는 데 두어야 한다.

실험이라는 것은 형식의 변화라고 본다. 가령 고정적인 13~15매 수필 분량을 파괴하는 것도 그 하나일 것이다. 소재의 성격에 따라 3매, 5매, 7매, 30매 수필도 얼마든지 가능하다고 본다. 또한 기존의 구성 방법을 탈피해서 과감하고 새로운 구성도 필요할 것이다. 시적 구성, 소설적 구성, 극적 구성, 그 어떠한 실험적인 방법도 가능하다는 말이다. 김유섭은 〈작품 안의 논리와 밖의 논리〉(수필미학, 2014)라는 평론에서 작품 밖의 논리에서 미래수필의 창작 방법을 찾아야 한다고 주장한다.

무슨 종류의 유희인지 유희는 유희인 모양인데, 이 권태의 왜소矮小 인간들은 또 무슨 기상천외의 유희를 발명했나.

오 분 후 그들은 비키면서 하나씩 둘씩 일어선다. 제각각 대변을 한 무더기 씩 누어 놓았다. 아— 이것도 역시 그들의 유희였다. (중략)

나는 이 대소大小 없는 암흑 가운데 누워서 숨쉴 것도 어루만질 것도 또 욕심나는 것도 아무것도 없다. 다만 어디까지 가야 끝이 날지 모르는 내일 그것이 또 창밖에 등대等待하고 있는 것을 느끼면서 오들오들 떨고 있을 뿐이다.

— 이상, 〈권태〉 부분

이상의 〈권태〉는 글 안에 논리가 드러나지 않는다. 그것은 글 밖에 있다. 이 수필에서 작가가 드러내고자 하는 주제는 글 밖에 있다. 곳곳에 유머적 상황을 배치해 글에 감칠맛이 나게 하면서도 평화로워 보이는 산촌의 삶이 사실은 아무런 희망이 없는 권태의 삶에 지나지 않는다는 논리를 글 밖에 세워두었다. 말하자면 일제강점기의 산촌 사람들의 삶이라는 것이 흥미도 재미도 희망도 없는 권태 그 자체라는 말이다. 이처럼 무거운 논리를 글 밖에 세워둠으로써 독자의 가슴으로 다가오는 수필의 새로운 영역을 개척한 것이다.

중요한 것은 어떻게 하면 독자에게 시선을 끌고, 감동을 주고, 그 속에 빠져 들어가게 할 것인가가 문제이다. 좋은 글은 자신의 감정과 생각을 잘 나타낸 글이 아니라 독자의 감정과 생각을 잘 배려한 글이라는 사실을 명심해야 한다.

4. 나오는 말

이상에서 미래수필에서 요구되는 미적 덕목을 탐색해 보았다. 그것은 ① 시대의 핵심을 관통하는 주제의식 ② 원형 탐색과 동화적인 상상력 ③ 리듬이 깔린 수필 ④ 탄탄하고 개성적인 문장력 ⑤ 끊임없는 실험정신으로 요약된다. 이러한 요건들이 유기적으로 결합되고 구조적 견고성을 갖출 때 이상적인 수필로 볼 수 있다는 것이다.

수필은 문학의 한 갈래로서 당당하게 자리한다. 문학의 큰 갈래인 서정, 서사, 극, 교술 중 교술의 중심에 있다. 어떤 측면에서도 그 영역이 확고하다. 결국 수필이란 '작가가 체험을 통한 철학적 깨달음을 교술성을 바탕으로 한 수필적 구성과 문장으로 형상화한 가장 인간적인 문학'이라는 것이 필자의 견해다.

오늘날 등단 수필가는 5천 명을 넘어서고, 수필 전문지도 30종이 더 된다. 그럼에도 수필이 푸대접을 받고 있다는 생각을 지울 수는 없다. 중앙일간지의 신춘문예에 수필은 제외된다. 대중적인 큰 문학상을 수필가가 받았다는 얘기를 들어본 적도 없다. 시대의 흐름을 역행하는 일들이지만 수필가에게 그 책임이 없는 것은 아니다.

이를 극복하기 위해서는 수필가들이 지금의 현재 상황에 안주해서는 안 된다. 치열한 작가정신이 요구된다. 다양하게 수필의 소재를 찾고 구성에 대해 고민해야 할 것이다. 수필의 미적 울림이 감성과 이성의 눈을 뛰어넘어 본질적 깨달음을 통한 영적靈的 울림까지 승화될 수 있어야 하며 실험적이고 새로운 수필로 독자들을 감동시켜야 한다. 그래야만 수필문학의 견고한 위치가 나오게 되고 미래문학의 총아로서 우뚝 서게 될 것이다.

수세기 동안 문학사를 지배해 온 시, 소설, 희곡이 수필의 문장과 형식을 혼용하는 현실로 접어들었다. 나아가 수필문학은 새로운 세기를 이끌어갈 대표적인 장르로 부각하고 있다. 채굴되지 않은 원석 같은 것임이 분명하다. 수필은 미래문학의 정수리다. 이 모든 것이 사실이라 할지라도 그것을 행동으로 옮기는 일은 분명 수필가의 몫이다. 진정 한국 현대수필문학에 대한 종합적인 진단과 미학적 반성이 필요한 시점이다. 이 땅의 수필가들은 수필시대를 준비해야 한다.

24. 작품 안의 논리와 밖의 논리

1. 수필과 논리

 수필가이며 문학평론가인 신재기는 저서 《수필의 형식과 미학》에서 수필의 미래에 대해 희망적인 전망과 함께 현재의 문제점 또한 예리하게 지적하고 있다. 신재기가 지적하는 수필의 문제점 중의 가장 중요한 부분은 바로 "창작방법의 고정성과 단조로움"이 아닐까 싶다.(《수필의 형식과 미학》, 서정시학, 2012.12. 41쪽)고 지적하고 있다. 즉 수필의 생산은 크게 늘어났지만 깊이와 수준은 그에 상응해서 변화, 발전하지 못하고 있다는 것이다. 그러한 현상에는 많은 원인과 이유가 있겠지만 무엇보다도 수필의 자기 갱신에 의한 새로운 작법이 나타나지 않고 있기 때문이라는 것이 그의 주된 주장이다. 때문에 수필의 양은 수필 전성시대라고 불릴 만큼 늘어났다 하더라도 그 내용을 들여다보면 진부하기 그지없다는 것이다. 다시 말하자면 놀랄 만큼 늘어난 수필의 양이 수필의 수준을 대변하고 있는 것이 아니라는 것이다. 신재기가 수필가이면서 문학평론가이지만 동시에 대학에서 문학과 수필을 가르치는 교수이기 때문에 그의 이런 주장이 한층 더 현실감 있게 다가오기도 한다.

어떤 분야에서나 끊임 없는 자기갱신 없이는 변화나 발전을 기대하기 어려운 것이 사실이다. 신재기의 주장에 대해 필자 역시 많은 부분 동의하면서 "과연 지금의 수필이 나아갈 방향에 대해 아무런 해답도 없는 것인가?" 하는 고민에 관해서 한 가지 제안을 하려고 한다. 필자의 제안이라는 것은 이미 한국수필에서 전례가 있으며 현재 시점에도 치열하게 그 맥을 이어가는 수필가를 발견했음을 알리는 것이기도 하다.

앞서 신재기가 지적한 수필의 문제점을 필자 나름의 관점으로 설명하자면 글 안의 논리의 문제라고 생각한다. 즉 수필 창작방법의 고정성은 달리 말하면 수필은 은유와 상징과 비유 알레고리 허구 압축 등을 도입하여 글 안에 작가가 의도하는 논리를 숨기는 시와 소설과는 달리 글 안에서 논리를 명징하게 드러내는 글이라는 것이다. 이것은 수필이 시와 소설과 다른 명백한 이유이며 어쩌면 수필은 문학이나 예술이 아닐 수도 있다는 사상의 근원이 되는 필연적인 단서라는 생각이다. 그래서 수필은 평론이나 해설의 필요성을 확정적으로는 가지고 있지 못한 것이다. 즉 글 속에 작가가 의도하는 논리가 드러나 있는 글을 평론하거나 해설하는 것은 사족에 지나지 않는 허망한 작업에 다름 아닌 것일 수 있기 때문이다.

이처럼 글 안에 명징하게 '논리 드러내기'의 특성은 오랜 세월 수필을 수필로 존재하게 해 온 근거이기도 하지만, 자기갱신이라는 측면에 있어서는 분명한 한계를 가지는 것이기도 하다. 자기 논리를 드러내는 수필에서 거짓 논리는 바로 거짓말이 되는 탓에 소설처럼 허구를 도입할 수 없는 한계를 가지는 것이다. 그리고 동시에 작가가 의도하는 주제, 즉 의도하는 의미나 메시지에 도달하기 위해 명징해야 하는 논리에 과도한 상징이나 비유 은유 알레고리 압축 등을 사용한다는 것 또한 논리의 명징성을 저해하는 불필요한 치장에 지나지 않는 것일 터이다.

이러한 이유로 수필은 "붓 가는 대로 쓰는 글"이라는 다소 예술적 치열성과는 거리가 있는 진솔한 자기 고백의 글, 자기주장의 글 기행문이나 소논문의 형태를 벗어나기 어려운 근원적인 한계를 가지고 있는 것이다. 그러나 신재기가 지적한 수필의 창작 방법의 고정성과 단조로움에 대해 심각하게 고민하는 지금 이 순간, 돌이켜 보면 이러한 수필의 근원적인 한계를 넘어서려는 수필의 자기갱신과 영역 확대의 수필작법이 이미 우리 수필에 있었음을 필자는 주장하는 것이다.

2. 글 안의 논리

　수필은 글 안에 선명한 작가의 논리를 드러내는 글이다. 이러한 수필의 형식은 지금껏 수필을 수필로 존재하게 해온 중요한 요소이며 동시에 글 안에 논리를 숨기고 압축해서 메시지와 의미, 즉 주제를 더욱 부각시키려고 하는 시와 소설과는 명백하게 구별되는 글이라는 것을 필자는 이미 앞에서 이야기한 바가 있다.

　필자는 이 글을 쓰기에 앞서 《국어 교과서 작품읽기》(창작과 비평. 2010.11.)에 수록된 42편의 수필을 읽었다. 책에서는 "고등학교 16종 국어 교과서에 수록된 150여 편의 작품 중, 추리고 추린 작품과 그 외 교과서 밖의 작품 중에서도 고등학생들이 꼭 읽었으면 하는 작품을 추가해서 총 42편을 수록하였다."고 밝히고 있다. 한 출판사 발행한 서적 속의 작품이 우리나라 수필을 대표하는 것도 아니고 또한 가장 뛰어난 수필이라고 할 수 없음도 안다. 그러나 고등학교 국어교과서에 실린 수필과 그 외의 수필 중에서 출판사 나름의 기준과 고등학생들이 꼭 읽었으면 하는 작품으로 전국 국어교사들의 객관적인 선정과정을 거친 것이니만큼, 적어도 우리나라 수필의 대표성을 부정해서도 안 된다는 생각으로 이 글의 자료로 삼은 것이다.

　42편의 수필을 읽으면서 앞서 신재기가 지적한 수필의 "창작방법의 고정성과 단조로움"에 절대적으로 동감할 수밖에 없었다. 글의 종류도 다양했고 소재도 다양했다. 그리고 글을 풀어가는 방식도 다양했지만, 궁극적으로 자기고백과 자기주장, 기행문, 소논문 등에 해당하는 글들이 모두 명징한 논리의 범위를 벗어나지 못하고 있었다. 아니 그것이 수필이기에 그러한 창작방법을 비난할 수는 없을 터이다. 그러나 수필의 자기갱신과 새로움이라는 측면에서 보았을 때, 고정성과 단조로움을 조금도 벗어나지 못하고 있음은 명백해 보였다.

말하자면 어떤 수필이든 처음 도입부만 읽어보면 글의 내용과 글의 종류 그리고 그 글의 중간과 결말이 쉽게 예측되는 글이 대부분이었다. 그것은 그 작품을 쓴 수필가들의 수준이 낮아서가 아니라, 이미 독자는 동일한 창작방법으로 발표된 수많은 작품을 접한 경험이 있고 또한 그 논리의 전개과정과 결말까지 무수히 읽은 바 있기 때문인 것이다. 그것은 이미 독자들이 수필의 논리 드러냄의 창작방법에 익숙해져 있어서 새로움을 느끼지 못하고 있다는 이야기이기도 하다. 그중에서도 다시 읽고 싶은 좋은 작품들이 있었고 글을 읽는 맛과 감동이 있는 글도 있었다. 그렇지만 신재기의 지적을 떠올리지 아니하더라도 수필을 읽을 때마다 수없이 가본 길을 걸어야 하는 독자에게 새로운 느낌과 설렘을 주기에는 미약한 것을 부정할 수는 없었다.

물론 그 서적에 수록된 42편의 수필이 다양한 소재와 폭 넓은 주제를 가지고 있었던 것은 분명하다. 그리고 그 다양함과 폭 넓음이 "창작방법의 고정성과 단조로움"에서 오는 진부함을 많이 상쇄하고 있기도 했다. 그러나 소재의 다양함을 확보하고 주제의 폭을 넓히는 것만으로 오래된 수필의 진부함을 갱신했다고 볼 수는 없다.

향일암 앞바다의 동백꽃은 사람을 쳐다보지 않고, 봄빛 부서지는 먼 바다를 쳐다본다. 바닷가에 핀 매화 꽃잎은 바람에 날려서 눈처럼 바다로 떨어져 내린다.
매화 꽃잎 떨어지는 봄 바다에는, 나고 또 죽는 시간의 가루들이 수억만 개의 물비늘로 반짝이며 명멸을 거듭했다. 사람의 생명 속을 흐르는 시간의 풍경도 저러할 것인지는 알 수 없었으나, 봄 바다 위의 그 순결한 시간의 빛들은 사람의 손가락 사이를 다 빠져나가서 사람이 그것을 움켜쥘 수 없을 듯싶었고, 그 손 댈 수 없는 시간의 바다 위에 꽃잎은 막무가내로 쏟아져 내렸다.
(김훈, 〈꽃 피는 해안선〉 부분, 《국어 교과서 작품읽기》, 창작과비평, 2010.11. 131~132쪽)

"일기문, 기행문, 편지글부터 감상문, 수상록, 소평론 등이 수필의 범주"에 (《국어 교과서 작품읽기》, 창작과비평, 2010.11. 7쪽) 든다고 알려져 있다. 즉 수필은 다양한 종류의 글을 포함하는 것이라는 이야기이다. 그러나 그 다양한 글들이 왜 수필로 분류되느냐 하는 것은 글 안에 논리를 명징하게 드러내는 공통점을 가진 때문이라고 필자는 나름의 정의를 내린 바 있다. 이 글의 작가인 김훈은 소설가로 등단하기 전부터 아름다운 미문의 수필을 쓰는 작가로 유명했다. 그 유명세에 걸맞게 그의 이 글은 아름다운 미문으로 이루어져 있다. 그러나 이 세련된 수사법이 동원된 수필을 읽는 순간 기행문의 논리를 드러내고 있다는 것을 알 수 있다. 물론 기행문이기 때문에 당연한 것일 터이지만, 꽃 피는 봄, 남쪽 해안선을 따라 여행하며 작가의 눈에 들어온 풍광을 세세하게 묘사하고 있는 것이다. 그러나 이 글은 그 이상의 것을 독자에게 주지 못하고 있다. 글 뒷부분에 도입된 고려 선종 불교의 6대 선사 충지의 이야기와 신라시대 여승 설요의 이야기를 곁들여 가며 김훈은 자신의 지식을 꽃 피는 봄 남쪽 해안선의 풍광에 섞어 능숙하게 펼치고 있을 뿐이다. 이것이 기행문 또는 수필의 수작임에는 틀림없다고 생각되지만 역시 오래된 창작방법이고 이미 익숙해서 새로울 것이 없는 그저 여행자가 독자에게 자신의 경험을 전달하려는 기행문이 가진 논리를 벗어나지 못하고 있을 뿐이다. 즉 여행지에서의 경험, 좋거나, 나쁘거나, 의미 있거나, 의미 없거나, 새로운 발견이거나, 오래된 인류의 발자취이거나 등등을 드러내는 논리가 전부인 것이다.

나무는 덕(德)을 지녔다. 나무는 주어진 분수에 만족할 줄을 안다. 나무는 태어난 것을 탓하지 아니하고, 왜 여기에 놓이고 저기 놓이지 않았는가를 말하지 아니한다. 등성이에 서면 햇살이 따사로울까, 골짜기에 내려서면 물이 좋을까 하여, 새로운 자리를 엿보는 일도 없다. 물과 흙과 태양의 아들로, 물과 흙과 태양이 주는 대로 받고, 득박(得薄)과 불만족을 말하지 아니한다. 이웃 친구의 처지에 눈떠 보는 일도 없다. 소나무는 소나무대로 스스로

족하고, 진달래는 진달래대로 스스로 족하다.

　나무는 고독하다. 나무는 모든 고독을 안다. 안개에 잠긴 아침의 고독을 알고, 구름에 덮인 저녁의 고독을 안다. 부슬비 내리는 가을 저녁의 고독도 알고, 함박눈 펄펄 날리는 겨울 아침의 고독도 안다.

　　　(이양하, 〈나무〉 부분.《국어 교과서 작품읽기》, 창작과비평,
　　　　　　　　　　　　　　　　　　　　2010.11. 148쪽)

　우리에게 널리 알려져 있는 이양하의 수필 〈나무〉의 도입부다. 전형적인 수필의 표본이라고 불릴 만큼 잘 짜인 글이다. 서정성을 바탕에 둔 뛰어난 수필임에 틀림없는 이 작품이 처음 발표되었을 때는 그 누구도 부정할 수 없는 수작이었을 터이지만 세월이 많이 흐른 지금은 너무나 익숙해진 논리가 되고 말았다는 것이다. 도입부 몇 줄만 읽고 나면 이 글이 어떤 논리로 진행되고 있고 그 중간은 어떨 것이고 마침내 결말까지 예측할 수 있는 것이다. 이 말은 이양하의 수필 〈나무〉가 뛰어난 작품임에도 불구하고 글에 드러나 있는 논리가 너무 익숙해져서 진부하다는 것이다. 이것은 다시 말해 이양하가 〈나무〉를 발표한 이후 우리 수필은 이양하를 흉내 내고만 있었지 새로운 창작방법으로 자기갱신의 작품을 생산해내지 못했음을 반증하는 것이기도 하다. 그것은 곧 수필은 글 안에 작가가 의도하는 논리를 명징하게 드러내어야 한다는 창작방법이 자기갱신을 막아서고 있었기 때문이다. 즉 글 안에 작가의

논리를 명징하게 드러내는 수필의 한계를 벗어나는 방법은 오로지 새롭고도 다양한 소재나 남다른 주제를 찾아내는 것뿐이라고 믿었던 까닭이다. 그것이 조금이라도 남과는 다른 수필을 창작하는 유일한 방법으로 작가들 사이에 회자되었고 또한 충실히 작품 생산으로 실행되었던 것이다. 그럼에도 불구하고 지금의 수필이 앞서 신재기가 지적한 "창작방법의 고정성과 단순함"에서 벗어난 작품을 보여주지 못하고 있는 것은 글 안의 논리의 문제가 해결되지 않았기 때문이다.

3. 글 밖의 논리

논리가 없는 글은 글이 아니다. 그것은 어떤 문학의 장르로도 또한 어떤 문학 작품으로도 논의되거나, 연구될 가치가 없는 것이다. 그러나 시와 소설 등에 있어서는 의도적으로 논리를 파괴하거나 논리를 삭제하기도 하고 무의식이나 자의식 등등으로만 글을 창작하는 경우가 있다. 그러나 그것은 글 안에 논리를 숨겨 주제를 부각시켜야 하는 시와 소설 등의 경우, 논리를 파괴하거나 삭제하는 등등의 창작방법 그 자체가 또 다른 논리 숨기기인 측면이 있기 때문에 시도되고 있다고 할 것이다. 그러나 작가의 논리를 명징하게 드러내어야 하는 수필은 논리 파괴, 논리 삭제, 무의식, 자의식 등등의 창작방법과는 무관한 것임이 자명하다. 그렇다면 수필의 창작방법을 갱신할 방법은 없는가? 필자는 이상의 〈권태〉와 백남오의 〈겨울밤 세석에서〉에서 그 답을 찾으려 한다.

　　나는 무엇이고 하지 않으면 안 된다. 무엇을 해야 할 것인가 연구해야 된다. 그럼 나는 최 서방네 집 사랑 툇마루로 장기나 두러 갈까. 그것 좋다. 〈중략〉
　　최서방 조카로서는 그러니까 나와 장기를 두는 것 그것부터가 권태(倦怠)다.
　　　　　　(이상, 〈권태〉 부분, 《국어 교과서 작품읽기》, 창작과 비평,
　　　　　　　　　　　　　　　　　　　　　　　　　2010.11. 43쪽)

　　개들은 대개 제가 길리우고 있는 집 문간에 가 앉아서 밤이면 밤잠, 낮이면 낮잠을 잔다. 왜? 그들은 수위(守衛)할 아무 대상도 없으니까다.
　　　　　　(이상, 〈권태〉 부분, 《국어 교과서 작품읽기》, 창작과비평,
　　　　　　　　　　　　　　　　　　　　　　　　　2010.11. 46쪽)

　　무슨 종류의 유희인지 유희는 유희인 모양인데, 이 권태의 왜소(矮小) 인간들은 또 무슨 기상천외의 유희를 발명했나.
　　오 분 후 그들은 비키면서 하나씩 둘씩 일어선다. 제각각 대변을 한 무더기 씩 누어 놓았다. 아- 이것도 역시 그들의 유희였다.
　　　　　　(이상, 〈권태〉 부분, 《국어 교과서 작품읽기》, 창작과비평,
　　　　　　　　　　　　　　　　　　　　　　　　　2010.11. 49쪽)

> 나는 대소(大小) 없는 암흑 가운데 누워서 숨쉴 것도 어루만질
> 것도 또 욕심나는 것도 아무것도 없다. 다만 어디까지 가야 끝이
> 날지 모르는 내일 그것이 또 창밖에 등대(等待)하고 있는 것을 느
> 끼면서 오들오들 떨고 있을 뿐이다.
>
> (이상, 〈권태〉 부분, 《국어 교과서 작품읽기》, 창작과비평,
> 2010.11, 53쪽)

이상의 〈권태〉에는 글 안에 아무런 논리가 드러나지 않는다. 다만 극도의 권태에 빠져 있는 작가가 바라보는 산촌의 모습이 극도의 권태에 다름 아닌 것으로 묘사되고 서술되고 있을 뿐이다. 최서방 조카와 장기두기 역시 권태이고, 수위할 것이 없어 짖지도 않고 잠만 자는 개들, 놀거리가 없어서 대변 누기 놀이를 하는 아이들, 멍석 위에 시체처럼 누워서 자는 주민들이 권태에 빠진 작가 이상과 다름없는 권태 그 자체라는 것이다. 그리고 "어디까지 가야 끝이 날지 모르는 내일 그것이 등대하고 있는 것이 두려워 오들오들 떨고 있는" 작가 이상이 있을 뿐이다. 그러나 이 글을 읽는 독자들은 작가 이상이 펼쳐놓는 권태의 세계 속으로 빨려 들어간다. 글 안에 드러난 논리가 없으므로 머리가 아닌 가슴으로 젖어드는 것이다. 작가 이상이 빠져 있는 극도의 권태를 독자들도 가슴으로 함께 느끼게 되는 것이다. 작가 이상은 자신이 방문한 적이 있는 어느 산촌에 권태라는 극한의 심리적 상태를 덧씌워 놓는 창작방법을 발견한 것이다. 그렇다면 이 글 안에서 사라진 논

리는 어디로 갔을까?

그것은 글 밖에 있다. 이 글에서 작가 이상이 드러내고자 하는 논리와 그 논리의 결론인 주제는 글 밖에 있다. 글 곳곳에 유머적 상황을 배치해 글에 감칠맛이 나게 하면서도 이상은 평화로워 보이는 산촌의 삶이 사실은 아무런 희망이 없는 권태의 삶에 지나지 않는다는 논리를 글 밖에 세워 두고 이 글을 쓴 것이다. 말하자면 일제강점기의 산촌 사람들의 삶이라는 것이 흥미도 재미도 희망도 없는 권태 그 자체라는 것이다. 그것은 동시에 일제강점 아래의 조선인의 삶으로도 확대 해석할 여지도 있는 것이다. 이상은 이처럼 무거운 논리를 가진 주제를 글 밖에 세워둠으로써 글을 읽는 독자의 가슴으로 다가오는 수필의 새로운 영역을 개척한 것이다.

도대체, 무슨 이런 엄청난 일이 일어나고 있습니까. 성난 바람이 세석 평원을 무차별 폭격하고 있습니다. 거대한 세석은 하얀 눈을 덮어쓴 채로 바람의 폭격을 온몸으로 받아들이고 있습니다. (중략)

그럼에도 영하 20도의 세석 평원은, 세상에서 가장 순수한 이미지로 마음속에 새겨지고 있습니다. 마치, 어린아기 같습니다. 아무런 저항도, 계산도, 이해타산도 없이, 가진 것 전부를 다 내어 주고도 하얀 살을 드러낸 채, 생명까지도 맡겨 버린 채, 우주의 모든 고통을 받아들이는 장엄하고, 숭고한 세석의 모습입니다.

나도 순수이고 싶습니다. 저 겨울 세석고원을 닮고 싶습니다. 한때는 동화 같은 시절도 있었겠지만 지금은 아닙니다. 너무 많은 때가 묻었습니다.

(백남오, 〈겨울밤세석에서〉 부분, 《국어교과서작품읽기》, 창작과비평, 2010.11. 137쪽)

백남오의 수필 〈겨울밤 세석에서〉다. 이 글도 이상의 〈권태〉와 마찬가지다. 글 안에 논리가 드러나지 않는다. 다만 백남오 특유의 리듬에 실어 마치 랩을 하듯이 토로하는 격정의 고백으로 독자를 겨울밤 세석 평원에 몰입하게 한다. 역시 머리로 읽는 것이 아니라 가슴으로 다가온다. 글 안에 논리가 드러나지 않기 때문이다. 이상이 〈권태〉에서 글 곳곳에 유머적 상황을 배치해서 글의 유희적 감칠맛을 더했다면, 작가 백남오는 마치 산을 오르는 사람의 심장박동 같은 리듬으로 글에 생생한 진정성의 맛을 더하고 있는 것이다. 눈 내리는 겨울밤 세석 평원의 모습에서 느낀 자연의 위대함과 경외심을 생생하게 독자에게 토로하고 있다. 숨 돌릴 틈 없이 이어지는 작가 백남오의 격정적인 고백에 독자는 그가 밟는 지리산 곳곳의 능선과 계곡과 오솔길과 평원과 정상으로 함께 가면서 때로는 땀도 흘리고 때로는 감동도 하고 때로는 죽음의 공포와 아름다운 자연의 풍광을 만나 환희를 느끼기도 하는 것이다.

이러한 백남오의 〈겨울밤 세석에서〉 역시 이상의 〈권태〉와 마찬가지로 논리를 글 밖에 세워 두고 있다. 그가 글 밖에 세워 둔 논리는 무엇인가? 어느덧 자연과 멀어진 삶을 살고 있는 현대인들에게 자연이 얼마나 소중한 것인지를 일깨워 주는 것이다. 자연이, 아니 작가 백남오에게 있어서 지리산이 얼마나 소중한 것이고 자신이 잃어버린 것들을 다시 되찾게 해서 순수의 세계로 돌아갈 수 있게 해 주는 소중한 것이라는 고백인 것이다. 작가 백남오의 〈겨울밤 세석에서〉를 읽는 독자들이 논리의 머리가 아닌 감성의 가슴으로 공감과 감동에 젖어들게 하는 이상의 권태와 같은 창작방법인 것이다. 그것을 백남오가 지금 보여주고 있다.

4. 결론

이 글의 서두에서 필자는 제안을 선언했었다. 그 제안이라는 것은 논리를 글 밖에 세워 두는 창작방법으로 수필의 자기갱신을 실험해 보자는 것이다. 즉 이미 보았듯이 이상의 〈권태〉나 백남오의 〈겨울밤 세석에서〉처럼 글 안에 논리를 글 밖으로 내보냄으로써 논리가 머리가 아닌 감성의 가슴으로 읽는 수필을 기대하고 기다린다는 것이다. 그것을 이상과 백남오 계보로 칭하면 문제가 되는지 몰라도, 이상과 백남오의 수필에서 발견된 소중한 창작방법을 이어가야 한다는 생각이다. 그래서 수필의 거대한 줄기 속에 하나의 당당한 계보가 되었으면 하는 바람을 가지고 있다. 그것이 앞서 신재기가 지적한 "창작방법의 고정성과 단순함"을 극복하는 길이고 또한 수필의 영역을 넓히는 것이라고 필자는 생각한다. 그뿐만 아니라 "붓 가는 대로 쓰는 글"이라는 수필이 과연 문학인가 아닌가 하는 오래된 의심의 논의도 글 밖에 논리를 세워 두는 창작방법의 수필로 당당하게 문학의 한 장르로 인정받을 수 있을 것임을 필자는 의심치 않는다.

〈김유섭, 수필미학, 2014년 가을호(통권 5호) 평론 등단작〉

25. 정신주의와 수필의 미래

최동호(시인, 문학평론가, 고려대명예교수)
백남오(수필가, 문학평론가)의 대담

【백남오】 교수님 반갑습니다. 이렇게 저희 수필 독자들을 위하여 귀한 시간을 내주셔 감사합니다. 2013년 8월, 고려대학교 국문학과에서 정년을 하셨지만 명예교수, 경남대학교 석좌교수, (사)시사랑문화인협의회 회장, 한국문학번역원 이사, 호암상 위원 , 강연 집필활동 등 여전히 바쁜 일정을 보내고 계시는데 퇴임 전과 후의 특별한 차이가 있다면 무엇인지요. 또한 요즘 근황은 어떠십니까.

【최동호】 오직 열심히 집중할 뿐입니다. 대학에서 정년하면서 느

낀 가장 큰 소감은 나에게 주어진 시간이 매우 짧다는 사실을 자각한 것입니다. 생이 주어진 시간 최선을 다하지 못할 때 오는 것은 허무감뿐인 것입니다. 근 40여 년 대학에 몸담고 있었지만 그 시간이 매우 짧게 느껴졌다는 것입니다. 제대로 할 일을 다 하지 못했다는 것이 솔직한 심정입니다. 그 아쉬움을 줄이기 위해 조금 더 노력한다는 것이 지금의 심경입니다.

【백남오】 개인적인 얘기를 먼저 드려 봅니다. 교수님과 저는 1979년 대학 강의실에서 사제의 인연으로 첫 만남을 한 후 35년이란 세월이 훌쩍 흘렀습니다. 문학적으로는 십 년이 조금 더 지난 것 같습니다. 2002년 당시 저는 문학의 꿈을 접어 버리고 지리산에 빠져, 그 산을 수십 년 오르내리며 얼기설기 일기 같은 글을 써 둔 상태였습니다. 결과적으로 그 글로 인하여 교수님의 추천을 받아 작가의 길을 걷게 되었습니다. 그때 제 나이는 늦은 50이었습니다. 지금은 대학에서 '수필 창작론'을 강의하며 제자를 키우고 수필 전문지나 언론사에서 원고 청탁을 받을 정도로 성장을 하였습니다. 당시 저의 글에서 어떤 문학적 소양을 발견하셨는지 궁금할 때가 많습니다. 혹시 기억나는 것 말씀해 주시면 수필가의 덕목으로 생각하고 더욱 매진할까 합니다.

【최동호】 백 선생의 글에서는 문학을 포기한 사람이 아니라 다른 문학 지망생과는 구분되는 강한 정열과 힘을 느꼈습니다. 저는 여기서 '정열도 재능이다.'라고 말하고 싶습니다. 정열을 가지지 못하면 크게 앞으로 나가지 못합니다. 일시적 재능이라는 것은 쉽게 사

라지는 불꽃과 같은 것이라고 생각합니다. 정열과 지구력이 문학을 이끌어 나가는 데 매우 중요한 동력이라고 믿습니다. 하루살이처럼 사라지는 문학적 재능은 오히려 그를 위해 불행한 일이 되고 말 것입니다.

그리고 우리나라의 중요한 병폐는 좋은 산문을 많이 가지고 있지 못하다는 것이 저의 평소 생각입니다. 좋은 산문은 사람들과의 소통의 공간을 마련해 주는 데 중요한 매개적 역할을 할 뿐 아니라 그 문화적 수준을 한 단계 높여 주는 데 중요한 기여를 한다는 것입니다. 시적 정열은 많은데 산문적 소통은 부족한 것이 우리 문단의 약점이라고 저는 생각합니다. 훌륭한 산문가 또는 수필가들이 우리 사회와 문단을 정화하는 데 앞장서야 한다는 것이 평소 생각입니다. 이런 점에서 백 선생이 앞으로 우리 문학을 위해 할 일은 아주 많다고 생각합니다.

【백남오】 교수님께서는 《수원 남문언덕》 등 7권의 시집 외에도 주요 저서로는 《현대시의 정신사》《불확정 시대의 문학》《한국 현대시의 의식현상학적 연구》《평정의 시학을 위하여》《삶의 깊이와 시적 상상》《하나의 도에 이르는 시학》《디지털문화와 생태시학》《현대시사의 감각》등 주옥같은 저서를 남기셨습니다. 또한 고산 윤선도문학상, 박두진문학상 등 주요 문학상을 두루 수상하셨습니다. 제14회 대산문학상 평론 부문 문학상을 수상함으로써 명실공히 석학의 반열에 드셨다고 생각합니다. 학문적으로는 특별히 정신주의 문학의 산맥을 이루었다는 평가를 받고 있습니다. 한마디로 설명하기

는 어렵겠지만 문학에서 정신주의란 어떤 것인지요.

【최동호】 조선조 시대에도 재도파載道派와 사장파詞章派가 대립한 바가 있습니다. 문학을 도의 연장선에서 바라보는 시각과 문학을 수사적 측면에서 바라보는 시각의 대립입니다. 저는 재도파라고 할 수 있습니다. 문학에서 도를 찾는다는 것은 정신주의와 연관됩니다. 말초적 감각적 문학은 일시적인 반응은 좋을지 몰라도 평생의 업으로서의 문학은 아무래도 일관된 정신주의적인 자기 지향이 있어야 한다고 믿습니다. 그런 지향점이 없다면 목표를 상실하기 쉽고 항상 방황하게 됩니다. 사장파가 퇴폐와 자기부정으로 치달리기 쉬운 것도 그러한 이유입니다. 시는 일회용 휴지가 아니라는 것이 저의 강한 소신 중의 하나입니다. 저의 정신주의는 '하나의 도'라는 불이不二의 시학으로 나아가고 이론적으로는 '서정시의 삼각형'으로 집약됩니다. 인간의 삶과 시가 둘이 아니고 하나라는 것이 전자의 주장이고 고전적 명시들은 모두 구조적 견고성을 갖고 있습니다. 그것은 '주체-대상-매개물'이라는 삼각형으로 요약됩니다. 다시 말하면 김소월의 〈진달래꽃〉에서 '말하는 화자-떠나는 님-진달래꽃' 이 삼각형을 이루어 사랑의 슬픔을 노래하고 이 구조가 견고하기 때문에 반복적 생명력을 갖는다는 것입니다. 물론 초현실주의가 등장한 이후 20세기 후반의 한국현대시에서 이런 삼각형이 다양하게 변주되기는 하지만 그 내면에 이런 구조를 가지고 있는 시가 지속적 생명력을 갖는다고 생각합니다.

【백남오】 그러한 문학 이론과 창작과의 관계는 어떤 것일까요. 이

론과 창작과의 연관성에 대해서 말씀해 주십시오.

【최동호】 저는 그것도 분리해서 생각할 수 없다고 믿습니다. 제가 문학을 공부하던 시대인 1960년대는 이론의 불모지였습니다. 서양의 비평 이론을 공부하기에 급급했습니다. 창작과 이론은 서로 회통(會通)하는 것이고 서로 보완하는 것이지 분리되거나 적대적인 것은 아닙니다. 물론 이론에 치중하다 보면 창작의 코드를 놓치는 경우가 있습니다. 이는 회통의 코드를 각자의 방법으로 찾아야 극복될 수 있습니다. 어느 한쪽에 치우치면 양자를 위해 좋은 일이 아닙니다. 엘리엇(T.S. Eliot)이나 보들레르(C.P. Baudelaire) 등 세계적인 대가들은 모두 어느 한쪽에 치우쳐 자신의 문학을 펼쳐나가지 않았습니다.

【백남오】 그 수많은 저서를 집필하기 위해서는 많은 독서와 사색이 필요했을 것입니다. 지금까지 읽으신 책 중에서 가장 감명 깊은 것 한두 권만 소개해 주실 수 있을까요.

【최동호】 하나는 앙드레 지드의 《지상의 양식》이고 다른 하나는 불교의 《법구경》입니다. 두 권 모두 제가 힘들고 어려운 시절에 그것을 극복하는 힘을 갖게 만들어 주었습니다. 《지상의 양식》에서는 퇴폐와 열망이 《법구경》에서는 연민과 깨달음이 느껴졌습니다. 누구에게나 젊은 날의 번민은 다른 사람이 이해할 수 없는 불가사의한 열정과 좌절로 가득 차 있습니다. 우연한 기회에 이 책들을 읽었고 이를 통해 내 나름의 길을 찾게 되었습니다.

【백남오】 오늘날 우리 문단에서 수필 장르는 엄청난 양적 팽창을

보이고 있습니다. 시인 다음으로 많아서 5천여 명의 수필가가 활동하고 있으며 수필 전문지만도 30여 종에 이르고 있습니다. 하지만 여러 문학 중에서도 주변 문학이란 인식이 매우 강합니다. 각종 문학상의 수상자도 수필가는 배제되며, 대학의 국문과에서 필수 과목도 아니며, 문학사의 기술면에서도 본류에서 소외되는 것이 사실입니다. 이 점에 대하여 교수님의 견해는 어떠신지요. 또한 이를 극복하기 위한 수필가의 자세는 어떠해야 할까요.

【최동호】'수필은 주변 문학이다.'라는 말은 당연히 부정되어야 합니다. 여기에는 일방적이고 독선적인 말의 횡포가 담겨 있습니다. 물론 현실적으로 생각할 때 수필의 양이 질적 수준을 담보하지 못하고 있다는 것도 사실입니다. 이제 새로운 시대를 맞이하여 문학에 대한 인식 전환이 이루어져야 한다고 생각합니다. 문제는 정말 아름다운 수필이 얼마나 있느냐를 고민해야 한다는 점입니다. 그리고 수필가들이 먼저 수필을 본격적인 문학 작품으로 대하고 혼신의 힘을 기울여야 합니다. 누구나 마음 가는 대로 함부로 쓸 수 있는 것이 수필이 아닙니다. 저는 진정한 수필은 다른 어떤 장르에 못지않은 문학적 중요성을 가지고 있다고 말하고 싶습니다.

【백남오】21세기에 접어들면서 인문학의 위기가 화두로 떠올랐고, 덩달아 문학의 종말을 예언하는 목소리가 곳곳에서 들리기 시작했습니다. 그럼에도 수필계에서는 미래 문학의 대안으로 수필 시대가 열릴 것임을 믿고 있습니다. 사실 수필은 시의 지나친 압축과 상징으로 인한 난해성, 소설의 허구를 뛰어넘을 수 있는 체험과 사색

의 문학입니다. 시와 소설이 해낼 수 없는 대단히 큰 장점을 가지고 있는 장르이지요. 실제로도 우리 문학사에서 이상, 김진섭, 김소운, 윤오영, 이양하, 피천득, 민태원, 정비석, 법정 스님의 수필은 그 어떤 문학보다 울림이 있는 작품이라 생각합니다. 독자를 배려하는 측면에서 볼 때도 베스트셀러는 에세이가 차지하는 비율이 훨씬 높습니다. 이에 대한 교수님의 생각은 어떠하신지요.

【최동호】 지금 백 선생이 거론한 수필가들은 모두 국민적 수준의 명문장가들입니다. 일반인들이 웬만큼 알려진 시인이나 소설가 이름은 몰라도 그분들의 수필은 기억하고 있을 것입니다. 우리들 일상 체험이 모두 글이 되는 미래에 수필이 일반 대중에게 다른 어떤 장르보다 더 친근하게 접근할 수 있는 장르라는 견해에 적극 동감합니다.

문제는 누가 얼마나 탁월한 수필을 쓰느냐가 중요합니다. 꼭 베스트셀러가 좋은 것은 아니지만 훌륭한 수필에는 반드시 많은 독자가 함께할 것이라 단언할 수 있습니다. 이미 소설은 독자의 눈에서 멀어져 가고 있다는 점을 상기하시고 수필의 미래를 밝게 보시기 바랍니다.

【백남오】 지금 시단에서는 교수님께서 주창하고 있는 '극서정시'의 영향으로 짧은 서정시가 하나의 흐름인 것으로 알고 있습니다. 수필단에서도 5매 수필 등 짧은 수필이 상당한 설득력을 얻고 있습니다. 수필의 분량에 대해서 어떻게 생각하시는지요.

【최동호】 디지털 시대의 코드는 '경박단소형(輕薄短小型)'입니다. 스

마트폰을 보세요. 그리고 컴퓨터 칩을 생각하시기 바랍니다. 시는 극서정의 단형시, 소설은 미니 픽션, 수필 또한 단형 산문으로 나갈 것입니다. 사람들이 모두 단거리 주자가 되었습니다. 관심의 지속이나 사고의 집중이 다양한 매체의 발달로 어려워진 탓입니다. 컴퓨터 화면 하나나 스마트폰 한 면 정도에 모든 이야기나 내용을 담아야 합니다. 물론 반대로 무협지같이 대하 장편으로 갈 수도 있습니다. 그러나 그것은 예외적인 경우일 것이고 일반적으로 모든 사고나 감정의 표현을 축약시키고 사는 것이 디지털 유목민 시대의 인간들입니다. 그렇지 않다면 속도감이 가중되는 시대의 흐름에 억행하는 것이 될 수 있습니다. 이 점을 깊이 생각해야 합니다. 지금 우리가 시대정신이라고 할 때 그것은 헤겔이 생각하던 19세기 중반과는 전혀 다른 의미를 가진 세상에서 살고 있습니다.

【백남오】교수님께서는 문학이론가, 문학평론가, 시인으로서 평생을 살아오셨지만 계간 《서정시학》을 창간하는 등 출판인으로서도 상당한 명성과 위상을 가지고 계십니다. 《서정시학》에서 출판된 책만도 3백 권 이상인 것으로 알고 있습니다. 현재 우리나라 출판계의 현황과 미래의 출판계는 어떻게 변화되어 갈까요.

【최동호】일단 종이책의 미래는 어둡습니다. 아마 e-book으로 가는 것이 대세가 될 것입니다. 많은 분들이 젊은 세대가 책을 읽지 않는다고 걱정을 합니다. 저희 세대는 종이책의 질감을 느끼며 책장을 넘기던 기억이 귀중한 독서 체험이었습니다. 그러나 눈 뜨면 스마트폰이나 컴퓨터 화면을 켜는 세대의 경험은 우리 세대의 경험

과는 아주 다르다는 것입니다. 제가 걱정하는 것은 종이책 문제가 아니라 젊은 세대 대다수가 일부를 제외하고는 생각하는 것을 하지 않는다는 것입니다.

컴퓨터나 티브이 채널을 바꾸듯이 생각하지 않고 찰나적으로 산다면 인류의 미래는 어둡습니다. 종이책의 장점은 책장을 넘기면서 생각을 한다는 것입니다. 그러면서 자기 나름의 세계를 성숙시키고 펼쳐간다는 것입니다. 사유하기를 포기한다면 인간은 컴퓨터나 게임의 종속물이 되고 말 것입니다. 사유하지 않는 인간은 독자적 인간으로 사는 것이 아니라 프로그램에 종속된 인간으로 사는 것이 됩니다. 저는 출판계의 어려움보다도 이점을 매우 걱정하고 있습니다.

【백남오】 오늘날 우리 사회에는 너무 많은 갈등이 팽배해 있습니다. 남북한의 갈등은 이미 오래 고착된 이념의 문제입니다만 그로 인한 남남 갈등도 위험수준을 넘어서고 있다는 생각도 듭니다. 그 외에도 지역 간, 노사 간, 남녀 간, 세대 간의 갈등까지 더해 난마처럼 얽혀 있는 어려운 현실입니다. 이러한 근본 원인은 무엇이며 그 해결책은 무엇이라 생각하시는지요.

【최동호】 많은 분들이 지적하고 있는 것처럼 우리 사회의 갈등 요인은 일차적으로 소통의 부재로 인한 것입니다. 모두 자기주장만 내세우고 양보할 줄 모릅니다. 문단도 그러하지 않습니까. 세대 간, 지역 간, 정당 간 상대방이 하는 것은 일단 반대하고 보는 것 같다는 생각을 할 때가 많습니다. 저는 이것을 민주주의의 과잉 현상이

라고 봅니다. 무책임한 주장, 진영의 논리가 진보와 보수로 변질되어 사회를 분열시키고 있습니다. 정치권은 한편으로는 이를 조장하고 다른 한편으로는 이를 이용하면서 자신들의 권력 쟁탈에 여념이 없습니다. 사회의 지도적 어른은 어디에도 존재하지 않고 서로 좌충우돌만 하고 있습니다.

누구도 나서서 무엇을 어떻게 하라고 말할 수 없는 분위기가 팽배하고 있습니다. 소통과 포용과 용서의 정신을 크게 진작시키지 않는다면 이런 분열적 병폐는 더욱 깊어질 것입니다. 새로운 국민운동이라도 전개해야 할 시점이라고 보고 있습니다. 지도층에 기댈 것이 아니라 지도자나 국민 모두가 하나가 되는 국민소통운동이 밑에서부터 일어나 사회적 분위기를 바꾸어 나가야 합니다.

【백남오】 교수님은 지난 40여 년간 학계와 문단과 평론계 등 각계에서 이룩한 업적과 공로가 참으로 높고 크십니다. 그중에서도 문단과 학계에 100여 명의 직계 제자를 배출시킨 것은 이미 널리 알려진 사실입니다. 보통사람으로서는 상상도 할 수 없는 일인데 그 비결이 있다면 어떤 것일까요. 제가 생각하기에는 각 제자들이 가지고 있는 능력과 장점을 그대로 인정하고 따뜻한 가슴으로 품어 주시며 늘 함께 어울리는 것이 아닐까 싶습니다. 진심으로 배우고 싶습니다.

【최동호】 사람은 각자 나름대로 여러 가지 재능을 가지고 있습니다. 그들 각자의 능력과 재능에 따라 지도하는 것이 좋은 방법이라고 생각합니다. 저는 남의 단점보다도 그 장점을 보아야 한다고 믿

습니다. 남의 장점을 잘 배우는 사람이 남을 앞서갈 수 있다고 강조합니다. 공자도 석가도 예수도 제자를 지도할 때 그러했다고 합니다. 그리고 한 가지 길을 최선을 다해 가는 것을 매우 중요하다고 이야기했습니다. 문학의 길이 평생의 업으로 삼는 것이 맞지 않다는 생각이 들면 빨리 포기하라고 합니다. 미련을 가지고 시간을 낭비하면 안 된다는 것입니다. 젊은 시절에는 유혹이 많지 않습니까. 재능이 너무 많은 사람은 그래서 실패하기 쉽습니다.

재능 없는 사람일수록 한 가지 길을 가야 한다는 것이 저의 좌우명입니다. 그들을 유혹에 빠지지 않게 하는 것이 제 목표인데 그 과정이 정말 어려웠습니다. 한용운은 "길 잃은 한 마리 어린 양이 기루어서 이 시를 쓴다."고 했습니다. 사실 문명文名을 얻거나 교수가 된 제자보다는 중간에서 좌절한 제자들을 돌이켜 생각하게 되고 그로 인해 가슴이 아픕니다. 혹시 내가 잘못 지도한 것은 아닐까 하는 반성을 자주 합니다. 때로는 미안하다고 사과하고 싶을 때도 많습니다.

【백남오】 좀 엉뚱한 질문입니다만 백 년 후 인류의 미래는 지금과 어떻게 변해 있을까요. 문화적인 측면을 중심으로 말씀해 주십시오.

【최동호】 디지털 코드는 종이책이 종말을 고하는 시대입니다. 그리고 더 다양하게 인간의 감정을 표현할 수 있는 미디어를 만들어 냈지만 중요한 것은 인류가 종전의 단계로 다시 되돌아 갈 수는 없다는 것입니다. 기계와 인간이 결합되는 시대가 스마트폰 시대가 아

닙니까. 이제 더 나아가 인조인간 즉 로봇이 인간과 함께 살아가는 시대가 도래할 것입니다.

저는 인간의 인간적인 것을 지켜 주는 마지막 제어 장치가 시라고 생각합니다. 사랑과 슬픔과 증오의 감정을 동시에 갖고 있는 것이 인간입니다. 사랑이 있기 때문에 용서도 할 수 있는 것입니다. 결국 문화와 예술이 인간을 지켜주고 생을 풍요롭게 할 것이며 그 역할은 세상이 삭막해질수록 더욱 커질 것이라 전망합니다.

【백남오】지금까지 살아오시면서 많은 아픔과 시련도 있으셨을 것입니다. 삶의 과정에서 겪는 필연적인 일이기도 하니까요. 교수님의 가장 큰 아픔은 어떤 것이었습니까. 그럴 때마다 자신을 지키고자 하는 어떤 좌우명이 있었을 것인데 이에 대한 좋은 말씀을 듣고 싶습니다.

【최동호】누구나 다 아는 말이지만 '진인사대천명盡人事待天命'이라는 말을 좋아합니다. 어려움이 있을 때마다 이 말을 되새깁니다. 이 말을 풀이하여 '인사를 다하지 못했는데 어찌 천명을 기다리랴'고 하는 것이 저의 해석입니다. 항상 부족한 제 자신을 반성한다는 말입니다.

이 말이 너무 멀고 크게 느껴진다면 '일신우일신日新又日新'이란 말도 가까이에서 언제나 마음속에 새기는 말입니다. 날로 새로워지지 않는다면 생의 기쁨도 생기지 않습니다. 봄이 돌아와 새순이 돋은 것보다 더 경이적인 일은 없습니다. 생에 대한 새로운 동력이 거기서 나옵니다. 저는 지금 봄을 기다리고 있습니다.

【백남오】 교수님은 연세에 비해 상당한 동안이십니다. 문단에서는 영원한 청년이란 별칭을 가지고 있을 정도로 열정적인 활동을 하고 계십니다. 특별한 건강 유지 비결이 있으면 소개해 주시지요.

【최동호】 비교적 규칙적으로 생활하려고 합니다. 일정한 한계를 넘지 않고 정도를 지키려 하는 것이 일상의 방법입니다. 그리고 많은 일을 다양하게 하는 것같이 오해되기도 하지만 오직 하나의 일을 하고 있습니다. 그것은 대학 진학 시 상과나 법과를 지망하지 않고 처음 문학에 뜻을 두었을 때 마음먹었던 것처럼 시와 관련된 생산적인 일을 하는 것입니다. 여기 저기 한눈 팔 여가가 없다고 생각하고 열심히 살고 있습니다. 누구나 초심을 강조하기는 하지만 초심처럼 지키기 어려운 것이 달리 또 있을까요. 매 순간이 그러하고 평생을 다시 돌아보아도 그러합니다. 지난 시간을 돌아보면 후회되어 감추고 싶은 일도 많습니다.

【백남오】 앞으로 꼭 하시고 싶은 일은 무엇인지요. 교수님의 꿈이 갑자기 궁금해집니다.

【최동호】 생의 마지막 순간에 그래도 의미 있는 삶을 살았다고 저 스스로 긍정할 수 있도록 사는 것이 저의 일차적인 꿈입니다. 물론 한 가지 더 말한다면 시를 목표로 하는 삶을 살고 있으니 많은 사람들이 사랑할 수 있는 시를 한 편 쓰는 것도 하나의 꿈이 될 것입니다. 제 고향 수원에 정착하여 후진들을 위해 고향을 문학적으로 풍요롭게 하는 일에 매진하는 것도 중요한 일이라고 하겠습니다.

【백남오】 긴 시간 말씀 고맙습니다. 대담을 하는 동안 내내 행복

했습니다. 늘 건강하시어 마지막 남은 소망의 꿈들을 꼭 이루시길 바랍니다. 교수님의 꿈이야말로 인류가 이루어야 할 유토피아라 믿기 때문입니다. 감사합니다.

〈수필과비평, 2015년 3월호〉

26. 수필로 읽는 수필론

〈수필 1〉 문학으로 아름다운 인연

 "아, 나의 형제여, 나는 이제껏 너보다 아름답고 침착하고 고귀한 물고기를 본 적이 없다. 자, 나를 죽여도 좋다. 누가 누구를 죽이든 이제 나는 상관없다."
 헤밍웨이의 《노인과 바다》에서 산티아고 노인이 거대한 물고기와 사흘 밤낮 사투를 벌이면서 외치는 대사다. 승부 자체가 중요한 것이 아니라 최후까지 최선을 다하여 싸우는 것이 중요함을 이 소설은 강조한다. 물고기는 물고기로서의 삶에 순명을 다하는 것이고, 어부는 어부로서의 삶에 소명 의식을 다해야 한다는 것이다.
 노인은 스스로 죽음의 위기에 몰리면서도 필사적으로 투쟁하는 적에게 동지애를 느끼고 있다. 그리하여 물고기와 자신이 같은 운명의 동아줄에 매여 있는 형제라고 고백하는 것이다. 그것은 어떠한 상황에서도 포기하지 않는 희망의 메시지이기도 하다. 결국 이 소설은 인간이 어떻게 살아야 하는가에 대한 해답을 주는 인류의 고전이라 할 수 있다.

문학의 종말을 예단하기엔 아직 이르다. 천재작가들이 남긴 위대한 문학작품은 아직도 우리에게 이렇게 많은 감동과 위안을 주고 있기 때문이다. 그 울림으로 인하여 실의의 늪에서 새로운 삶을 찾기도 하고 절망의 어둠에서 희망의 빛을 보기도 하는 것이다.

에밀레 브론테의《폭풍의 언덕》은 사랑이 결혼의 조건임을 분명히 가르쳐주며, 톨스토이의《부활》은 여자의 자존심이 어떤 것인가를 깨닫게 해준다. 토마스 하디의《테스》는 순결의 의미를 내면적 성찰을 통해 명확하게 보여주는 작품이다. 진수의《삼국지》는 다양한 인간군상의 모습을 통해 삶의 길을 제시한다. 박경리의《토지》는 한국인과 한국문학의 원형을 담고 있으며, 조정래의《태백산맥》은 분단과 한국전쟁의 양상을 구체적으로 드러낸다. 열정적이고 치열한 인생론을 담은 명사들의 '에세이집'에서는 새로운 삶의 해법을 얻을 수도 있을 것이다.

삶이 힘들어 주저앉고 싶을 때 문학에서 위안을 찾는 것은 슬기로운 방법이리라. 명작 속에 갈등의 열쇠가 있고 유토피아가 있음이다. 그것이 또한 '문학의 힘'임을 믿는다.

요즘 우리 사회의 일각에서는 문학공부를 하려는 사람들로 넘쳐난다고 한다. 은퇴를 앞둔 세대를 중심으로 노년층에서 작가의 꿈을 꾼다고 하니 고무적인 일이 아닐 수가 없다. 이들은 학창시절 모두가 문학소년 문학소녀였을 것이다. 삶이라는 엄중한 현실 앞에 꿈을 접을 수밖에 없었고 생활전선으로 내몰리며 평생을 일하였을 것이다. 이제 조금 먹고살 만하고 자녀들도 성장하여 떠나버린 지금, '나'에 대한 정체성을 묻게 되고 결국 젊은 시절에 동경했던 문학의 꿈을 찾아 나선 것이리라.

내가 강의하는 대학의 '수필교실'에서도 사람이 넘쳐나기는 마찬가지다. 교수님, 선생님, 박사님, 원장님, 사장님, 공무원, 농부님, 가정주부, 등단한 기성수필가에 이르기까지 다양하다. 연령층도 20대 대학생으로부터 70대 할머니를 아우른다. 이러한 문학에 대한 열망은 우리 사회가 무너져도 그래도 마지막 희망이 있다는 증표로 읽는다. 문학이 있어 얼마나 행복한 인연인가.

이들은 사실 반드시 작가가 되려고 하는 것도 아니다. 그저 문학 시간이 좋고, 책을 읽고 글을 쓰는 것이 좋고, 문학하는 사람들과 함께 어울리는 것이 좋을 뿐이다. 그렇게 수업시간을 기다리고 행복해하는 것이리라.

나 역시 이들의 선생이라고 생각해 본 적도 없다. 함께 문학의 본질을 얘기하고 서로의 작품을 돌려가며 읽고 느낌을 말하고 고달픈 인생사를 다독이며 더불어 문학으로 아름다운 인연의 길을 걸어가는 것이다. 문학작품은 신비로운 높은 산이 아니라 집 근처에 있는 야트막한 언덕 같은 것이고 천재가 아니라 고뇌하고 번민하는 평범한 사람이 중심이라는 말을 믿는다.

어느 누가 처음부터 세상을 밝힐 글을 쓸 수 있겠는가. 문학이란 외딴집 농가의 식탁을 비추는 작은 등불과도 같아서 그 불빛은 수십 리 떨어진 길 잃은 사람에게는 구원의 이정표가 될 수도 있음이다. 다양한 삶의 얘기들을 풀어내다 보면 자신은 물론 비슷한 처지에 있는 이들의 영혼을 달래고 위무해 주는 생명수 같은 글 한 편 나올 수도 있지 않겠는가. 그리하여 창작의 아픔과 함께 문학으로 행복한 시간을 꿈꾸는 것이다.

〈수필 2〉 수필, 그 15매의 마력

인문학의 종말을 예언하고 염려하는 시대를 살고 있다. 앨빈 커넌이 선언한 문학의 죽음이 곳곳에서 감지되고 있음도 사실이다. 인공지능이 인간을 능가하는 최첨단시대를 현실로 맞이한 것이다.

미래사회의 시인은 소그룹으로 전락하거나 취미 단체에 머물 것이라는 견해는 매우 설득력이 있다. 이런 시점에서 강력한 체험을 정체성으로 하는 수필이야말로 새로운 시대 문학의 대안으로 떠오르고 있음은 고무적이다.

수필은 문학의 큰 갈래인 서정, 서사, 극, 교술 중 교술의 중심에 있다. 어떤 측면에서도 그 영역이 확고하다. 이를 근거로 수필에 대한 다양한 정의들이 있지만, 작가가 체험을 통한 철학적 깨달음을 교술성을 바탕으로 한 수필적 구성과 문장으로 형상화한 가장 인간적인 문학이라는 것이 나의 견해다.

　수필은 디지털 문화 환경에 매우 적합한 매체다. 절제된 언어와 서사적 재미, 극적인 스릴까지 모든 장르의 장점을 두루 갖추었다. 다양하면서도 개인 중심적인 첨단 스마트시대에서는 추상적인 관념을 고도의 비유로 노래하거나, 허구적이고 고루한 삶의 얘기는 독자들의 관심이 멀어질 것으로 본다.

　수필은 15매 전후의 형식 속에 한 영혼의 가장 깊고 미세한 풍경을 고스란히 그려낼 수가 있다. 때로는 짧아서 아쉬운 시와 너무 길어서 읽기 힘든 소설의 지루함까지 15매 속에 녹여낸다. 우주를 표현할 수 있고 인류의 정신사까지 담을 수 있음도 물론이다. 15매라는 틀 속에 문학의 다양한 미적 장치를 구비하여 깊게, 때로는 폭넓게 감동을 준다. 이 얼마나 매력 넘치는 문학인가. 나는 이것을 매력을 넘어선 수필의 마력이라 부른다. 수필 쓰기에 깊게 빠져드는 이유다.

　마음에 울림을 주는 수필이라면 독자들은 더욱 환호할 것이다. 찰스 램의 《엘리아 수필》, 몽테뉴의 《수상록》, 파스칼의 《팡세》를 들먹일 필요도 없다. 우리나라 정철의 〈관동별곡〉, 정비석의 〈산정무한〉은 감동적인 명수필로 회자된다. 이를 뛰어넘는 새로운 시대의 작품이 요구되고 있다. 예술은 늘 새로움을 창조해 가는 과정이 아닌가. 가슴을 찌르고 울리는 감동, 향기 있는 유머와 빛나는 위트, 고매한 정서적 논리, 인간에 대한 뜨거운 사랑과 통찰이 있는 수필은 어느 시대의 독자에게도 통용되는 덕목이리라.

수필가들이 극복해야 할 과제도 많다. 치열한 작가정신과 열정이 우선되어야 한다. 수필은 수필가만의 전유물이 아니다. 시인, 소설가, 극작가, 평론가가 쓰는 수필이 더 격조 높을 수 있음을 알아야겠다. 예리한 메시지와 신선하고 매력적인 소재를 찾고 표현 방법에 대해 고민해야 할 일이다. 미적인 울림이 감성과 이성의 눈을 뛰어넘어 본질적 깨달음에 도달하는 영적(靈的) 경지까지 승화될 수 있어야 한다. 새롭고 실험적인 수필로 독자들을 감동시키면 더욱 좋다. 그래야 문학의 본류로서 견고한 자리를 잡고 미래문학의 중심으로 대접받게 될 것이다.

문학적 향기가 묻어나는 격조 높은 문장을 창출해야 한다. 수필 문장은 산문이면서도 정서를 강조하고 함축과 리듬이 중시된다. 수필은 본성적으로 소설과 시의 중간적 속성을 취한다. 이러한 특성은 예로부터 전통적으로 계승된 문장론의 유산이란 점을 주목할 필요가 있다. 그것은 고려조와 조선조를 거쳐 근현대에 이르는 동안 무수한 시행착오를 거쳐 이어져 온 우리 문장의 미덕이다. 수필 문장은 고도로 세련된 아이러니의 변증법을 통해 독특한 이중적 문장미학을 구축한다. 절차탁마의 장인적 수련을 통해서 얻을 수 있는 달관의 문장술이다.

수세기 동안 문학사를 지배해온 시, 소설, 희곡이 수필의 문장과 형식을 혼용하는 현실로 접어들었다. 견고한 3분법의 벽이 허물어지면서 수필은 새로운 세기를 이끌어갈 장르로 부각되고 있다. 문학을 꿈꾸는 이들은 수필이, 문학이 사라진 시대의 대안이라는 사실을 명심해 주었으면 좋겠다. 분명, 수필시대를 준비해야 한다.

〈수필 3〉 나는 수필가

요즘 사오십 대 직장인들의 주요 관심사는 노후대책에 관한 것이란 말을 들은 적이 있다. 60세에 퇴직을 한다 해도 20년 이상의 여생을 어떻게 보낼 것인가 하는 문제는 실로 중요한 화두다. 돈도 돈이지만 평생 직장생활을 한 사람들은 분초를 다투는 시간에 맞추어 움직여 왔을 터인데, 그 모든 것이 한순간에 멈춰 버린다는 사실은 또 다른 고통으로 다가올 수도 있음이다. 이러한 현실적인 문제를 해결하지 않고서는 그렇게도 꿈꾸던 제2의 인생은 물거품이 될지도 모를 일이다.

그리하여 사람들은 텃밭이 있는 전원주택을 꿈꾸기도 하고, 고향으로 귀거래하여 부모님이 살던 옛집을 털어내고 현대식 집을 지어 살아갈 계획을 세우기도 한다. 또 새로운 직장에 도전하는 삶을 설계하는 사람도 있다. 그 어떤 방식이든 무한정 주어진 자유를 어떻게 요리할 것인가 하는 방안이 핵심이 아니겠는가. 자칫 자유에 눌려 죽는다는 말도 나오리라.

의사 변호사 등 고급 전문직에 있는 사람들이야 무슨 걱정이 있으랴. 대를 이어 경영을 해온 기업가나 전문 자영업자들도 노후의 일거리에 대해서만은 별문제가 없을 것이다. 평생 농사를 지어온 농부나 고기를 잡는 어부들도 이런 면에서는 행복한 사람이다. 건강이 허락하는 한 최소한의 평생직장을 보장받은 것이 아닌가. 평범한 직장인들은 정년이 되면 반드시 그만두어야 한다. 그런 면에서 사람은 참 평등하다는 생각을 하게도 된다.

　나 역시 퇴직 이후의 생활이 걱정이다. 좀 젊었던 시절에는 고향에 들어가 산길이나 닦으며 아예 세상과 등지고 살겠다는 생각을 한 적도 있다. 사람에 대한 상처가 두려웠음이다. 지금은 그 계획이 조금 수정되었다. 아무리 생각해도 세상과 고립된 그 첩첩 산골에서 혼자 사는 방법을 터득할 자신이 없어서이다. 그렇다고 도시에서의 구체적인 삶의 방안이 마련된 것도 아니다. 지금은 대학에서 강의를 하고 있지만 건강이 언제까지 허락할지도 모르는 일이다. 그 이후가 문제인 것이다.

　하지만 믿는 구석도 있다. 나는 수필가가 아닌가. 이런 고민을 해결하기 위해서라도 쉰이라는 늦깎이로 등단이라는 준비를 해온 것도 사실이다. 농부는 평생 농사를 짓고, 어부는 고기를 잡듯이 작가는 창작활동을 해야 한다는 것이 나의 지론이다. 시인은 시를 쓰고, 수필가는 수필을 쓰고, 소설가는 소설을 써야 한다는 말이다. 그 약속으로 작가라는 영예로운 칭호를 원했고 또한 받은 것이 아니겠는가.

　그 선명한 해답을 두고 잠시 흔들린 것은 내가 쓰는 수필이 과연 그런 가치 있는 문학작품이 될 수 있는가에 대한 열등의식도 작용했기 때문이었으리라. 문학작품은 신비로운 산이 아니라 집 근처에 있는 편안한 야산 같은 것이고, 고뇌하고 번민하는 평범한 사람이 중심이라는 사실을 믿는다.

　나의 아버지는 평생, 고된 노동과 농사일만 하셨다. 백발마저도 다 빠져버린 80세가 되어서도 하루도 쉬지 않고 일을 하셨다. 가끔은 힘에 부대끼고 몸살이 나서 며칠간 병원에 입원하신 후에도 퇴원 그 다음 날이면 어김없이 지게를 지고, 들로 나가 농작물을 돌보셨다. 젊은 시절에는 달빛을 벗삼아 밭을 매고 논을 쳤으며, 메밀꽃이 흐드러지게 핀 달빛 아래서 혼자 휘적휘적 씨앗을 뿌리기도 하셨다고 한다. 시계가 없던 그 시절, 새벽인 줄 알고 일어나 밭에서 일을 했는데 아무리 기다려도 아침은 오지 않고 첫닭 우는 소리만 들었다는 일화도 들었다. 평생을 일만 하시다 돌아가신 것이다. 그런 아버지의 모습이 한없이 그리워지는 요즘이다.

　죽는 날까지 농사를 지으셨던 아버지를 닮고 싶다. 잠 못 이루는 밤의 별빛 아래서 희망의 씨를 뿌리셨던 아버지처럼 나는 수필을 다듬으면서 모든 회한을 다스려 가야 할 일이라고 마음 다잡아 본다. 아버지께서 농부로서 당당했듯이 나는 자랑스러운 수필가로서 서야 할 일이다.

　아버지의 농사일처럼 수필의 줄기를 세우고, 단락을 만들어 배열하고, 멋진 비유와 아름다운 문장을 가려, 철학적 사색이 깃든 행간의 의미가 깔린 울림이 있는 수필 한 편 남겨야 하리라. 꽃 피는 봄날의 적막감 속에서도, 장대비 쏟아지는 한여름 밤의 우수에도, 낙엽 지는 가을의 고적감에도, 눈 내리는 겨울밤의 그리움 속에서도 말이다.

수필을 쓰다가 무료해진다거나 시상이 잘 풀리지 않는 날에는 동네 한 바퀴 돌다 오면 될 일이다. 그럼에도 성에 차지 않는다고 느껴질 때는 작은 배낭 하나 둘러메고 '무학산 학봉'이라도 한 번 타고 내려오면 맺혔던 상념들이 보석처럼 피어나리라. 그래도, 그래도 외롭다고 생각이 되면 책상을 박차고 일어나 훨훨 지리산으로라도 날아갈 일이다. '노고단'이나 '만복대'에 올라 작은 세상 한번 내려다보거나, 홀로 핀 야생화 한 송이와 눈 한번 맞추거나, 무심히 흐르는 구름 한줄기 벗삼고 돌아오면 가슴에 뭉쳐 있는 작은 회한 하나쯤은 위로받으리라.

농부는 농사를 짓고, 어부는 고기를 잡고, 상인은 장사를 하고, 교사는 수업을 하고, 시인은 시를 쓰고, 수필가는 수필을 쓰고. 참 아름다운 세상이 아닌가.

27. 자서전 쓰기의 의의

1. 자서전이란 무엇인가

 한 개인 일생의 사적(史蹟)을 적은 기록을 전기(傳記)라 하고, 특히 자기가 쓴 자신의 전기를 자서전이라고 한다. 자서전은 개인적인 과거 회고를 바탕으로 다가올 미래, 여생을 계획하기 위한 길잡이가 된다.
 자서전의 기본적인 구성요소는 저자의 관점, 성격적 특성, 줄거리와 행위 등이 포함된다. 자서전은 개인의 생애에서 중요한 목표, 자아개념, 인생에 의미를 주는 요인들, 삶의 경험으로부터 얻은 지혜를 묘사한다. 작가가 직업, 가정생활, 성, 인간관계, 사회적 역할, 생존 등에 관련된 삶의 다양한 요구에 어떻게 대처해 왔는가를 알려준다.

또한 상황에 대한 개인의 특별한 해석, 적응 방법과 전략, 해결책, 노화에 대한 수용, 인간 영혼의 다양한 표현 같은 것들이 포함된다.

2. 자서전의 사회적 의의

모든 인류는 인생 이야기를 시연해야 한다. 우리는 인생 이야기를 통해서 꿈을 꾸고, 몽상을 하며, 기억하고, 기다리고, 희망을 가지며, 절망하고, 신뢰하고, 의심하고, 계획하고, 수정하고, 비판하고, 구성하고, 잡담하고, 배우고, 미워하며, 또 사랑한다. 그러므로 인생 이야기를 통해서 인간의 발달에 대해 배울 만한 것들을 탐색하고 과학적인 인류의 노력에 대한 신뢰와 효율을 높이는 방법을 발전시킬 수 있다.

— 브루너(1990)

각자의 삶의 이야기가 특별하다고 할지라도 어느 삶의 이야기 속에서나 공통점은 있기 마련이다. 이러한 공통점을 통해서 일반화가 가능해진다.

특히 사회적으로 비슷한 시기를 경험한 개인들의 삶의 경험들 속에는 공통적인 분모가 있다. 한국여성 노인의 자서전에는 유교적 전통하에서 한국여성이 걸어온 질곡의 삶이 들어 있다. 그 안에는 한(恨)이라고 하는 독특한 한국인의 정서가 녹아 있는 것이다.

자서전은 개인적인 차원뿐만 아니라 사회적 수준에 기초를 둔 자료를 제공한다. 한 개인의 인생 이야기는 그가 살아온 사회의 역사적 시기에 관한 대략의 윤곽을 제공한다. 전쟁이나 경제적으로 어려웠던 시기, 그 사회의 문화적인 대변화 등 사회적 경험을 공유하고 있다. 자서전은 그 세대의 문화적 조건에 대한 해석이라 볼 수도 있다.

3. 노년과 자서전

자서전은 노년에 성공적으로 적응하고, 생의 갈림길에서 긍정적인 선택을 할 수 있도록 돕는다. 한 개인의 삶의 흔적을 주워 담는 일은 노년의 행복에 중요한 공헌을 한다. 그것들이 글로 남겨질 때 가족을 위한 중요한 유산이 되는 것이다.

우리가 자손들에게 줄 수 있는 가장 값진 선물은 우리의 인생 이야기이다. 나는 이럴 때 이렇게 기뻐하고, 슬퍼하고, 누군가를 사랑하고, 또는 미워했노라고 말해 주는 것이다. 또한 인생의 결정적 선택의 기로에서는 이렇게 고뇌의 결단을 내렸다고 전해주는 일이다. 인생 이야기는 세대 간의 지속성과 응집성을 제공할 뿐만 아니라 흩어져 살고 있는 자손들에게 당신을 이해시키고, 당신이 누구인지 알고 있다는 느낌을 줌으로써 그들로 하여금 자신에 대해서도 더 잘 알 수 있도록 해준다.

노인들의 자서전은 이미 형성된 의미나 이야기들을 내포하는 과거의 삶으로 이루어져 있다. 그러나 현재의 의미는 과거 사건에 대한 현재적 비유의 표현이다. 개인이 과거 속에 존재하는 것이 아니라, 과거가 개인 속에 존재하는 것이다. 과거가 창의적으로 재구성됨으로써 현재에 기여하는 것이다.

자서전에는 시간에 대한 정의가 매우 중요하다. 자서전은 과거와 미래를 포함하는 현재적 상황이며, 미래에 대한 조망과 현재의 상황에 비추어 과거를 재해석하는 작업이다.

4. 인생의 회고와 자서전

추억에는 마력이 있다. 연령에 관계 없이 우리는 추억의 마술에 민감하다. 특히 노인들은 과거를 즐거운 마음으로 회상한다. 아리스토텔레스는 "그들은 희망으로 살기보다는 차라리 추억으로 살아간다."라고 지적하기도 했다. 모리악은 "늙은 남자는 다시 어린아이로 되돌아갈 수는 없지만, 비밀스레 그 시절로 되돌아가 작은 목소리로 엄마를 불러보는 기쁨을 즐긴다."고 썼다.

인생의 회고는 자신의 삶을 정리하고 재구성하는 것으로 일종의 정신치료적인 효과가 있다. 그동안 상처를 주고받았던 인간관계를 생각하며 응어리졌던 감정들을 해소할 수가 있다. 그리하여 다가오는 죽음을 평온한 마음으로 수용할 수가 있는 것이다. 이러한 회고는 무엇보다도 자신의 인생과 노화를 받아들이는 마음의 자세이기도 하다.

인생 회고란 단순히 지난날을 회상하는 것만이 아니다. 과거를 재음미함으로써 자신의 인생 경험들을 재조직하는 과정이다. 이러한 과정은 논리적이고 질서정연할 필요도 없다.

5. 자서전의 기능

1) 노년에 줄어들기 쉬운 개인적인 효능감과 자존감을 증가시켜 준다. 자신이 쇠퇴하고 있다는 것을 인정하고 수용하는 것은 노년기의 가장 중요한 발달과업이다. 언제 어떤 모양으로 그것을 인정하고, 받아들이느냐는 노년을 잘 보낼 수 있는가, 그렇지 못한가를 판가름하는 관건이다.

2) 과거와의 화해이자 과거의 불만과 부정적인 감정을 해소시켜 주는 통로이다. 수많은 응어리들을 시간이 흐른 지금에는 기억 속에 줄어들고 감정도 식어진다.

3) 과거에 자신이 주로 사용했던 적응전략을 인식하고 그것을 현재의 문제해결에 다시 적용해 볼 수 있다. 배우자를 잃게 되거나, 직업의 전환, 은퇴나 이혼, 자녀의 출가 등 인생의 어려운 시기에 잘 대처하도록 도와 준다.

6. 자서전 쓰기의 주제

1) 자서전에서 활용될 수 있는 주요 주제는 다음의 10가지이다. 그 이유는 크게 4가지이다.

① 그것들이 우리의 생애 전 과정을 꿰뚫는 강력한 쟁점들이다. 누구에게나 일어날 수 있는 매우 평범하고도 일반적인 사건들이다.

② 이러한 틀에서 삶을 회고하는 것이 다음 단계로 나아가고 위기를 초월하는 데 유리하다. 10가지 주제는 우리의 삶을 요약해 줄 만한 것들이다.

③ 주제를 가지고 접근해 가는 것이 자서전 쓰기 집단 성원들에게 감정과 분위기를 공유할 기반을 제공해 줌으로써 집단과정을 더욱 활성화시킬 수가 있다. 또한 글이 중심을 잃지 않고 전개될 수 있다.

④ 이러한 주제들은 삶을 통한 경험의 결과물이며, 그 경험의 산물이 다른 세대에게도 의미 있는 유산이 될 수 있다. 이후세대의 삶에서도 역시 중요한 것들이기 때문이다.

2) 자서전 쓰기의 주요 주제 10가지는 다음과 같다.

　　① 인생의 전환점-결혼, 은퇴, 대화, 독서, 여행 등
　　② 가족-삶에 가장 많은 영향을 준 사람
　　③ 일과 역할-직업 이외의 일, 꿈과 직업
　　④ 사랑과 증오-가장 사랑한 사람
　　⑤ 건강-신체적, 정신적인 것, 외모
　　⑥ 고난과 역경-일생의 가장 큰 고통
　　⑦ 인간관계-친구의 의미
　　⑧ 학문과 예술-문학에 대한 위로와 영감의 문제
　　⑨ 신념과 가치관-세상을 바라보는 눈. 가장 중요한 가치관
　　⑩ 이별과 죽음-가까운 사람의 죽음

3) 자서전과 관련된 수필의 소재

　　① 탄생-탄생의 비밀. 태몽
　　② 부모님과 나
　　③ 내 고향 이야기
　　④ 성장 배경
　　⑤ 죽마고우
　　⑥ 어린 날의 꿈
　　⑦ 잊을 수 없는 사건

⑧ 가장 기뻤던 사건/가장 슬펐던 사건

⑨ 내가 가장 아끼는 것

⑩ 내 인생의 멘토

⑪ 첫 사랑의 추억

⑫ 나의 직업

⑬ 결혼과 자녀

⑭ 일과 경제

⑮ 죽음 준비

⑯ 내 인생의 깨달음/내가 가장 잘한 것/가장 후회하는 것/다시 태어난다면

28. 생명력 있는 책 한 권 내는 일

다섯 번째 작품집을 펴내고 발송 작업까지 마쳤다. 그동안 긴장감으로 단단히 뭉쳐있던 몸과 마음이 조금 풀리는가 싶다가도 영혼의 진액까지 빠져나간 듯한 허탈감이 밀려오기도 한다.

얼핏 생각하면 책 한 권 내는 일이 별것도 아닐 텐데, 작가라면 누구나가 다 거쳐 가는 일상 같은 일일 텐데라고 생각할 수도 있다. 나의 경우는 한 권 두 권, 호수를 더해갈 때마다 더 힘이 들고 혼란스러워지는 것이 사실이다. 욕심 때문일까. 어디 나만 그러할까. 이 땅의 모든 작가들은 모두가 산고 같은 진통을 겪으리라 생각한다.

책 한 권 내기 위해서는 많은 요건들이 필요하다. 무엇보다도 작품이 있어야 한다. 수필집의 경우 45편 정도의 작품이 들어간다. 여러 수필 중에서 좋은 작품을 고르고 더욱 엄선해야 되기 때문에 60여 편 이상이 필요하다고 본다. 그래야 생명력 있는 책이 나올 가능성이 크다. 첫 작품집을 내는 경우라면 작가의 역량이 절반 이상이나 표출된다고 하니 아무리 공을 들여도 결코 지나치지 않으리라.

작품이 있다고 해서 바로 책이 되는 것은 아니다. 출판사를 선정하고 평설을 쓸 평론가도 섭외해야 한다. 출판사는 수백 개도 넘는다. 등급도 선명하게 구분되어 있다. 같은 값이면 지명도 있는 출판사에서 내고 싶은 것은 인지상정일 터이다. 문제는 좋은 출판사는 유명 작가의 기획출판을 선호한다. 무명작가의 책은 어쩔 수 없이 자비출판이 현실이다. 첫 작품집이라면 등단을 한 모지母誌에서 내는 것이 순리라고 생각한다. 평론가 역시 지명도에 따른 등급이 존재한다고 보아야 한다. 물론 평론을 붙여서 책을 내야 한다는 규정은 없다. 어쨌거나 그 여부를 결정해야 하니 갈등을 겪을 수밖에 없다.

내가 그동안 낸 다섯 권의 책은 모두 평론가를 섭외하여 해설을 실었다. 문학작품으로서의 평가를 받고 싶은 나만의 고집이었다. 또한 부족한 나의 작품을 평론이 보완해 준다고 믿기 때문이다. 이 모두를 결정하고 계약하기까지 몇 년이 걸릴 수도 있다.

출판이 결정되면 출판사에 원고를 보낸다. 그러면 인쇄 작업이 진행되는데 교정이 중요하다. 초교, 재교, 최종 오케이까지 힘겨운 과정이 기다린다. 활자만 보아도 어질어질하고 징글징글해질 때가 온다. 출판사가 교정을 본다고는 하지만 결과적으로는 작가가 책임을 져야 한다.

　책 제목을 정하고 표지 도안을 하는 일도 중요하다. 대부분 전문 디자인사에 맡기는 것이 관례다. 책이 서점에 진열되었을 때 독자는 읽기 전에 제목과 표지를 보고 구매 여부를 결정하는 경우도 있다. 작가의 마음에 드는 표지 도안을 한다는 것은 매우 어려운 일일지도 모른다. 출판사가 제시한 두서너 개 견본 중에서 선택할 수밖에 없기 때문이다.

　이런 과정을 거쳐서 한 권의 책이 출판되고 계약한 만큼의 책이 집에 도착한다. 물론 출판사에서는 오프라인, 온라인상의 주요 서점의 판매대에도 올린다. 그것과는 별개로 내가 쓴 책이 집안에 꽉 차 있어 행복으로 충만감에 젖을 수도 있다. 하지만 책을 영원히 집안에 쌓아둘 수는 없는 일이다. 발송 작업을 해야 한다.

　그동안 전국의 수많은 작가들로부터 얼마나 많은 책을 받았던가. 당연히 나도 보답을 해야 한다. 보통 한국 작가들의 어쩔 수가 없는 출판 풍토다. 나의 책을 집에서 기다리는 작가들에게는 직접 사인을 하여 부쳐주는 것이 오랜 관례다.

　이 발송 작업이 의외로 힘들고 어렵다. 부쳐줄 대상을 정하는 일, 주소를 확인하는 일, 수백 권의 책에 자필로 사인을 하는 일, 모두 만만치 않다. 이때 발송비 몇 푼을 절약하기 위해서는 더 큰 문제가 기다린다. 일일이 우편번호와 집배구역을 기록해야 하고, 지역별로 묶어서 서류를 작성해야 한다. 그래야 발송비의 40퍼센트 정도를 할인해 준다. 이 과정에서 몇 만 원 돈의 가치를 실감하며 진실로 인내력을 배우게 된다. 그렇게 일차적인 작업을 마치고 나면 또 고민거리가 불거진다. 이상하게도 중요한 곳, 반드시 부쳐야 할 곳, 몇 군데는 꼭 빠지게 된다. 그 부분을 챙겨서 재발송할 수밖에 없다. 그러면 책 한 권에 대한 일차적인 마무리가 되는 셈이다. 이 모든 과정이 문학과 나의 책에 대한 애정이 없으면 불가한 일이다.

  책 발송이 끝나고 일주일쯤 지나면 책에 대한 반응이 나타나기 시작한다. 힘든 과정에 대한 달콤한 보상일 수도 있다. 문자, 카카오톡, 이메일, 전화, 축전, 손 편지 등의 다양한 방법으로 격려와 축하의 메시지가 날아든다. 작품 한 편 분량의 독후감을 써서 격려해 주는가 하면, 또 어떤 분은 긴 손 편지로 감동을 주기도 한다. 액자나 족자를 만들어서 선물로 주시는 분도 있다. 그 다양한 반응에도 놀라게 된다. 내가 책을 받았을 때 어떻게 해야 하는가를 구체적으로 배울 수 있는 계기도 된다. 물론 그 흔한 문자 한 통 날려주지 않는 야속한 사람도 있다.

  어쩌면 이런 지인으로부터의 소통과 평가는 낭만적이고 일시적인 것일 수가 있다. 중요한 것은 생명력 있는 책으로 날개를 다는 일이다. 요즘은 책이 나오는 날이 그 책이 죽는 날이라고도 한다. 영원한 생명력이 있는 책이란 독자로부터의 지속적인 사랑이 필요하다. 그러려면 일단은 내가 전혀 모르는 낯선 독자로부터의 호평이 있어야 한다. 카페나 블로그 인용, 각종 SNS 등 다양한 방법으로 직간접의 신호가 온다. 여러 매스컴과 문예지로부터의 주목을 받으면 행운이다. 더 나아가서는 우수작품으로 선정되는 것이고 문학상까지 받게 되면 더 없는 영광이다. 그 전부를 떠나서 수십만 부 이상 팔리는 베스트셀러가 되면 금상첨화다. 이래저래 긴장되고 피 말리는 일은 이어진다. 차라리 그 모든 것 잊어버리고 그냥 책 한 권 냈다는 것에 만족해도 그만이다.

누군가는 한 권의 책을 내는 일이야말로 한 생명의 탄생에 비유하기도 했다. 첫 번째 책을 첫아이, 두 번째 책을 둘째아이로 표현하는 것을 보고 무릎을 쳤다. 이 얼마나 설득력 있는 비유인가 싶어서였다. 오죽했으면 산고에 견주었을까 싶다.

한 권의 책을 펴내는 일은 나의 작품을 빗돌에 새기는 그 이상의 영원성을 가지는 것임이 분명하다.

29. 한국문학의 미적 범주

 우리나라 사람들은 어떤 성격이 가장 많을까. 나는 어느 유형에 속할까. 이 문제에 대하여 많은 연구자들의 저서가 있는 것으로 생각된다. 《한국인의 의식구조》, 《한국인의 웃음》 등이 모두 이와 관련된 책의 제목이다.
 나는 문학수업 시간에 '한국문학의 특질'이란 단원을 공부하면서 학생들과 함께 큰 발견이나 한 듯이 환호하고 힘주어 강조하는 이론이 있다. 조동일 교수의 '한국문학의 미적 범주'인데 이를 바탕으로 한국인의 성격을 대비시켜 보면 아주 재미있다. 한국 사람을 숭고한 사람, 우아한 사람, 비장한 사람, 웃기는 사람으로 나눌 수 있다는 사실이다. 순위별로 다시 분류해 보면 웃기는 사람이 가장 많고, 그 다음으로 우아한 사람, 숭고한 사람, 비장한 사람의 순서로 나타나게 된다.

여기서 중요한 것은 웃긴다고 할 때 어떠한 것이 웃기는 것인가, 우아한 사람이라고 했을 때 우아의 본질이 무엇인가 하는 것이 매우 흥미로울 수밖에 없고, 왜 그러한 성격을 가질 수밖에 없는가 하는 당위성을 자연스럽게 생각해 보게 된다.

조동일 교수는 한국문학의 미적 범주를 숭고, 우아, 비장(비극), 골계(희극)로 보고 이것을 도식화해서 우리 문학 전반에 대해서 설명하고 있다. 이것을 필자 나름대로 한국인의 성격과 접목해서 풀어보려 한다.

〈숭고〉는 '이상'과 '현실'이 결합된 상태인데 특히 이상 중심으로 이루어진 것을 말한다. 그런데 생각해 보면 이 세상에 존재하는 사람 치고 자기의 이상을 완전히 실현시킨 사람이 어디 있겠는가? 그러니까 숭고의 배경에는 반드시 종교와 철학이 관련되어 있다는 사실을 인지해야 한다. 우리 문학에는 신화가 대표적이며 향가 중에서는 〈제망매가〉 같은 작품이 숭고의 범주에 속한다 할 수 있다. 시대적으로 볼 때는 옛날로 올라갈수록 숭고한 것이 폭넓게 나타나며 현대문학에서는 종교적인 작품을 제외하고는 거의 나타나지 않는다.

〈우아〉는 숭고와 마찬가지로 '이상'과 '현실'이 결합된 것인데, 다만 현실 중심으로 '융합'된 것이다. 그러니까 애초부터 자기가 바라는 그것이 있는 상태, 더 쉽게 말하자면 일종의 체념적 현실 만족인 셈이다.

조지훈도 '우아'는 우리 문학의 특질일 뿐만 아니라 동양적 미의식의 바탕이 된다고 강조한 바도 있다. 그만큼 우리 문학에는 우아한 것이 많고 한국인 중에는 우아한 사람이 많다는 의미일 것이다. 고려속요, 민요, 민담 등 외계의 삶에 만족하는 평민의 문학에서 우아는 더욱 폭넓게 나타난다. 이들 문학에 나타나는 서민들의 모습은, 비록 양반 등 힘 있는 자가 괴롭힐지라도 그에 대항하지 않고 그 자체의 소박한 삶의 의지로 삭히고 가꾸어 가는 것이다. 따라서 우아는 평민들의 그 밝고 맑은 심성을 담고 있는 것이다.

〈비장〉은 이상과 현실이 상반되며 있는 현실을 부정하고 이상 세계에 계속 집착한다는 의미이다. 오늘날 젊은 지성들이나 정의를 위한 투사들이 현실을 인정하지 않고 그들이 생각하는 이상을 위해 투쟁하고 심지어는 목숨까지 바치는 일도 있는데 이것이야말로 비장의 극치다. 그 죽음 또한 비장한 죽음이라 할 수 있다. 우리나라를 포함한 동양적 사고 의식은 대체로 이 비장이 풍부하지 못한 경향이 있음은 주목할 만하다.

결국 〈숭고〉와 〈비장〉은 가진 자들의 전유물로 볼 수도 있다. 냉혹한 현실을 살아가야 하고 당장에 배가 고픈 민중들에게 숭고와 비장은 생각할 수도 없는 이상향일 뿐이다. 비극의 원리이기도 한 이 비장은 우리 문학에서는 귀족문학 중, 조선 초 실의한 정객들에 의해 씌어진 몽유록, 고려 말 충신들의 시조, 사육신의 시조, 전설의 주인공, 소설 《운영전》 등을 꼽을 수 있겠다.

희극의 원리이기도한 〈골계〉는 이상과 현실이 상반되며 이상을 부정하고 현실을 긍정하는 것을 의미한다. 그러니까 현실이 아무리 잘못되어도 그것을 인정하며, 바라는 모범과 꿈꾸는 이상을 부정하는 것이 된다. 이것이야말로 웃기는 것이며 골계의 본질이다. 잘못된 현실을 알면서도 그것을 수긍해야 한다는 인간적인 고뇌가 있을 테지만, 잡초처럼이라도 살아야 한다는 생존의 논리 앞에서 개인의 꿈과 이상은 여지없이 무너지고 마는 것이다. 바로 웃음의 극치가 아니겠는가.

　우리 문학은 비장이 적은 대신 골계가 풍부하다. 그래서 해학이 많다. 마땅히 해야 할 인간의 도리를 외면하는 자일수록 더 위선적이고 점잖은 척한다. 바로 이런 자들을 놀리고 징벌할 때 풍자와 해학이 생겨나는 것이다. 속요, 민요, 노동가, 사설시조, 민담, 패관문학, 가면극, 판소리계 소설 등 우리 문학의 그 어느 분야에서도 골계는 다양하고 풍부하다. 〈흥보전〉에서 흥보가 놀보의 아내에게 밥주걱으로 뺨을 맞고 그 뺨에 붙어있는 밥풀을 떼어서 입 속으로 집어넣는 모습을 보면서 우리는 울어야 할 것인가, 웃어야 될 것인가를 고민하게 된다. 이처럼 골계 속의 웃음 뒤에는 늘 슬픔이 함께 깔려 있다는 원리를 발견하게 된다.

　해학이 많다는 것은 그만큼 현실 긍정적이고 삶의 충동이 강하다는 논리로 위로 받을 수도 있다. 그럼에도 그 옛날에 가진 것 없고 배운 것 없는 우리 민중 군상들의 모습이 한없이 슬프기만 한 것은 무엇 때문일까. 따지고 보면 그 어느 시대사람 치고 삶의 논리 앞에 웃지 않을 자, 그 누구이겠는가. 지금 우리의 가장들은 어느 하늘 밑 누구 앞에서 웃기고 있는 것일까?.

이런 논리로 본다면, 나는 과연 어떤 사람인가? 웃기는 사람인가. 우아한 사람인가. 비장한 사람인가. 숭고한 사람인가. 아니면 여기서는 웃기고, 저기서는 우아하고, 거기서는 비장한 사람은 아닐까. 삶이 참 쓸쓸하다는 생각이 든다.

이것을 도식화하면 다음과 같다.

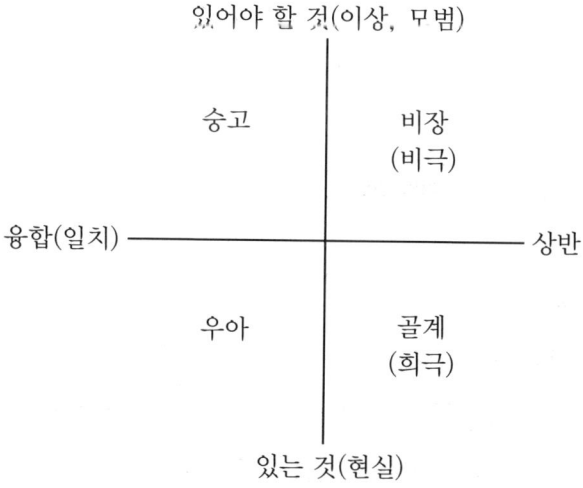

30. 교과서에 실린 수필 한 편

겨울밤 세석에서/ 백남오

지리산, 세석, 겨울, 밤.

여기는 세석평원입니다. 세석은 국립공원 지리산의 심장입니다. 나는 지리산의 모든 곳을 다 좋아하지만 세석이 가장 좋습니다. 그 넓은 지리산 속의 유토피아를 생각할 때면 조건 없이 세석이 떠오릅니다. 이곳에 그 어떤 흔적이나 전설이 있어서만은 아닙니다. 그저 오고 싶고 오면 머물고 싶은 그런 곳입니다.

하늘이 유달리 높고 구름이 무심히 흘러가는 것도 한 원인이 될 수는 있겠지만 그것이 전부도 아닙니다. 그저 편한 친구처럼 만나고 싶고 밤새 투정하고 싶고 한없이 안기고 싶은 그런 곳입니다. 참

이상한 일입니다. 이 넓은 평원에만 들면 마음이 맑아지고 편안해집니다. 아니, 멀리서, 이 특이한 고원의 평원을 바라만 보아도 가슴이 설레고 두근거립니다.

저 시린 세석처럼

지금 세석산장 안에 누워있습니다. 음력으로 정해년 섣달 열엿샛날, 지리산의 겨울밤이 깊어가고 있습니다. 자정은 이미 넘긴 시간입니다. 산장의 문틈으로 스쳐 지나는 바람 소리가 예사롭지 않습니다. 한바탕 전쟁을 치르는 듯이 요란합니다. 산장에서 이렇게 좀처럼 잠들지 못하는 것도 드문 일입니다. 바람 소리 때문에 계속 누워있을 수가 없습니다. 조심조심 문을 열고 산장 밖으로 나가 봅니다.

그런데, 아니, 도대체, 무슨 이런 엄청난 일이 일어나고 있습니까. 성난 바람이 세석평원을 무차별 폭격하고 있습니다. 거대한 세석은 하얀 눈을 덮어쓴 채로 바람의 폭격을 온몸으로 받아들이고 있습니다. 온 천지가 바람과 진눈깨비가 뒤섞여 격렬한 소용돌이를 치는 듯합니다.

문제는 달빛입니다. 그 천지개벽 같은 혼돈의 현장을 말릴 생각도 않은 채 달빛은 교교하고도 무심하게 바람의 횡포를 바라만 보고 있습니다. 달빛까지 함께 어우러진 세계, 이것이 천상인지 지옥인지 그것을 분별할 능력이 제게는 없습니다.

그럼에도 영하 20도의 세석평원은 세상에서 가장 순수한 이미지로 마음속에 새겨지고 있습니다. 마치, 어린아기 같습니다. 아무런 저항도 계산도 이해타산도 없이 가진 것 전부를 다 내어 주고도 하얀 살을 드러낸 채 생명까지도 맡겨버린 채 우주의 모든 고통을 받아들이는 장엄하고 숭고한 세석의 모습입니다.

나도 순수이고 싶습니다. 저 겨울 세석고원을 닮고 싶습니다. 한때는 동화 같은 시절도 있었겠지만 지금은 아닙니다. 너무 많은 때가 묻었습니다. 차별, 편애, 약육강식, 질투, 이기심, 꿈틀거리는 욕망들, 불의와의 타협. 어느 하나 버린 것이 없습니다. 가소롭게도, 그 모든 것을 비웠다고 강변을 하면서도 말입니다.

그것뿐만이 아닙니다. 오만, 자만, 편협, 잔인성. 인간이 가지고 있는 극한의 사악함까지도 마음속에 요동치고 있음을 스스로 느낄 때가 있습니다. 눈물이 나려 합니다. 이 순간, 가진 것 모두를 버리고 저 시린 세석처럼 살고 싶습니다. 참으로 순수한 마음으로 모든 사람들을 바라보며 사랑하고 싶습니다.

산장 안에는 함께한 노老 시인이 기다립니다. 그분도 잠들지 못한 채 그 바람 소리를 듣고 있었나 봅니다. 안에서 절대 금지로 되어있는 말하기의 금기를 깨고 도란도란 얘기를 나누다 잠이 듭니다. 평일과 눈 때문에 산장이 텅 비어있기에 가능한 일입니다.

영혼이 남겨질 곳

지나온 대성골이 너무 힘이 들었는지도 모릅니다. 어제도 나는 교만했습니다. 대성마을에서 일박 후 출발하면, 이곳 세석까지는 너 다섯 시간이면 충분할 것이라 생각했습니다. 그렇게 일찍 도착하여 영신봉의 낙조도 보고 청학연못까지도 염두에 두었습니다. 하지만 죽음의 계곡, 비운의 계곡, 겨울 대성골은 아무것도 허락하지 않았습니다.

큰세개골 지나면서부터 가파른 비탈이 앞을 가리고, 돌풍이 불고, 눈이 발길에 밟히기 시작했습니다. 세석 4km를 남겨둔 작은 등성이부터는 빙판이 아예 절벽 수준이었습니다. 좁은 길에 눈이 무릎까지 차오르기 시작했습니다. 한 발자국씩 옮기는데 몇 번이나 미끄러지며 시행착오를 거칩니다. 앞을 바라보니 영혼까지 압도하는 거대한 산비탈 외에는 아무것도 보이지 않았습니다.

마음이 또 문제입니다. 불안감 말입니다. 상황이 어렵다 보니 길에 대한 자신감마저 없어지는 것입니다. 나만 믿고 묵묵히 따르는 일행이 더욱 마음을 무겁게 했습니다. 뒤돌아 하산을 생각해 보았지만 이미 때는 늦었습니다. 잠시 후면 어둠이 닥칠 시간입니다. 비상사태를 맞이한 것입니다.

그 무서운 순간에 남부능선 갈림길의 이정표를 만납니다. 안도의 숨을 몰아쉽니다. 세석은 아직도 2km이상 남았지만 남부능선은 외롭고 슬플 때 혼자서도 다닌 길이기에 죽음에 대한 공포는 버릴 수가 있었습니다.

지리산은 참으로 엄중하고 정밀합니다. 그 누구에게도, 한 치의 양보를 하거나 사심이 없습니다. 지리산을 이렇게, 죽음을 무릅쓰고 그리워하는 사람이라면 조금 봐줄 수도 있지 않느냐고 항변해 보기도 했지만 어림도 없는 일입니다. 그렇게 이곳 세석산장에 도착한 것입니다. 그 대가로 바람과 눈과 교교한 달빛의 조화를 보여 준 것이라 생각합니다.

새 아침이 밝았습니다. 남부능선을 타고 청학동이나 쌍계사로 하산하려던 계획은 접습니다. 허벅지까지 차오르는 눈길을 헤칠 수가 없을 뿐만 아니라 인적 없어 외롭고 더 찬란한 그 길의 서정을, 감당할 자신이 없기 때문입니다. 늦은 아침을 지어 먹고 주능선 쪽 촛대봉으로 오릅니다. 하늘은 맑고 높습니다. 파란 겨울 하늘이 흰 눈과 어울려 절묘한 대조를 이룹니다.

촛대봉에서 바라본 천왕봉 일대의 조망은 가슴을 뜨겁게 합니다. 흰 눈을 소복이 뒤집어쓴 천왕봉은 포근하고 친근한 이의 숨결로 다가옵니다. 온 세상이 순백의 세계입니다. 지상에 있는 모든 것은 하얀 눈 속에 깊이깊이 묻힌 채 조용히 엎드렸습니다. 시기와 증오, 미움과 욕망, 마음속 모든 악의 근원들도 이 순간만은 모두 사라집니다. 겨울 지리산은 순결이요 여린 동심의 세계입니다.

눈이 시리도록 파란 하늘 아래 펼쳐지는 상고대, 설화, 겹겹이 일렁이는 산마루의 황홀한 몸짓들. 나의 영혼을 이곳 지리산정에 영원히 남겨둘 수밖에 없는 이유가 됩니다. 마음은 남겨둔 채 몸은 또다시 세파로 돌아가야 합니다. 그것이 숙명적 한계일 것입니다. 그 세상에서 육신과 영혼이 다시 지칠 때 나는 또 지리산을 찾게 될 것입니다.

(위 작품은 교과서, 고등학교국어〈하〉(지학사)2011년 초판 발행본과 국어교과서작품읽기(창비) 2010년, 초판 발행본에 실린 작품입니다.)

제2부

현대수필 작가론

1. 수필 대중화의 깃발
- 장영희론

1. 수필가 장영희는

　오늘날 수필 인구가 폭발적으로 증가하고 수필이 대중화를 이룬 것은 2천년대의 초입이라 할 수가 있다. 이 시기는 21세기의 진입과 함께 밀레니엄시기와도 맞물린다. 새로운 세기의 첫 해를 보기 위하여 온 국민들이 밤잠을 설쳐가며 국토의 일출명소로 삼삼오오 떼를 지어 몰려들던 때가 눈에 선하다. 그게 벌써 24년 전의 일이다. 이 거대한 시기의 수많은 변화 중 하나는 수필이 문학의 중심으로 한 걸음 성큼 다가섰다는 것이고 그 중심에는 수필가 장영희 교수가 있다는 사실을 상기하고자 한다.

그렇다. 2천년대의 출발점에서 수필의 대중화를 논의할 때 우리는 장영희의 강을 반드시 건너야만 한다. 2000년에 나온 그의 수필집《내 생애 단 한 번》은 2008년까지 48쇄를 찍었고, 2008년 5월에 나온 작품집《살아온 기적, 살아갈 기적》은 한 달 만에 20쇄를 돌파했으며, 2005년에 출간된《문학의 숲을 거닐다》는 3년 만에 28쇄를 기록했다. 그 이후로도 지속적으로 독자들의 사랑을 받았음은 물론이다. 이 책은 2019년 5월 9일, 장 교수의 10주기에는 100쇄 돌파라는 기적 같은 일을 현실화 시켰다. 참으로 놀라온 성과가 아닐 수가 없다. 지금까지 그 어떤 수필가의 작품집도 이 정도의 폭발적인 반응은 없었다. 현대 수필문학의 위상과 수필대중화 중심에 장영희 교수가 우뚝한 이유다.

장영희 교수는 1952년 서울에서 태어나 서강대 영문과를 졸업하고, 뉴욕주립대에서 영문학 박사학위를 받았다. 컬럼비아대학에서 번역학을 공부했으며, 모교인 서강대영문과 교수이자 번역가, 칼럼리스트, 수필가로 왕성한 활동을 했다. 중고등학교 영어교과서 집필자로서도 많이 알려져 있다. 1981년 김현승의 시를 번역하여 한국문학 번역상을 받았으며, 2002년에는 삶에 대한 진지함과 긍정적인 태도를 담은 수필집《내 생애 단 한번》으로 올해의 문장상을 받았다. 그의 아버지이자 서울대영문과 교수인 고 장왕록 박사의 추모 10주기를 기리는 기념문집《그러나 사랑은 남는 것》을 엮어 커다란 반향을 불러일으킨 바도 있다.

그는 장애인으로서, 세 번에 걸쳐 암과 사투를 벌였다. 2001년에 유방암 선고를 받고 세 번의 수술과 방사선 치료를 받았으며, 2004년에 다시 척추에서 암이 발생하였고, 2008년에는 간암까지 발병하여 학교를 휴직하고 치료를 받던 중, 2009년 향년 57세로 하늘의 별이 되었다. 그럼에도 평소에 그는 희망을 버리지 않았으며, 투병 와중에서도 여러 권의 책을 펴냈다. 고난 속에서도 감사와 사랑으로 살아온 그녀의 삶은 아름다운 영혼의 빛과 향기로 가득하다. 문학에세이 《문학의 숲을 거닐다》《생일》《축복》등의 책을 펴내며 문학전도사라는 별칭을 얻기도 했다.

본고에서는 그의 첫 수필집 《내 생애 단 한 번》(2000년, 샘터)을 개관해 보고, 문학에세이집 《문학의 숲을 거닐다》(2005, 샘터)를 중점적으로 살펴보고자 한다.

2. 그러나 사랑은 남는 것

한 권의 책이 100쇄 이상 찍힐 수 있는 그 힘은 도대체 무엇일까. 요즘 책이 나와서 서점에 깔아도 어쩌면 단 한 권도 팔리지 않을 수 있다는 얘기도 들은 적이 있다. 그런 현실을 생각한다면 이것은 분명 기적 같은 일이다. 그의 수필집 《내 생애 단 한 번》을 먼저 살펴보고자 한자.

아주 어렸을 때부터 나의 악몽은 항상 내 몸과 다리를 지탱해 주는 목발, 그리고 보조기와 연관된 것이었다. 꿈속에서 나는 길

바닥에 앉아있고, 사람들은 길을 가다 말고 나를 뚫어져라 쳐다
본다. 너무 창피하고 부끄러워 도망가고 싶지만, 목발과 보조기
없이는 꼼짝도 할 수 없다.

— 수필집 서문 〈꿀벌의 무지〉 부분

내가 소유한 물건들 중에 가장 중요하고 필수불가결한 것은 단연 목발이다. 차가 없으면 불편하긴 해도 택시를 타면 될 것이고, 컴퓨터나 책이 없으면 선생노릇 하는 데는 지장이 있겠지만 사람노릇 하는 데는 그다지 큰 걸림돌이 아니다. 하지만 목발이 없다면 나는 단 하루도 제대로 움직일 수 없다. (중략) 그런데 얼마 전에는 학생하나가 내게 꿈속에서도 목발을 짚고 다니는지 물었다. 그런 질문을 받아본 것은 처음이었는데, 새삼 생각해보니 나는 꿈에도 분명히 목발을 짚고 있었다.

— 〈나의 목발〉 부분

그는 태어나서 첫돌을 지날 쯤 소아마비에 걸려 두 다리와 오른손을 움직일 수 없게 되었다. 이 때문에 평생 목발에 의존하며 거동해야 했으며, 왼손잡이로 생활했다. 학창시절 성적이 우수한 편이었지만 1960~70년대 한국사회의 학교들은 장애인에게 시험 기회 자체마저 허락해주지 않으려 했다. 이 때문에 상급학교로 진학할 때마다 아버지 장왕록 교수가 직접 나서서 시험만이라도 볼 수 있게 해달라고 간청해야만 했다. 1971년, 당시 개교한 지 11년 밖에 되지

않았던 서강대학교 영문과에 입학할 무렵에는 예외적으로 장애인 학생의 입학시험 기회를 허가했기 때문에 가능한 일이었다. 그것도 영문과 학과장이었던 외국인 제롬 브루닉 신부의 결단 덕분이었다.

  그러니 그의 내면에는 언제나 창피하고 부끄러워 도망가고 싶은 무의식이 잠재하고 있었음은 자연스러운 일인지도 모른다. 조그만 결점 하나만 있어도 세상 사람들이 다 볼 것 같은 부끄러움이 밀려오는 것이 사람일진대 그에게 장애가 일상화되기까지는 얼마나 수많은 악몽과 절망감을 감수했어야 했는지를 상상해 볼 수가 있다. 심지어 악의는 없겠지만 제자들까지 "꿈속에서도 목발을 짚고 다니는지"의 질문을 받았을 정도다. 그럴 때마다 평온하게 무수히 대답을 하게 될 정도의 수행까지는 하나의 도의 경지에 이르지 않고서는 불가한 것이라 생각된다. 그런 육체적인 장애의 고통 속에서도 그는 희망과 사랑을 노래했다.

> 꿀벌은 몸통에 비해 날개가 너무 작아서 원래는 제대로 날수 없는 몸의 구조를 가지고 있다고 한다. 그러나 꿀벌은 자기가 날수 없다는 사실을 모르고, 당연히 날수 있다고 생각하여 열심히 날갯짓을 함으로써 정말로 날수 있다는 것이다. (중략) 나는 꿀벌과 같이 그냥 무심히 날갯짓을 한다. 그러므로 나의 글은 재능이 아니라 본능이다.
>
>   — 수필집 서문 〈꿀벌의 무지〉 부분

그는 첫 책을 펴내면서 재능도 재주도 없으면서 꿀벌의 무지 같은 심정이라고 고백한다. 그런 무지와 만용에 스스로 갈채를 보낸다고 말한다. 못한다고 아예 시작도 안하고, 잘못한다고 중간에서 포기했다면 지금쯤 자신이 할 수 있는 일이 무엇이겠느냐고 되묻는다. 사대육신 멀쩡한 사람들에게 목발에 의지하며 살아가는 사람의 준엄한 질타이자 희망의 메시지다.

> 불가에서는 모든 생명체 중에서 인간으로 태어날 가능성이야말로 넓은 들판 가득히 콩알을 널어놓고 하늘 꼭대기에서 바늘 한 개를 떨어뜨려 콩 한 알에 박히는 확률과 같다고 한다. 억만분의 일의 확률로 태어나는 우리의 생명은 그러면 무엇을 약속함인가. 다른 생명과 달리 우리의 태어남은 생각하고 이해하고 사랑할 수 있는 기회의 약속이다. 미움 끝에 용서할 줄 알고, 비판 끝에 이해할 줄 알며, 질시 끝에 사랑할 줄 아는 기적을 만드는 일이다. 그리고 살아가는 일은 이 약속을 지키는 일이다. 괴물같이 어둡고 무서운 이 세상에 빛 동그라미들을 만들며 생명의 약속을 지키는 일이다.
>
> — 〈약속〉 부분

태어남은 우연이 아니고 하나의 약속이라는 인식이다. 나무로 태어남은 한여름에 한껏 물오른 가지로 푸르름을 뽐내라는 약속이고, 꽃으로 태어남은 흐드러지게 활짝 피어 그 화려함으로 이 세상에 아름다움을 더하라는 약속이라는 것이다. 작은 풀 한 포기, 생쥐 한 마리, 풀벌레 한 마리도 그 태어남은 이 우주 신비의 생명의 고리를 잇는 귀중한 약속이라는 것이다. 그 중에서도 인간으로 태어남은 가장 큰 축복이고 약속이 아닐 수가 없다. 그만큼 생각하고, 이해하고, 사랑해야함은 당연한 일이다. 그 당연함을 잊어버리고 게으르고 시기하고 질투하고 능력을 비하하며 쉽게 포기하고 희망을 잃어버린다면 사람의 도리를 져버리는 일이다. 그 어떤 극한의 상황에서도 인간으로서의 희망을 버려서는 안 된다. 그것은 생명에 대한 약속의 어김이다. 그의 희망의 메시지는 계속 이어진다. 다음 작품을 보자.

> 노인과 바다에서 가장 유명한 구절은 물고기와 싸우면서 노인이 되뇌는 말, "인간은 파괴될지언정 패배하지 않는다."라는 말이다. 인간의 육체가 갖고 있는 시한적 생명은 쉽게 끝날 수 있지만 인간 영혼의 힘, 의지, 역경을 이겨내는 투지는 그 어떤 상황에서도 죽지 않고 지속되리라는 결의다. 그러나 이 책에서 내가 개인적으로 제일 좋아하는 말은 노인이 죽은 물고기를 지키기 위해 혼신을 다해 상어와 싸우며 하는 말, "희망을 갖지 않는 것은 어리석다. 희망을 버리는 것은 죄악이다." 라는 말이다.
> ― 〈희망을 버리는 것은 죄악이다〉 부분

《노인과 바다》는 한편의 장엄한 서사시 같은 인류의 고전이다. 주인공인 노인은 고통과 죽음의 위험 속에서도 침착성과 불굴의 용기로 진정한 희망의 의미를 가르쳐준다. 삶의 마디마다 위험과 불행은 필연적으로 존재하기 마련이다. 그 고비마다 패배하지 않는 불패의 정신으로 살아간다는 것은 참으로 숭고하다. 그러한 여정에서 희망이 없다면 그 싸움은 너무나 허망하고 슬프다. 지금의 고통이 언젠가는 사라질 것이라는 희망, 누군가가 손을 잡아 주리라는 희망, 내일은 내일의 해가 뜰 것이라는 희망이 필요하다. 그래야 삶의 투혼도 빛나고 살아갈 용기와 이유가 생기는 것이다. 그런 희망을 가지는 것은 인간의 의무이자 생명에 대한 약속이다. 희망을 저버리는 것은 죄악이며 자살행위와 같은 것이다. 이러한 메시지를 통하여 독자들은 어떠한 현실적 고통 속에서도 투혼을 가지고 인내하며, 하나의 목표를 위해서 자신이 가지고 있는 모든 능력과 재능을 발휘하며, 끝까지 포기하지 않는 불굴의 정신을 배우는 것이 아닐까 싶다.

장영희의 수필을 떠받치는 두 개의 기둥이라면 희망과 사랑으로 요약할 수 있다고 본다. 이상에서는 희망을 주제로 한 작품 몇 편을 살펴보았다. 다음은 사랑의 메시지를 전한 작품들을 일별해보고자 한다.

17세기 영국시인 존 던은 "나는 두 가지 면에서 바보이다. 사랑하기 때문에, 그리고 사랑한다고 말하기 때문에" 라고 말했다.

어쩔 수 없는 바보-사랑할 수밖에 없는 바보, 그리고 사랑한다고 말하는 바보-가 될 용기가 없는 나는 글로나마 바보연습을 해 보려고 한다.

— 〈사랑합니다〉 부분

장영희는 살아가는 그 자체를 사랑하는 일의 연속이라고 생각한다. 신을 사랑하고, 인간을 사랑하고, 나라를 사랑하는 일이라고 믿는다. 장미와 괴테와 모차르트를 사랑하고, 커피를 사랑하는 것이 삶의 본질이다. 사랑하기 때문에 아파하고 눈물을 흘리기도 하지만 살아가는 일에서 사랑을 뺀다면 삶은 허망한 그림자에 불과하다고 설파한다. 그리하여 그는 행여 사랑하는 일이 바보 같은 것이라면, 글로서라도 바보연습을 해보려고 하는 것이다.

짝사랑이란 삶에 대한 강렬한 참여의 한 형태이다. 충만한 삶에는 뚜렷한 참여의식이 필요하고, 거기에는 환희뿐만 아니라 고통역시 수반하게 마련이다. 우리 삶에 있어서의 다른 모든 일들처럼 사랑도 연습이 필요하다. 그리고 짝사랑이야말로 성숙의 첩경이고 사랑연습의 으뜸이다. 학문의 길도 어쩌면 외롭고 고달픈 짝사랑의 길이다. 안타깝게 두드리며 파헤쳐도 대답 없는 벽 앞에서 끝없는 좌절감을 느끼지만, 그래도 포기하지 않고 끝까지 나아가는 자만이 마침내 그 벽을 허물고 좀 더 넓은 세계로 나갈 수 있는 승리자가 된다. 그러므로 젊은이들이여, 당당하고 열정적으로 짝사랑하라. 사람을 사랑하고, 신을 사랑하고, 진리를 사랑하고, 저 푸른 나무 저 높은 하늘을 사랑하고, 그대들이 몸 담고 있는 일상을 열렬히 사랑하라.

― 〈아프게 짝사랑하라〉 부분

제자이자 대학생들에게 들려주는 글이다. 장영희 교수가 대학에서 영문학을 가르쳤다는 것은 주지의 사실이다. 그는 영작문을 가르칠 때 학생들에게 영어로 일기를 쓰게 했다. 조금이라도 영어를 더 잘하게 하려는 목적도 있지만 "학생들이 무슨 생각을 하며, 그들을 통해 이제는 돌이킬 수 없는 나의 청춘을 대리경험하고 싶은 이기적인 목적도 있다"고 말한다. 이때 학생들의 중요한 고민거리는 공부에 대한 어려움, 전공에 대한 회의 등도 있지만 사랑에 대한 고뇌가 핵심이라고 했다. 그 중에서도 짝사랑에 대한 고뇌와 슬픔, 좌절감이 중심을 이룬다는 것이다. 남보다 잘생기거나 예쁘지 못해서, 키가 작아서, 집안이 가난해서, 성격이 너무 내성적이라서 등등의 여러 가지 이유로 혼자 누군가를 짝사랑하면서도 괴로워하거나 지독한 자괴감에 빠지기도 한다는 것이다. 그런 학생들에게 스승으로서 참되고 진실된 메시지를 조곤조곤 들려준다. 이때 장영희 교수가 안타까워하는 것은 학생들이 스스로의 슬픔에 취해서 자신들이 얼마나 소중한 경험을 하고 있는지 모르고 있다는 것이다. 짝사랑이야말로 젊음의 특권이자 의무라는 사실을 말이다.

지난주에는 아버지가 전공하시던 미국작가 헨리 제임스의 〈귀부인의 초상〉을 영화로 보았다. 부잣집 아들이지만 병약하고 못생긴 랠프 타칫이 사촌인 여주인공 이사벨을 짝사랑하다가 결국 모든 재산을 그녀에게 물려주고 죽으면서 하는 말이 인상 깊었다. "고통은 사라지지만 사랑은 남는 것이다." 원전에는 없는 말인데, 영화의 주제가도 〈그러나 사랑은 남는 것〉이라는 제목의 연주곡이었다.

어쩌면 영매 존이 말하는 저 세상 사람들이 갖고 있다는 '기氣'는 아마도 사랑의 기억을 말하는 건지도 모른다. 이 세상에서의 고통, 고뇌, 역경이 아무리 클지라도 모두 죽음과 함께 사라지지만, 사랑은 사라지지 않고 이 세상 사람들과 저 세상 사람들의 기억에 남는다. 그래서 결국 이 세상과 저 세상은 사랑이라는 커다란 고리로 연결되어 있나 보다.

— 〈그러나 사랑은 남는 것〉 끝부분

장영희 교수는 아버지인 고 장왕록 박사의 추모 10주기를 기리는 기념문집 제목을 《그러나 사랑은 남는 것》으로 지었다. 그리고 위의 인용 수필 제목역시 〈그러나 사랑은 남는 것〉이다. 사랑이야말로 장영희 문학의 핵심 정수리라고 생각한다. 이 수필은 얼마 전 미국의 유명한 텔레비전 토크쇼인 래리킹 쇼에 요즘 미국에서 가장 잘 팔리는 베스트셀러 저자인 젊은 남자 영매가 출연자로 나온 적이 있었다. 그는 저 세상에 살고 있는 죽은 이들과, 이 세상 사람들을 연결하는 특별한 능력을 가지고 있다고 했다. 시청자들이 바로 전화를 해서 죽은 가족의 이름을 대면 존이라는 이름의 영매는 금방 그 사람이 저 세상에서 어떻게 살고 있는지, 이 세상의 가족들에게 어떤 말을 하고 싶어 하는지 모두 알려주는 프로였다.

그 영매의 말에 의하면 이 세상에서 사람이 죽는다는 것은 결코 끝이 아니라는 것이다. 그것은 단지 껍데기뿐인 육체가 제 역할을 다하는 것뿐이라고 했다. 죽는다는 것은 이제껏 몰고 다니던 자동차가 수명을 다해 그 차를 이 세상에 두고 걸어서 다른 세상으로 가는 것과 마찬가지라고 했다. 그들은 저 세상에 살지만 마치 어떤 기를 가지고 있듯이 이 세상에 관한 분명한 기억을 가지고, 사랑하는 가족과 친구들을 지켜보고 있다는 것이다. 이 세상에서 저 세상으로 들어갈 때는 "이 세상에서의 고통, 고뇌, 역경이 아무리 클지라도 모두 죽음과 함께 사라지지만, 사랑은 사라지지 않고 이 세상 사람들과 저 세상 사람들의 기억에 남는다."는 것이다. 그래서 결국 이 세상과 저 세상은 사랑이라는 커다란 고리로 연결되어 있다고 주장하는 것이다. 불교에서는 사람이 죽으면 모든 것이 사라지고 업보만 남는다고 했는데 장 교수는 사랑만 남는다는 상상력이 이채롭기만 하다. 이렇게 장영희 사상의 핵심은 사랑인 것이다.

3. 문학의 숲을 거닐며

2005년 샘터에서 출간된 문학에세이집 《문학의 숲을 거닐다》는

2008년 까지 3년 만에 28쇄를 돌파할 정도로 파괴력을 가진 작품집이다. 이 책은 2001년 8월부터 3년간 〈조선일보〉 '문학의 숲, 고전의 바다'라는 북 칼럼으로 게재되었던 글을 모은 것이다. 2004년 9월 말, 두 번째로 척추 암이 발병하여 중단되었음이 안타까울 뿐이다. 이 책에는 약 50여 편의 세계명작이 소개되어 있다.《오만과 편견》,《위대한 개츠비》,《이방인》,《월든》,《호밀밭의 파수꾼》,《주홍 글씨》,《카라마조프의 형제들》,《변신》,《백경》,《안네의 일기》,《돈키호테》 등등 주옥같은 인류의 고전들이다.

  신문의 특성상 각 칼럼의 길이를 원고지 10매에 맞추었지만 이 위대한 명작들을 그렇게 짧은 호흡으로 소개한다는 것은 한마디로 불가능한 일이라 할 수 있다. 그럼에도 장 교수가 보고 느낀 현실세계의 아름다움과 누추함을 작품과 비교분석해서 다시 그것을 비평적으로 의미화한 후, 독자들의 삶에 새로운 충격을 던짐으로써 자신들이 서 있는 자리를 되돌아보게 해준다. 주로 서두에서는 자신의 학교 제자들의 이야기, 일상적이고 사적인 삶의 이야기를 끌고 와서 작품의 내용과 결합해서 풀어놓는 방식이다. 이런 유기적 결합의 글쓰기 방식이야말로 문예창작의 기본이기에 더욱 빛나고, 또 하나의 새로운 창작품으로 태어난 것이다.

  사실 우리는 학창시절, 이 세계명작 한 편을 읽으려면 너무나 난해할 뿐만 아니라, 다 읽고 나서도 무슨 의미인지 이해하기 힘들었던 기억이 있을 것이다. 작가 역시 "욕심을 버리고 단지 아주 솔직하게 그 책들을 하나하나 내게 소중한 만큼, 독자들에게도 그 소중함을 전하려고 노력했다. 문학교수로서 비평적으로 고전의 요건에 어떻게 걸 맞는지 분석하기 전에 단지 하나의 독자로서 그 작품이 내 마음에 어떻게 와 닿았는지, 어떤 감동을 주었는지, 그래서 그 작품들로 인해서 내 삶이 얼마나 더욱 풍요롭게 되었는지 솔직하게 쓰려고 노력했다"고 밝히고 있다. 그 어려운 고전작품들을 장영희 교수가 대신 읽고 독자들의 입에 넣어주는 격이니 독자들의 입장에서는 환호할 수밖에 없는 일이다. 세계명작을 자신의 삶과 대입하여 풀어낸 작품집으로서는 최초의 시도라 할 수 있다. 그래서 더욱 가치 있는 책이다. 다음 작품을 한번 보자.

6,7년 전 법학과 2학년 학생들이 수강하는 교양영어과목과 영문과 2학년 영작과목을 동시에 맡았던 때의 일이다. 우연히 두 반의 수강생 수가 스물네 명씩 똑같고 법학과 학생들은 모두 남학생, 영문과는 여학생만 있었다. 일부러 그렇게 만들려고 해도 만들 수 없는 좋은 기회라고 생각, 나는 두 반 학생들에게 영어로 펜팔을 시키기로 했다. 그런데 학기가 시작되고 나서 첫째 주에 영문과 여학생 하나가 휴학을 하게 되었다. 할 수 없이 그 여학생의 자리를 내가 메우기로 했다. 편지가 오감에 따라 나는 점차 명호가 내게, 아니 내가 가장한 '캐서린' 이라는 영문과 2학년 여학생에게 마음을 주기 시작하는 것을 느꼈다. 여덟 번 가량의 편지 교환 후에 종강이 되었고 나는 학생들에게 모르는 사람과 편지를 나눈 기억을 대학 생활의 추억으로만 간직하고 찾

지 말라고 당부했다. 마지막 편지에서 명호는 "이제껏 네가 나의 외로움을 많이 달래주어서 힘든 대학생활을 너 때문에 잘 넘길 수 있었다. 너무나 고맙고, 너를 생각하며 꼭 사법고시에 붙겠다."고 다짐했다.

— 〈마음의 성역〉 줄거리 요약

위 인용 작품은 19세기 미국의 극작가 너새니얼 호손(Nathaniel Hawthorne, 1804-1864)의 대표작인 《주홍글씨 The Scarlet Letter,1850》를 소개하기 위한 것이다. 이 소설은 아름답고 젊은 부인 헤스트와 불륜을 범한 딤즈데일 목사에게 접근해 복수를 다짐하며 그의 영혼을 고문하는 늙은 칠링워스의 이야기다. 헤스터는 아이의 아버지를 밝히라는 주위의 압력에도 불구하고 가슴에 간통녀(Adulteress)를 상징하는 주홍글자 'A'를 달고 딸 펄과 묵묵히 살아간다. 딤즈데일 목사 역시 죄의식과 고뇌로 점차 쇠약해지지만 아이로니칼 하게도 더욱 감동적이고 호소력 있는 설교를 한다. 이 세 사람의 삼각관계를 통해서 주제를 드러내고 있는데, 이 소설에서 호손이 말하고자하는 것은 미로와 같은 인간의 마음을 들여다보는 일이다. 헤스트에게 딤즈데일이 말한다. "우리가 지은 죄는 남을 해치지는 않았으나, 냉혹하게 남의 마음의 성역을 침범한 칠링워스야 말로 가장 큰 죄를 지은 죄인이요."

아내와 불륜을 범한 남자를 벌하고 싶은 것은 인간적인 욕망이지만, 자신의 정체를 숨긴 채 간교한 수법으로 남의 마음의 성역을 침범한 칠링워스가 호손의 입장에서는 용서받지 못할 죄를 범했다는 것이다. 결국 작가는 주홍글씨의 주제인 "가장 악한 자는 남의 마음의 성역을 침범하는 자"라는 것을 말하기 위해 지난날 학생들과의 추억을 떠올리게 된다. 그리고는 명호의 마음의 성역을 침범한 것이 지상에서 지은 죄 중에서 가장 큰 것이라고 마음 아파한다.

이 작품은 호손의 주홍글씨의 내용을 완전히 파악한 상태에서, 학생들과 작가와의 추억이 긴밀하게 결합되어 또 하나의 철학적 사유를 낳게 하는 작품으로 승화되고 있다. 이처럼 장영희 교수의 작품은 늘 일상에서 겪는 학생들의 이야기로부터 시작되지만 ㄱ 어떤 철학적인 명제도 거부감 없이 자연스럽게 풀어낸다. 다음 작품을 보자.

프란츠 카프카(Franz Kafka, 1883-1924)의 《변신 The Meta morphosis, 1915》이 단지 기괴한 이야기만은 아니다. 인간실존의 허무와 절대고독을 주제로 하는 《변신》은 바로 이렇게, 사람에서 벌레로 변신變身을 말한다.

가족의 생계를 떠맡고 상점의 판매원으로 고달픈 생활을 반복해야하는 그레고르는 어느 날 아침 깨어났을 때 자신이 흉측한 벌레가 되어 있음을 알게 된다. (중략) 겨우 문밖으로 기어 나갔을 때 식구들은 경악하고 그를 한낱 독충으로 간주한다. 그는 변신 이전의 가족에 대한 사랑을 그대로 유지하며 벌레로서의 삶에 적응해 보려고 노력해 보지만 가족의 냉대는 더욱 심해진다.(중략) 어느 날 그림에 달라붙어있는 그레고르의 모습을 보고 어머니가 기절하자 아버지는 그에게 사과를 던져 큰 상처를 입힌다.

— 〈변신〉 부분

　며칠 뒤에는 각별히 아끼던 누이동생이 하숙생들 앞에서 음악을 연주하는 것을 들으려 나가지만 벌레의 존재를 보이지 않으려고 가족들은 그를 방안에 감금시킨다. 그 이튿날 청소를 하러 왔던 가정부가 그레고르의 죽음을 알리지만, 가족들은 마치 아무 일도 없었다는 듯 소풍을 떠난다. 너무나 비정한 인간의 모습이고 가족의 실체에 연민과 슬픔이 몰려온다.
　이 작품은 벌레라는 실체를 통하여 현대문명 속에서 기능으로만 평가되는 인간이 자기존재의 의의를 잃고 서로 유리된 채 살아가는 모습을 형상화했다. 그레고르가 생활비를 버는 동안에는 그의 기능과 존재가 인정되지만 그의 빈자리는 곧 채워지고 그의 존재 의미는 사라져버린다. 인간 상호간은 물론, 심지어는 가족 간의 소통과 이해마저도 비정하고 철저하게 단절되어 간다는 것을 말하는 것이다. 이것이 인간존재의 본질임을 강조하는 작품이라 볼 수 있다. 장영희 교수는 기계처럼 살아가는 자신의 삶을 질타하며 이 작품을 썼다고 했다. 다람쥐 쳇바퀴 도는 생활 속에서 그야말로 쏜살같이 흐르는 세월, 허무할 뿐만 아니라 죄의식마저 느낀다고 말한다. 하루하루의 귀중한 삶을 낭비하고 있지는 않는지 아파한다.

필자는 이 작품을 읽으면서 사람은 각자의 자리에서 최선을 다해야 된다는 깨달음을 얻는다. 그것이 어떠한 자리일지라도 그 자리는 자기가 아니면 또 다른 사람이 그 자리를 지키고 있을 것이기 때문이다. 자신의 능력을 과시하며, 자신만이 유일하며, 자신만 할 수 있다고 생각하는 사람에게 일독을 권하고 싶은 작품이다. 인간은 그 누구라도 절대는 있을 수가 없다. 그에게 주어진 역할과 임무가 사라진다면 그 역시 잊혀짐을 알아야 한다. 그래서 절대고독이란 말이 나오지 않았을까 싶다.

《문학의 숲을 거닐다》, 이 책은 그야말로 광활한 문학의 숲속을 하염없이 걸을 수 있다. 소설뿐만이 아니고 세계적인 명시와 작가를 소개하고 있음도 물론이다. 다음 작품은 시와 시인의 이야기다.

사랑은 −생명 이전이고

죽음−이후이며

천지창조의 시작이고

지구의 해석자

시라기보다는 마치 경구와 같이 짧은 이 시는 영미문학을 통해 가장 위대한 여류시인으로 평가되는 에밀리 디킨슨(Emily Dickinson, 1830-1886)의 작품이다. 미국문학 전공자들에게도 잘 알려지지 않은 시인데, 청송감옥에 있는 어느 수인이 내게 보낸 편지에 이 시를 인용하고 있었다. (중략) 사랑이야말로 '

'천지창조의 시작'이며 '지구의 해석자'라고 정의한 에밀리 디킨슨의 삶은 역설적으로 매우 평범하면서도 특이한 것이었다. 1830년에 메사추세츠 주의 앰허스트에서 태어나 1886년 5월, 55년 5개월 5일을 살고 나서 죽을 때까지, 표면적으로 아무런 극적사건도 없이 평범했지만, 내면적으로는 골수까지 파고드는 강렬하고 열정적인 삶이었다.
― 〈어느 수인과 에밀리 디킨슨〉 부분

　에밀리 디킨슨은 일생을 독신으로 살면서 한 번도 앰허스트를 떠나지 않았다. 자기 집 대문 밖에도 나가지 않았다고 한다. 그녀의 은둔생활은 철두철미했다고 전해진다. 30대 후반부터는 죽는 날까지 흰색 옷만 입었다고도 한다. 또한 그녀가 그토록 절실하게 사랑했던 대상이 누구였는지는 아직도 밝혀지지 않고 있다는 점이다. 에밀리 디킨슨에게 사랑은 마치 종교와도 같은 것이었다. 그녀의 사랑은 언제나 이별의 슬픔과 기다림의 갈증을 견뎌내야 하는 아픈 경험이었다. 그 필연적 고통은 그녀로 하여금 시인으로 새로 태어나고 시의 세계에서 삶의 궁극적인 의미와 새로운 돌파구를 찾게 한 것이다. 또한 그녀 생전에는 서너 편의 시가 발표되었을 뿐이다. 그녀가 죽은 후에 서랍장에는 약 2천여 편의 시가 차곡차곡 쌓여 있었다는 것이다. 그녀의 시는 제목이 없는 것이 특징이며, 아주 짧고 압축적이며 전통적인 시형을 무시하는 난해시가 주류를 이룬다는 점도 특이하다. 장영희 교수는 이러한 위대한 시인의 이야기를 어느 수인의 편지를 인용하며 조곤조곤 우리들에게 들려주고 있다.

4. 마무리를 대신하여

《문학의 숲을 거닐다》, 이 책의 서평을 쓴 이태동 교수는 "장영희 교수가 이렇게 우리들을 무한한 기쁨이 가득한 문학의 숲으로 이끌어 갈수 있게 된 가장 큰 힘은 그가 지닌 고전에 대한 풍부한 지식과 따뜻하고 지적인 문장, 명료하면서도 섬세한 구성, 그리고 유려한 번역 때문일 것이다. 그러나 그것 못지 않게 중요한 것은 고전적인 문학작품을 통해 조명한 현실을 볼 수 있을 정도로 구김살 없이 진솔하지만 날카롭기가 그지없는 그가 지닌 마음의 눈이다. 이것뿐이 아니다. 그의 글이 가져다주는 매력은 천부적인 그의 재능도 재능이겠지만, 장애인이라는 인간 조건을 말없는 침묵으로 극복해온 불굴의 인간의지 때문이다."라고 평가했다.

장영희 교수가 남긴 수필집은 IMF직후 실의에 빠진 국민들의 마음을 다독이고 위로하였다. 그가 전한 메시는 감사와 희망과 사랑이다. 그리고 생명에 대한 소중함이다. 어떠한 상황에서도 감사해야 하며 포기해서는 안 되며 사랑하면서 살아야 된다는 메시지다. 소중한 생명으로 태어남에 대한 약속을 반드시 지켜야 한다는 것이다. 나는 이렇게 신체적으로 불완전하고 아픔이 많은데도, 정상인들과 똑같이 공부를 하고, 교수가 되고, 넓고 깊은 지식으로 감동적인 수필을 쓰려고 노력하는데, 보통사람이 이룰 수 없는 꿈이 무엇이겠느냐는 용기를 주는 것이다. 이러한 점에서 위로받지 않을 독자가 어디 있을 것인가 싶다. 자신의 처지가 아무리 아프고 열악할지라도, 그녀를 생각하면 어떠한 절망감에서도 다시 일어설 수 있는 힘과 용기가 생기지 않을 수가 없을 것이다.

장영희 교수는 1999년부터 월간《샘터》의 고정필진으로 참여한 적이 있다. 《샘터》는 피천득 수필가, 법정 스님, 이해인 수녀 등 당대 네임급 작가들의 글을 오랫동안 게재해오며 대중성을 확보한 바다. 이러한 제반 요인들이야말로 장영희 교수의 작품집이 그렇게 많은 독자들에게 열광적으로 읽히는 데도 한몫하지 않았을까 생각된다.

장영희 교수는 평소에 수필문학의 대접에 대해서도 아쉬워한 바가 있다. 대학에서 교수를 평가할 때, 국내학술지 논문 한편 발표에 100점, 전공서적 한권출판에 500점, 소설집 시집 간행이 권당 500점, 동아리 지도활동에 5점 등을 인정해 주지만 수필집이나 칼럼을 묶어서 낸 책은 0점을 준다며, 자신은 업적이 안 되는 일만 골라 한다고 몹시 안타까워했다. 그러면서 찰스 램, 버지니아 울프, 조지 오웰, 헨리 데이빗 소로우, 제임스 서버 등의 작가나 사상가들은 모두 위대한 수필가로 알려져 있다며, 학계와 문단풍토를 비판했다.

시대는 급변하고 있다. 시, 소설, 희곡이라는 고착된 3분법의 벽도 서서히 허물어지는 징조가 곳곳에서 나타나고 있다. 이제 수필은 결코 주변문학이 아니다. 현재 수필인구는 이미 타 장르를 압도했다. 양적인 면뿐만 아니라 질적인 면에서도 독자들에게 감동을 주는 작품들이 쏟아져 나오고 있다. 그것은 장영희 교수 같은 훌륭한 학자들이 수필을 그 어떤 학문이나 문학보다 더 귀중히 여기며 직접 수필 쓰는 일에 열정을 쏟아 부은 결과이다.

문학작품집이 팔리지 않는 시대임에도 장영희 교수의 수필집은 무려 100쇄 이상이나 찍혀 팔려나갔다. 만약 장 교수가 500점짜리의 전공서적만 고집해, 0점짜리 수필 쓰기를 포기했다면 오늘날 그가 대중으로부터 이렇게도 사랑받는 존재로 설 수 있었을 것인지도 묻고 싶다. 역설적으로 그는 0점짜리 수필 쓰기를 그 무엇보다 중시했기에 수필대중화의 깃발로 우뚝 설 수 있었음이다. 그는 우리 수필문학사에 영원한 별빛으로 빛날 것이다. 그리하여 오늘 우리는 전 수필가의 이름으로 장영희 교수의 수필집 한 권의 가치를 500점이 아니라, 1000점 이상을 부여해 주고자 하는 데 동의할 것이라 믿는다.

2. 우리시대 마지막 풍류작가
- 구활론

1. 작가 구활과의 만남

내가 구활 선생을 처음 만난 것은 2023년 2월, 대구 매일신문사에서 있은 제4회 수필미학문학상 시상식장에서였다. 나는 이 날 수상자에 대한 축사를 해달라는 부탁을 받고 문우 몇 명과 함께 참석했다. 이 자리에 구활선생께서 오신 것이다. 훤칠한 키에 예인으로서의 중후함이 묻어났으며 나이보다 훨씬 젊어보였다. 나는 예를 갖추어 인사를 드렸다. 지방에 사는 무명작가인 나를 모를 것이라고 생각했음은 당연한 일이었다. 그런데 예상외의 반응이 돌아왔다. 놀라지 않을 수가 없었다.

"반가워요. 나, 지금 《에세이스트》에 연재중인 선생의 지리산수필 잘 읽고 있어요. 고마워요. 나도 산꾼이에요. 젊은 시절 지리산 종주를 수없이도 했지요." 하면서 마치 오랜 친구를 만난 것처럼 다정하게 대해 주셨다. 어깨동무를 하고 사진도 몇 장이나 찍었다. 그릇이 큰 인물은 단 한 번을 만나도 사람을 감동시킨다는 얘기를 들은 적이 있는데, 딱 그런 경우였다. 나는 몇 분 만에 선생의 품속으로 들어간 기분이었다. 대단한 흡인력이었다. 순간적으로 일어난 일이기도 하지만 그 여운은 크고 길었다.

구활 선생은 1942년 경북 경산 하양에서 태어나 경북대 영문과를 졸업했다. 매일신문사에 입사하여 문화부장과 논설위원을 지냈다. 1984년 11월《현대문학》에 수필로 등단한 이후《그리운 날의 추억제》《아름다운 사람들》《시간이 머문 풍경》《하얀거 다음날》《고향집 앞에서》《바람에 부치는 편지》《어머니 손맛》《풍류의 삽바》《맛있는 여행》《바닷가 그 입맛》《문득 그대》《인상파 화가들의 연인들》 등의 수많은 작품집을 펴냈으며, 선집으로《정미소 풍경》《어머니의 텃밭》《어둠속의 판화》가 있다. 매일신문에 구활의 스케치 기행 100회와 구활의 풍류산하를 5년 4개월 동안 270회를 연재했을 만큼 필력과 독서력을 갖추었다. 대구광역시 문화상, 신곡 문학상, 원종린 문학상, 현대수필 문학상등의 굵직한 문학상을 받은 우리 수필 문단의 원로다.

이처럼 화려한 경력을 가지고 있음에도 사실 나는 그때까지만 해도 구활이라는 작가의 명성은 들은 바가 있지만 그의 작품은 읽은 적이 없었음을 고백하지 않을 수가 없다. 때마침 《에세이스트》 107호에는 나의 연재수필 〈지리산 겨울 종주의 맛과 멋〉과 함께 선생의 초대수필 〈기차는 돌아오지 않았다〉가 실려 있었다. 이 작품을 수업시간에 학생들과 정독을 했다.

아그네스 발차의 '8시 기차' 음악을 자주 듣고 즐기는 것은 내게도 그만한 사연이 있기 때문이다. 군에서 육군소위로 근무하던 젊은 시절 휴가를 얻어 친구 둘과 고향 강변에서 군용 A형 텐트를 치고 캠핑하고 있었다. 마침 산책 나온 소녀와 어울려 막걸리를 마셔가며 동요에서 유행가요까지 알고 있는 노래를 죄다 불렀다. 그 후 3일 동안 우리는 오빠 집에 다니러 온 소녀를 기다렸고 그녀 역시 강물에 뜬 윤슬 속에 흐느적거리는 달구경을 핑계 삼아 캠핑 사이트로 찾아오곤 했다. 강변의 짝사랑은 단지 3일, 소녀는 '내일 오후 시 기차를 타고 떠난다'고 했다. 소녀는 친구들이 헛눈 파는 사이에 '역에 나와 배웅해 줄 수 있느냐'고 속삭이듯 말했다. 나는 레지스탕스 청년도 아니고 휴가 나온 군인일 뿐인데 기차역에서 이별의 주인공이 되다니. 요즘도 아그네스 발차가 부른 '떠나는 8시 기차'란 음악을 들을 때마다 내 의식은 기억이 추억으로 변해 버린 강변으로 달려간다. 기차는 내 고향 하양역을 떠난 후 다시는 돌아오지 않았다.

— 〈기차는 돌아오지 않았다〉 부분

이 작품은 그야말로 작가의 젊고 푸른 날, 육군소위 시절 사랑이 야기다. 그 짧은 연애담 하나를 작품으로 형상화하기 위해서 음악, 영화이야기는 물론 세계사의 지식까지 밑바탕에 깔려있음을 알 수가 있다. 그것도 현학적 위세를 떨치기 위해서 의도적으로 배치한 것이 아니라 자연스럽게 녹아있다는 사실이다. 서사와 서정과 배경지식이 단단한 유기체로 결합 되어 있다는 점이다. 하나의 주제를 향하여 작품의 다양한 요소들이 겉돌지 않고 견고하게 연결되어 있음이다. 부분과 부분, 부분과 전체의 자연스러운 결합이야말로 창작에서 중요한 요소라 할 수 있다. 보통수필가들이 쓰고 있는 것과는 분명, 한 차원 높은 작품임을 단박에 알 수 있었다. 무엇보다도 이 작품의 시작인 "추억은 자란다. 나이만큼 성숙하고 키만큼 성장한다."는 문장의 흡인력이 너무나 강렬했다. 그러면서 "기억의 알맹이인 그리워하는 마음은 추억으로 숙성되어 술빵처럼 부풀어 오른다"고 했다. 그래서 사람들은 너나없이 자신의 낡은 이야기들을 새롭게 채색해 가는 추억놀이를 즐기고 사랑하는 것이라 한다. 팔순을 훌쩍 넘긴 그의 가슴속에는 아직도 그리움의 불꽃이 활활 달아오르고 있음이 전해질 정도다. 그로부터 며칠 뒤, 구활 선생의 에세이집 한 권이 우편으로 부쳐져 왔다. 최근신작 《겨울 원두막》(2023, 수필과 비평)이었다.

2. 에로스적 사랑의 결과물

구활 수필집 《겨울 원두막》을 읽고 또 한 번 놀라지 않을 수가 없었다. 우선 목차를 살펴보니 세계명작과 고전을 소재로 한 작품들이 빼곡히 실려 있었다. 오스카 와일드, 버나드 쇼, 톰 웨이츠, 헤밍웨이, 아폴리네르, 밀레와 베토벤, 반 고흐, 생텍쥐페리, 제임스 딘, 단테 등의 눈에 익은 작가들을 제목으로 뽑은 작품들이 들어왔다. 뿐만 아니다. 박완서, 조자용, 구상, 다산, 송강, 전혜린, 이상과 김환기, 지족 선사와 황진이 등 우리나라 소설가 시인 화가 승려 등 예술인들의 이름이 즐비하게 이어져 있었다. 전체적인 내용을 개관해보니 음악, 미술, 조각, 문학, 예술, 역사, 문학의 뒤안길까지 거침없는 필력으로 종횡무진 그려내고 있었다. 이들 명작과 고전을 소재로 하여 자신의 인생을 풀어내고 있는 매우 수준 높고 지적인 에세이였다. 도대체 이 작가의 독서력이 어디까지일까가 놀랍고 궁금하기까지 했다. 그렇게 모두 45편의 작품이 수록되어 있었다. 돌이켜보니 나는 이렇게 박식하면서도 인간적인 형들을 좋아했던 것 같다. 단정하고 모범적인 사람은 나의 몸이 먼저 거부반응을 보였던 것임이 분명하다. 똑똑하면서도 약간의 낭만적인 사람에게 끌렸고, 닮고 싶었다. 나는 이 작가의 평문을 쓰지 않고는 도저히 배겨낼 수가 없었다. 첫 번째 작품인 〈오스카 와일드의 《도리언 그레이의 초상》〉을 살펴보자.

오스카는 천재에 가까운 괴짜이며 아이러니와 패러독스, 다시 말하면 촌철살인의 대가다. 그는 46년이란 비교적 짧은 생애를 살면서 많은 글을 썼지만 그 중에서도 그가 남긴 명언과 《도리언 그레이의 초상》이란 단 한 편의 장편소설은 아무도 흉내 낼 수 없는 명작으로 꼽히고 있다. (중략)오스카의 몇 가지 명언을 추려보자. '문학과 언론의 차이는 언론은 읽을 가치가 없다는 것이고 문학은 읽히지 않는다는 것이다. 착한 여자가 되려면 철저히 어리석어야 한다. 도덕을 말하는 남자는 위선자이고 여자는 못생긴 편이다. 훌륭한 남자에겐 적이 없고 친구도 없다. 성인에게도 과거가 있고 죄인에게도 미래가 있다. 아름다운 게 착한 것보다 낫고 착한 게 못생긴 것보다 낫다. 적을 용서해라 용서는 적을 짜증 나게 한다.' 칼로 아픈 곳을 찌르는 듯한 명언들이 그의 소산이다.
— 〈오스카 와일드의《도리언 그레이의 초상》〉부분

오스카 와일드(1854-1900)는 아일랜드 출신의 소설가이자 극작가다. 장편소설《도리언 그레이의 초상》을 발표하고 영국 최고의 작가로 추앙받았다. 이 소설은 천재의 요건을 충분히 갖춘 대작이다. 영원한 젊음을 얻은 대가로 점차 인간적인 도덕성을 상실해가는 젊고 아름다운 청년에 관한 이야기다. 자신을 위해 저지른 수많은 행위가 오히려 자신을 파멸시키고 있었던 것이다. 도리언은 은혜를 원수로 갚는 인물이다. 은인을 살해하고 그 칼로 그림 속의 자신까지 찌르며 스스로의 죽음을 초래한다. 한 번밖에 없는 삶을 어떻게 살아야 할 것인가를 도리언 그레이의 여러 일화를 통해 보여주고 있다. 오스카는 예술을 위한 예술을 지향한 유미주의자이며 이 소설의 성향 또한 그러하다. 작가 구활은 이 작품을 두고 "우리나라의 무식한 사람처럼 무지하고 무능한 용감성이 빚은 결과로 결국 자신을 죽이는 결말을 보고서야 세상은 제자리로 돌아갈 것 같다"며 온갖 부조리가 저질러지고 있는 우리나라 정치 현실을 질타했다.

오스카 와일드는 레딩감옥에서 연인 더글러스에게 보낸 옥중서신을 모은 수필집 《심연으로부터》(2015, 문학동네)에서 "나는 사랑의 기운 없이는 살 수 없어. 나는 사랑하고, 사랑받아야만 하는 사람이야. 그로 인해 어떤 대가를 치르더라도 말이지"라고 썼다. 와일드가 16살 연하인 퀸즈베리 후작의 막내아들 더글러스를 만난 것은 결혼 7년차에 접어든 37세 무렵이었다. 그는 동성애자이기도 했다. 훗날 퀸즈베리 후작은 오스카와일드를 수많은 소년들을 추행했다는 혐의로 고발했다. 이 모든 것들이 그의 작품 밑바탕에는 사랑이 깔려있음을 보여주는 대목들이다.

《겨울 원두막》을 관통하는 화두 역시 사랑이다. 사랑에는 보통 형제애 또는 친구 간의 우정을 뜻하는 필리아, 이성이 지배하는 프래그마, 바람둥이의 사랑을 의미하는 루두스, 자기애를 뜻하는 필로시아, 완전하고 절대적이며 무조건적 사랑인 아가페 등 다양하지만 이 작품집에 깔려있는 사랑은 기본적으로 에로스적 사랑이라 할 수가 있다. 에로스는 일반적으로 육체적 관능적 사랑을 뜻한다. 고대 그리스에서는 에로스가 육체적 사랑에 국한된 것이 아닌, 사랑 그 차체를 뜻했다. 에로스가 육체적 관능적인 사랑임에는 틀림없지만 그렇다고 저급한 사랑을 의미하는 것은 아니다. 에로스는 그리스 신화에 나오는 사랑의 신이며 그 신은 황금 화살과 납 화살, 두 개를 가지고 사람의 마음을 농락한다. 황금 화살을 맞으면 사랑에 빠지고 납 화살을 맞으면 사랑이 차갑게 식는다는 것이다. 뜨겁게 사랑하다 차갑게 식어버리는 사랑의 원리를 생각해 본다면 이는 인간이 지닌 사랑의 한계가 아닐까 싶다. 다음 작품을 보자.

①헤밍웨이는 1899년 7월 21일 미국 시카코에서 의사 아버지와 성악가 어머니 사이에서 6남매 중 장남으로 태어났다. 그는 평생을 낚시, 사냥, 투우에 심취한 반면 술과 담배 그리고 4명의 아내 외에 애인을 여럿 거느린 바람쟁이였다.(중략) 전쟁의 와중에 사랑을 나누는 〈무기여 잘 있거라〉, 〈킬리만자로의 눈〉, 〈누구를 위하여 좋은 울리나〉 등이 이 시기에 쓴 소설이다. 1952년 노인과 바다가 대 히트하여 퓰리처상과 노벨문학상을 받았다.

— 〈헤밍웨이 모히토와 다이키리〉 부분

②그는 생전에 네 명의 여인과 사랑을 나눴다. 20대 초엔 영국 처녀 애니 플레이든과 사귀면서 '사랑받지 못한 사내의 노래'를 썼다. 1차 세계대전 중에 만난 루(Lou)와는 진한 에로스적인 사랑을, 마들렌 파 레스와는 약혼까지 했으나 결실은 맺지 못했다. 그러나 1907년에 만나 5년 뒤에 헤어진 화가 로랑생과는 열렬히 사랑하면서 프랑스 국보급 명시 〈미라보 다리〉를 남겼다.

— 〈미라보 다리 밑의 아폴리네르〉 부분

③그는 비행경험을 바탕으로 〈야간비행〉, 〈남방 우편기〉, 〈인간의 대지〉 등의 소설을 썼다. 또 파리에서 사이공까지 최단 기록을 목표로 비행하다 사하라사막에 불시착한 경험을 〈어린왕자〉라는 작품으로 남겨 우리나라에서 120여 종의 번역서로 출간되었다.(중략) 그는 끊임없이 연애를 하면서도 아내를 사랑한 독특한 이중인격자였다. 43세 때 기혼녀인 23세 적십자사 구급차 간호사에게 반해 실종 직전까지 15통의 편지를 보냈으며 넬리 드 보귀에라는 여성과는 연인관계였다. 마담 M이란 여성은 귀족 남편을 둔 부자사업가였다. 그녀는 남편을 제쳐두고 미남 조종사 주변을 맴도는 별난 바람쟁이였다. 그녀는 생텍쥐페리가 실종된 후에 그의 전기를 썼다.

— 〈생텍쥐페리의 연인〉 부분

위에 인용한 세 작품은 모두가 뜨거운 에로스적 사랑의 결과물로 세계적인 명작이 탄생했다는 내용이다. 헤밍웨이의 〈무기여 잘 있거라〉 등의 소설이 그렇고, 아폴리네르의 프랑스 국보급 명시 〈미라보 다리〉가 그렇고, 생텍쥐페리의 〈어린왕자〉가 그러하다는 것이다. 모든 예술이 사랑의 영감으로 탄생된다는 것을 듣고 느끼고는 있지만 이렇게 구체적으로 입증해 보이니 조금은 당황스럽기조차 하다.

작품①에서 헤밍웨이는 4명의 아내 외에 애인을 여럿 거느린 바람쟁이였고 그 바탕 위에서 그의 소설이 쓰였다는 것이다. 헤밍웨이는 지독한 애주가였고, 특별히 럼의 마니아였다. 쿠바 아바나로 돌아가기 전에는 미국 최남단 키웨스트에서 두 번째 아내와 살았다. 남국의 하늘과 바다를 즐기며 수제 시가와 럼(rum) 칵테일인 모히토와 다이키리를 입에 달고 있었다. 그는 소설에서 "다이키리 술잔을 들고 바다를 생각하고 죽음 같은 고요 속에서 해가 수직으로 오르내리는 바다에 있을 때는 바다 색깔의 술을 마시고 싶다."라고 쓴 적이 있다. 그는 두 번의 비행기 사고를 당한 후유증으로 신경쇠약과 우울증에 걸려 고생하는 중에 "우물쭈물 하지 말고 빨리 올라와"라는 하나님의 음성을 들었다고 한다. 헤밍웨이는 자택 벽에 걸려 있는 엽총으로 62년 생애를 향해 방아쇠를 당겼다. 탕!

작품②는 "미라보 다리 아래 세느강이 흐르고/우리들의 사랑도 흘러내린다"로 시작되는 〈미라보 다리〉의 기욤 아폴리네르(1880-1918) 이야기다. 마리 로랑생은 세느강의 이쪽에 살고 아폴리네르는 강 저쪽에 살면서 아름다운 아치형 미라보 다리를 건너다니며 사랑을 속삭였다. 사랑의 끝은 이별이듯 둘은 헤어졌고 강물은 세월을 싣고 정처 없이 흐를 뿐이었다. 아폴리네르는 사랑하는 마리 로랑생을 다시는 만나지 못했다. 추억은 미라보 다리 밑에 머물러 있고 시인은 돌아올 가망 없는 연인을 기다리지만 사랑은 흘러가는 강물처럼 허망할 뿐이었다. 문득 떠오르는 연인의 환영을 보고 〈미라보 다리〉라는 명시가 탄생되었다고 한다. 프랑스인들은 세느강을 '사랑스러운 강'이라고 부르고 있다. 아폴리네르는 세계대전 종전 3일을 앞두고 천재예술가들이 흔히 그러하듯 38세의 나이로 짧은 생을 마감했다.

작품③은 프랑스 리옹출신의 작가 생텍쥐페리(1900-1944)이야 기다. 그의 아내 콘수엘로 순신 산도발은 엘살바도르의 재벌 가문의 딸이었다. 미국에 유학, 샌프란시스코에 정착하여 결혼했으나 2년 뒤 남편과 사별했다. 그 후 24세 때 파리에 정착해서 두 번째 결혼을 했으나 1년 뒤 남편은 불귀의 객이 되었다. 두 번째 남편의 유산을 찾기 위해 아르헨티나 행 여객선을 탔는데, 여기서 세 번째 남편인 생텍쥐페리를 만나 14년 동안 부부로 살았다. 이들은 그렇게 이별과 재회, 약속과 배반의 파란만장한 삶을 살다 간 것이다. 생텍쥐페리는 2차 대전 막바지인 1944년 7월 31일, P38 라이트 정찰기를 타고 하늘로 날아올랐으나 영원히 돌아오지 못했다. 1998년 10월 마르세유 부근 작은 만에서 넙치잡이 어부 장 클 보드 비앵코의 그물에 생텍쥐페리와 아르헨티나 부인 콘수엘로의 이름이 새겨진 은팔찌가 발견되면서 사인이 밝혀진 셈이다.

그가 남긴 〈어린 왕자〉에는 세기의 명문장들이 감동을 주고 있다. "네가 오후 4시에 온다면 나는 3시부터 행복해지기 시작할 거야. 사랑이란 마주 보는 것이 아니라 같은 방향을 함께 보는 것이다. 사막이 아름다운 건 어딘가에 오아시스가 있기 때문이다. 내가 좋아하는 사람이 나를 좋아해 주는 것은 기적이다." 프랑스 지폐에도 어린 왕자와 함께 그의 사진이 올려졌다. 작가 구활은 죽을 때까지 어린 왕자로 살았던 그가 너무 그립고 정말 보고 싶다고 가슴을 치고 있다.

물론 외국 작가만이 있는 것은 아니다. 당연히 우리나라의 작가도 있다. 조선시대의 수많은 풍류 선비문인들을 그렸는데 송강 정철의 일화를 소재로 한 다음 작품을 보자.

여색을 즐기지 않은 호걸이 없다더니 송강이 그랬다. 모함과 모반, 곤장과 유배, 징역과 사형이 판을 치고 있는 시국에도 로맨스는 그치지 않았다. 정철이 전라도 관찰사 시절에 자미紫微라는 기녀와 사귀었다. 그녀는 송강을 만나 이름을 송강松江의 이름을 딴 강아江娥로 바꾼 열렬여성이다.

─ 〈송강이 사랑한 여인〉 부분

송강은 강아를 위해 다음과 같은 시를 지었다. "봄빛 가득한 동산에 자미화 곱게 펴/그 예쁜 얼굴은 옥비녀보다 곱구나/ 망루에 올라 장안을 바라보지 말아라/거리에 가득한 사람들 모두 네 모습을 사랑하리라" 강아는 송강이 귀양 간 평안도 강계까지 찾아간 적도 있으며 송강이 사망한 뒤에는 묘소가 있는 고양시 신원동으로 옮겨와 살다 죽었다. 참으로 애절한 사랑이다. 이 역시 서양의 작가들 못지않게 사랑의 결과로 문학이 탄생되었음을 입증하는 것이 아니겠는가. 근현대사속에서 살다간 작가들을 소재로 한 작품도 있다. 다음 글을 보자.

덕수궁미술관에서 한국근대회화 100선전이 열린 적이 있었다. 구본웅이란 화가가 그린 〈친구의 초상〉과 김환기의 대작 〈어디서 무엇이 되어 다시 만나랴〉는 그림이 전시된다는 소식을 듣고 그게 보고 싶어 안달이 났다.(중략) 시인과 화가는 한 여인을 앞서거니 뒤서거니 아내로 맞은 이상한 동서지간(?)이다. 미국사람들은 이런 경우를 어떤 낱말로 표현하는지 물어보지 못했지만 약간 야한 표현이지만 홀 메이트(hole mate)라고 하면 될라나 모르겠다. 이 전시를 보고 싶었던 이유는 두 그림 사이에는 분명 애증의 그림자가 어른거릴 것 같아 그게 가장 큰 관심거리였다.

— 〈이상의 초상과 김환기의 그리움〉 부분

작가 구활은 두 그림이 질투 속에 투정을 하고 있거나 아니면 형 동생이라 서로 부르며 우의를 다지고 있는지 두 눈으로 보지 않고는 알 수가 없었기에 그걸 확인해 보고 싶다고 했다. 그 사연은 이러하다. 김환기의 아내 김향안은 본명이 변동림일 시절엔 천재시인 이상의 아내였다. 스무 살 때 여섯 살 많은 이상과 결혼했으나 이상은 4개월 만에 요절했다. 이상은 신병치료차 일본으로 건너갔다가 경찰서 유치장에서 34일간 구금되었다. 병이 악화되어 급하게 일본으로 건너온 아내의 무릎을 베고 "멜론을 먹고 싶소." 라는 마지막 말을 남기고 영면에 들었다. 변동림은 "결혼 4개월 동안 낮과 밤이 없이 즐긴 밀월은 월광으로 기억될 뿐 황홀한 일생을 살다간 27년은 천재가 완성되어 소멸되는 충분한 시간이었다"고 술회했다. 그로부터 7년 뒤, 변동림은 세 딸의 아비인 김환기와 재혼하면서 이름을 김향안으로 바꾸었다. 그 삼각관계의 애증을 확인해 보고 싶다는 작가 구활의 호기심은 어쩌면 당연한 일이라 여겨진다.

구활이 보기에, 이상의 초상화는 15호짜리 유화로 그의 시 〈오감도〉에 나오는 '십 삼인의 아해가 도로를 질주하는' 것처럼 난해했다. 이상의 절친인 꼽추화가 구본웅이 아니면 도저히 표현하지 못할 그런 명화라고 했다. 김환기의 그림은 가장 친하게 지냈던 8살 많은 선배 시인 김광섭이 뉴욕으로 보내온 〈저녁에〉란 시를 읽고 그린 점화다. 그 그림은 단순한 점이 아니라 어린 시절의 기억과 가족과 친구 그리고 고향풍경을 점 속에 박아 넣은 그리움의 서사시였다. 이상의 그림은 소품이고 김환기의 그림은 대작이어서 그 그림들이 같은 방에서 혼숙하고 있지는 않았다고 했다. 다행이란 말인지 안타깝다는 말인지 여운만 남기고 있을 뿐이다.

독일의 철학자 쇼펜하우어(1788-1860)는 그의 저서 《사랑은 없다》(2023, 해누리, 이동진 옮김)에서 이 세상의 모든 남녀의 사랑은 아무리 별나라의 모습을 하고 있더라도 성욕이라는 본능을 근거로 하고 있다고 했다. 소설이나 희곡작품에도 남녀 간의 사랑은 자기 보존의 본능이 성욕 속에 강력하게 작용하고 있다는 것이다. 사랑의 옷을 입은 성욕이야말로 정직한 사람을 철면피로 만들고, 충신을 반역자로 변절시키며 모든 것을 뒤집어엎고 찢어버리고 파멸시킬 만큼 강렬하다는 말이다. 다음 글을 보자.

남녀 간의 사랑이 문학의 영원한 테마가 될 수 있었던 것은 바로 그 이유 때문이라는 것을 부인할 사람은 아무도 없다. 그리고 그만큼 인류에게 큰 감동을 줄 수 있는 문학적 테마는 단연 사랑일 수밖에 없다. 한편의 감동적인 희곡이 사랑을 다루지 않고 재미있기를 바라는 것은 연목구어이다. 따라서 인류가 태어난 이래 끝없이 다루어온 그 낡아빠진 사랑의 테마가 오늘도 여전히 사람들에게 감동을 주는 것이다. 결국 남녀 간의 사랑은 아무리 낡아빠진 통속적인 테마라고 해도 결코 버릴 수 없는 문학적 테마이자 인류공통의 자산이자 유산인 것이다.

— 쇼펜하우어 《사랑은 없다》 p27 부분

인류가 가진 종족본능의 행위가 바로 사랑이며, 사랑은 오직 성욕을 통해서만 이루어질 수 있다는 논리다. 쇼펜하우어는 사랑하는 사람이 서로 정신적으로만 만족하지 못하고 육체관계를 목표로 하고 있는 것과, 아무리 둘이 사랑을 확신하고 있어도 공간적으로 멀리 떨어져 있으면 아무런 위로가 되지 않는다는 것을 보면 알 수 있다고 한다. 남녀가 데이트를 하러 갈 때 멋진 옷을 차려입고, 수없이 거울을 보는 그 처절한 노력이 모두 성적인 충동 때문이 아니라면 누가 그 힘든 일을 하겠느냐고 반문한다. 남녀 간의 사랑은 오직 성적 환타지라는 묘약 때문이라는 것이다. 지금까지 논의한 작가 구활의 작품 역시 쇼펜하우어의 사랑의 논리 속에 모두 수렴되는 것이 아닐까 싶다.

3. 겨울 원두막과 작가의 풍류

이제 표제작인 〈겨울 원두막〉을 살펴볼 차례다. 이 작품집 속에 수록된 대부분의 작품들은 세계적으로 알려진 음악, 미술, 조각, 예술, 역사, 문학가들을 소재로 하고 있는 데 비해서 〈겨울 원두막〉은 작가 자신의 이야기다. 작가의 일생 중에서도 푸르고 젊은 날과 사회 초년시절 이야기다. 대학 시절 작가는 가정교사를 했고, 홀어머니 밑에서 자랐고, 기차통학을 했으며, 친구가 좋고 목로주점 '돌채'에서 막걸리 마시는 것을 좋아했다. 언제나 술값이 문제였고 잠 잘 곳을 걱정했지만 당시 청구대학 학생기자였던 친구 원일이(소설가 김원일)가 그 모든 것을 해결해 주었다. 그 친구와의 우정은 평생을 변치 않고 이어지고 있어 마음 울컥하는 감동을 주기도 한다. 군에서 제대 후에 원일이 친구는 청도 이서중 국어교사가 되었고, 작가는 ROTC 장교로 복무를 마친 후 일간신문 기자로서의 대장정에 올랐다. 다음 글을 보자.

겨울 한 철 우리들의 하룻밤 숙소는 원일이 집에서 가까운 고교동창 친구인 이동선(경북대 농대생)의 주택 2층 다다미방이었다. 그 방은 여름 원두막이지 겨울 온실은 아니었다. 사방이 모두 창문이었다. 바람이 부는 날은 노래를 부르지 않는 창문은 하나도 없었다. 어떤 놈은 농촌의 탈곡기 소리를 내기도 했고 또 다른 놈은 현악기 종류인 퍼거슨 같은 소리를 냈다. 또 있다. 바람이란 주자의 솜씨가 바뀔 때마다 하이톤으로 부르던 찬송가가 갑자기 엄숙하고 거룩한 저음의 주기도문으로 바뀌기도 했다. 우리는 하룻밤 여인숙인 '겨울 원두막'에서 들리는 창틀공연을 '다다미 오케스트라'라고 불렀다. 겨울 유리창 틈새로 스며드는 매운바람은 콧등부터 얼어붙게 했다.

— 〈겨울 원두막〉 부분

1960년대가 시대적 배경이다. 참으로 춥고 배고팠던 시절의 이야기다. 그때는 국민소득이 80달러 전후였을 터인데, 온 나라와 국민들이 춥고 배고픈 시절이었다. 대학생이 된 것만으로도 특권이었고 만인이 우러러보는 자리였음은 말할 필요조차 없다. 그래도 작가는 작가대로 실로 입에 담을 수도 없는 고생을 하며 대학 생활을 한 것은 사실이다. 그런 아픈 시간을 보내면서도 젊은 작가는 낭만으로, 미래의 희망으로 이겨낸다. 그 여름 원두막에서 부는 겨울바람을 퍼커슨 소리에 비유하고 거룩한 저음의 주기도문으로 생각하는 멋을 부렸다. 초저녁에 마신 술이 깨고 새벽이 되어 맑은 기운이 돌아오면 이정화가 부른 〈봄비〉를 흥얼거리며 꽁꽁 얼어붙은 한겨울에 봄을 재촉하는 노래까지 흥얼거렸다. 이때부터 작가는 풍류의 도를 체화한 것이 아닌가 생각된다.

〈겨울 원두막〉이 주는 또 하나의 감동은 특별한 우정이다. 원일이의 막냇동생이자 시인인 원도가 25세의 나이에 요절을 했을 때다. 화장을 한 후 유골을 금호강에 직접 뿌렸으며, 분쇄하지 않은 굵은 뼈는 수습하여 한지에 싸서 작가의 집 캐비닛에 넣어두었다. 죽은 이의 무릎 뼈로 궤나 라는 악기를 만들어 고인을 추모하는 인디오들의 풍습을 따른 것이다. 궤나를 보관하면서 작가는 원일과의 우정을 생각하며 〈궤나 소리〉라는 시 한편을 썼다. 그러면서 "원일아, 우리도 마음 깊은 곳에 궤나 하나씩 숨겨두자. 너 보고 싶을 때 내가 불고, 내 그리울 때 네가 불도록."이라며 글을 맺는다.

이상에서 구활작가의 작품을 분석하면서 그를 우리시대의 마지막 풍류작가로 자리매김 하고자 한다. 조선시대 선비들은 좋은 자연환경 속에서 시(詩), 서(書), 금(琴), 주(酒)로 노니는 것을 소위 풍류로 생각하였다. 이러한 풍류는 문학은 물론 음악과 그림의 주요 소재가 되었으며 함께 혼합되어 나타나기도 하였다. 신윤복의 〈야연도(野宴圖)〉는 음악인과 기생을 대동하고 들놀이를 나온 선비들의 모습을 그리고 있는데, 거문고, 해금, 대금 세 악기로 연주하는 악사들의 뒷모습이 있고, 두 기생이 두 선비 사이에 앉아있는 모습이다.

작가는 조선조 선비 중에서 누가 최고의 풍류객이고 멋쟁이일까 라는 질문을 던지고 고산 윤선도와 백호 임제를 두고 망설이고 있다고 했다. 그러면서 백호 임제를 최고의 풍류객으로 꼽았다. 백호는 콧대 높은 평양기생 한우(寒雨)를 시 한 편으로 꼼짝 없이 옭아매 사랑을 얻었으며, 황진이 무덤을 찾아서는 술 한 병과 닭 한 마리를 제수로 올리고 추도시를 읊었다. 이를 두고 자유롭게 유영하는 풍류남아라 했다. 그러면서 조선이 중국의 속국으로 취급되는 것에 강한 분노를 느낀 애국자였다고 칭송했다. 백호는 39세라는 짧은 생을 살면서 호방한 기상이 하늘을 뚫을 것 같았지만 기개를 펼치지 못했음을 안타까워했다. 고산 윤선도는 85세의 생을 살면서 18년이나 귀양살이를 할 정도의 풍운아였다. 유배 중에서도 나무와 달을 친구로 삼으려 한 조선시가의 대표작이라 할 수 있는 〈오우가〉를 지었으며, 여가가 있을 때마다 거문고를 타며 음악을 즐긴 멋쟁이였다고 추모했다. 그러면서도 고산은 나이 쉰 살 무렵에 16세 소녀를 취하여 첩으로 삼아 사내아이까지 낳은 바람기를 거론했다.

현대판 풍류의 도 역시 시주색(詩酒色)을 벗어나지는 못할 듯싶다. 그럼에도 풍류에는 질서와 도가 있어야 한다. 청빈과 낙천, 우정과 의리가 반드시 바탕이 되어야 한다. 검소하지만 누추하지 않고, 화려하지만 사치스럽지 않아야 한다. 해박한 지식으로 무장되어 있으면서도 뽐내거나 거만스러워 보이면 안 된다. 방탕하지 않으며 멋스럽고 인간미가 넘쳐나야 한다. 그래야 풍류의 도라 할 수 있다. 그런 의미에서 작가 구활이야말로 이러한 도를 갖춘 우리시대 마지막 풍류작가가 아닐까 싶다. 더구나 임제 백호와 고산 윤선도를 가슴 속에 품고 〈어린 왕자〉의 생텍쥐페리를 사무치게 그리워하는 작가라면 더 말해서 무엇 하겠는가. 선생께서 오래오래 건강하게 우리 수필문단을 지켜주기를 간절하게 바라는 마음이다.

3. 백마 타고 오는 초인을 기다리며
– 이은희론

1. 작가 이은희는

 2004년은 수필계의 입장에서 본다면 중대한 전환점이 될 수 있는 사건 하나가 있다. 이은희의 수필 〈검댕이〉가 제7회 동서커피문학상 대상을 받게 된 것이다. 이는 결코 작은 사건이 아니다. 필자는 이를 수필계의 찬란한 희망의 불빛으로 보고 있다. 시, 소설, 등 전 장르를 총망라하는 공모전에서 다른 장르를 제치고 수필이 대상을 받았기 때문이다. 그것도 상당한 상금까지 걸린 대표적인 공모전이기에 장르를 초월하여 수많은 작가들이 몰려드는 현실에서 1등을 한다는 것은 가벼운 일이 아니다. 이런 공모전에서 수필은 언제나 뒤로 밀려나기 마련이다. 타 장르를 물리치고 수필이 당당히 대상을 차지했음은 시, 소설, 극이라는 견고한 3분법의 벽이 허물어지는 신호탄이다. 이는 이은희 개인의 영광이기도 하지만 한국수필계의 새로운 변화와 희망을 예고하는 중대한 변곡점이다. 그렇다면 〈검댕이〉는 어떤 작품인가. 당시 심사위원이었던 고 김시헌 작가와 김우종 교수의 심사평을 보자.

> 대상으로 선정된 이은희의 〈검댕이〉는 한국의 수필문학이 매우 높은 수준에 도달했음을 입증할만한 수작이었다. 문장력뿐만 아니라 수필이 갖춰야 할 예술로서의 문학적 기법에서 특히 우수성을 나타냈다. 작품의 소재는 곤충 한 마리인 사슴벌레의 관찰기에 속한다. 그것을 구입하고 기르다가 잃어버리게 되기까지의 과정이 재미있다. 그렇지만 이야기의 재미보다도 그 벌레를 통해서 작가 자신의 인생을 깊이 있게 짚어보고 보다 값진 삶의 길을 발견한 것이 귀중한 성과다. 사슴벌레가 자유를 찾기 위해 철망 상자 속에서 몸부림치다가 성공한 방법을 통해서 자신보다 더 귀중한 삶의 길을 찾았다는 얘기는 큰 암시를 준다. 즉 사슴벌레는 나라는 인생의 상징적인 소재로 쓰임으로써 상상을 통한 비유법의 우수성을 나타내고 수필의 예술성을 확보한 것이다.

중대 고비마다 예술성 시비에 휘말리던 수필이 이은희의 〈검댕이〉에 와서는 수필이 예술성을 확보했다고 선언을 하는 것이다. 그런 의미에서 이은희는 오랜 세월 기다리던 수필계의 백마 타고 온 초인이 될 수 있다. 그로부터 이은희는 그 기대에 보답이라도 하듯이 저 높은 곳, 수필의 성좌를 향하여 성큼성큼 대도를 걸어간다. 그는 2004년, 이 작품으로 《월간문학》에 공식적으로 등단을 하게 된다. 그리고는 그 다음해부터 작품집이 쏟아져 나온다. 2005년 첫 수필집 《검댕이》, 2007년 수필집 《망새》, 2009년 《버선코》, 2011년 《생각이 돋다》, 2014년 포토에세이집 《결》, 2014년 수필선집 《전설의 벽》, 2017년 《문화 인문학》, 2017년 테마사진 수필집 《결을 품다》, 2022년 《화 화 화》까지 마치 화산이 분출하듯이 문학적 역량을 뿜어내고 있다.

이렇게 나온 작품집은 그 반응 또한 폭발적이라 할 수 있다. 그것은 작품집에 대한 문학상이 잘 뒷받침해 준다. 2007년 제물포수필문학상을 시작으로 2010년 충북수필문학상, 2012년 신곡문학상, 2013년 충북여성문학상, 2015년 김우종문학상, 2018년 구름카페문학상, 2019년 에세이포레문학상, 박종화문학상 등 굵직굵직한 문학상을 휩쓴다는 말이 옳다. 문학상이 문학성과 직접적인 관련이 없다고 해도 문학상을 주는 주최 측의 입장에서는 거듭 고심하고 선별해서 최적의 문인에게 수상의 영예를 안겨주는 것이 사실이다. 1967년생인 이은희는 이러한 문학적인 역량을 바탕으로 문단활동도 게을리 하지 않는다. 2005년 충북수필문학회 감사, 한국문협 회원, 청주문화원 부원장, 2012년 한국수필문학진흥회 이사, 2013년 에세이포레문학회 회장, 2014년 계간 에세이포레 편집장, 2020

년 스마트경영포럼 문화예술지원분과 위원장 등의 직책을 맡아 사명감을 불태우고 있다. 그의 주업은 ㈜대원 전무이사이다. 여성의 몸으로 직장에서 업무를 수행하는 것만으로도 쉽지 않은 일일 텐데 그야말로 문학에 대한 열정은 초인적이라 할 만하다.

실제로 수필은 문학의 큰 갈래인 서정, 서사, 극, 교술 중 교술의 중심에 있다. 어떤 측면에서도 그 영역이 확고하다. 수필은 디지털 문화 환경에 매우 적합한 매체다. 절제된 언어와 서사적 재미, 극적인 스릴까지 모든 장르의 장점을 두루 갖추었다. 다양하면서도 개인중심적인 첨단 스마트시대에서는 추상적인 관념을 고도의 비유로 노래하거나, 허구적이고 고루한 삶의 얘기는 독자들의 관심이 멀어질 것으로 본다.

수필은 15매 전후의 형식 속에 한 영혼의 깊고 미세한 풍경을 고스란히 그려낼 수가 있다. 때로는 짧아서 아쉬운 시와 너무 길어서 읽기 힘든 소설의 지루함까지 15매 속에 녹여낸다. 우주를 표현할 수 있고 인류의 정신사까지 담을 수 있음도 물론이다. 15매라는 틀 속에 문학의 다양한 미적 장치를 구비하여 깊게, 때로는 폭넓게 감동을 준다. 이 얼마나 매력 넘치는 문학인가. 나는 이것을 매력을 넘어선 수필의 마력이라 부른다.

그럼에도 불구하고 아직도 현실은 시, 소설, 희곡이라는 3분법의 벽이 너무나 견고하다. 오늘날 수필가들은 이 3분법의 벽을 반드시 넘어야 한다. 그래야 수필을 문학의 본류에 세우고 문학성 시비를 잠재울 수가 있다. 그러기 위해서는 무엇보다도 치열한 작가정신과 열정이 우선되어야 한다. 시인, 소설가, 극작가, 평론가가 쓰는 수필을 뛰어넘어야 함은 물론이고 이들 장르를 앞서야 한다.

예리한 메시지와 신선하고 매력적인 소재를 찾고 표현 방법에 대해 고민해야 하며, 미적인 울림이 감성과 이성의 눈을 뛰어넘어 본질적 깨달음에 도달하는 영적(靈的) 경지까지 승화되어야 한다. 새롭고 실험적인 수필로 독자들을 감동시켜야한다. 그래야 문학의 본류로 미래문학의 중심으로 서게 될 것이다. 이제는 수세기동안 문학사를 지배해온 견고한 3분법의 벽이 조금씩 허물어지고 있다. 수필이 새로운 세기를 이끌어갈 장르로 부각하고 있다는 징후들이 곳곳에서 나타나고 있음은 고무적이다. 그 구체적인 신호가 있다면 바로 이은희 수필가가 그 중심에 있다고 보는 것이다.

2. 꽃을 통하여 인간본성에 접근

그렇다면 이은희에게 수필에 대한 이런 열정적인 힘은 어디에서 나오는 것일까. 그의 수필의 본질은 무엇일까. 2020년《수필미학》겨울호(통권30호)에서 작가집중탐구로 이은희 수필가를 기획특집으로 대서특필한 적이 있다. 이 기사에서 그는 살아온 시절을 회고하고 등단계기와 과정, 문학공부와 관련 영향을 받은 인물이나 만남, 추구하는 문학세계 등을 매우 상세하게 밝힌 바가 있다. 이은희 수필의 본질을 이해할 수 있는 핵심적인 부분을 요약해 본다.

마당을 보면 눈물이 납니다. 기쁨과 슬픔의 눈물이 아닌 마당과 함께 흔적 없이 사라진 소중한 것들에 바치는 사모의 눈물입니다. 그나마 작가가 되어 회고할 수 있어 얼마나 다행인가요. 나의 유년의 기억은 요즘 흔하지 않은 넓은 마당에서 시작됩니다. 어머니의 남다른 생활력 덕분에 뒷마당은 사십여 마리의 돼지와 셰퍼드와 토끼, 닭 등을 키워 동물농장 같았고, 축사 옆으로 바지랑대에 빨랫줄이 매인 마당에는 붉은 고추가 무량하게 널려 있었죠. 고추건조장에서 쪄낸 물고추를 마당에 널어 투명한 햇볕에 바싹 마르면, 동네 아주머니들이 희나리를 가리러 오십니다.

작가가 되어 푸른 시절의 잊을 수 없는 이야기는 글감으로 불러왔지요. 수필집 제목인 〈망새〉와 〈버선코〉입니다. '망새'는 아버지가 지붕에 앉아 기와를 손수 올리던 모습은 수호신인 불새로 형상화하였고, '버선코'는 돌아가신 할머니의 버선발의 코가 이불 밖으로 보여 잊히지 않는 이야기입니다. 유년시절 머물렀던 동네는 아파트 단지로 바뀌고, 소중한 부모님과 할머니도 제 곁에 머물지 않습니다. 눈앞에 있던 대상들이 흔적 없이 사라져 뇌리의 잔상으로만 남아 더욱 그립습니다. 부모님이 남겨주신 유산을 무시로 들춰봅니다. 기와집 마당에서 가축을 기르며 겪은 자매들의 소소한 경험과 동네 어르신들의 귀동냥으로 얻은 인생사 등 향수어린 기억은 나의 삶을 풍요롭게 합니다.

작가의 길은 전혀 상상치도 못한 길입니다. 돌아보니 돌아가신 어머니가 문학의 길로 인도한 건 아닌가 싶습니다. 등단 무렵, 그리움의 절정에 달했던 것 같아요. 36살에 정신적 지주인 친정어머니를 여의고 마음을 붙일 곳 없어 부유하는 듯한 삶이었죠. 우연히 딸의 백일장에 따라갔다가 상을 받은 것이 글을 쓰게 된 계기가 되었지요. 이어 공모전 여러 곳에서 수상하며 재능이 있는가 싶어 글에 미친 듯 몰입하게 되었답니다. 어머니를 향한 절절한 그리움이 내 안의 이야기를 풀어놓게 한 것 같아요. 아홉 권의 작품집 중, 첫 수필집에서 네 번째 수필집까지 어머니를 향한 그리움이 배어 있답니다.

저는 오래된 물상을 좋아합니다. 틈만 나면, 우리의 전통 문화재를 찾아 사찰 기행을 떠납니다. 나를 찾는 사색의 공간으로 사찰만큼 좋은 곳이 없답니다. 절집을 오래 서성이며 물상이 주는 고유한 결을 느끼며 사유하기를 좋아합니다. 이런 습관은 일상에서 부딪는 모든 것에서도 숨결을 찾고 있는 자신을 발견합니다. 수필집 《결을 품다》에 실린 '꽃결, 사색의 결, 바람의 결, 전통의 결, 삶의 결'은 길 위에서 만난 무량한 숨탄 것들의 '결'의 집합입니다. 더불어 인간의 마음결을 어떻게 다듬어 가야 하는지를 돌아보게 하는 글입니다.

요약하자면, 이은희는 넓은 마당이 있는 시골 대가족의 7남매 맏이로 태어나서 성장한다. 할머니, 부모님, 형제들과 가축들, 시도 때도 없이 찾아드는 군식구들까지 정말 대식구들이다. 아무리 가족이 많다고 해도 이들 한 명 한 명과 특별한 추억과 사연을 간직하고 있음은 물론이다. 할머니와의 웃지 못할 추억, 태산 같았던 아버지의 자리, 어머니의 무량한 사랑, 아등바등 자라며 새겨진 동생들과의 약속, 가축들을 키우며 맺어진 한 마리 한 마리와의 애환들, 이루 헤아릴 수가 없을 정도다. 이러한 과정의 모든 것이 이은희 수필의 자양분이요 뿌리다. 그중에서도 36세에 맞이한 어머니와의 영원한 이별은 청천벽력 같은 사건이다. 어머니는 간절한 그리움이라는 슬프고도 황홀한 문학이라는 선물을 주고 떠나셨다. 어머니를 향한 절절한 그리움이야말로 이은희 문학의 출발점이자 종착점이다. 그가 펴낸 십여 권의 수필집 중에서 첫 수필집을 포함한 4권은 모두가 어머니를 향한 애절한 그리움이 배어있을 정도라고 고백하고 있다.

노을빛 손톱이 탄생하였다. 손톱에 봉숭아 꽃물들임은 그리움의 선물이다. 저문해가 산허리로 넘어갈 즈음 서편하늘은 주홍빛으로 곱게 물든다. 산 그림자 누운 강물도 물들고 강물을 바라보는 내 얼굴도 점점 붉어진다. 두 눈에 노을이 넓게 퍼지면, 눈물이 그렁그렁해진다. 눈앞에 지나간 추억이 아롱거리고 세상을 등진 그리운 얼굴들이 떠올라서다. 특히 울밑에 핀 봉숭아 꽃잎을 조심스레 따던 당신의 모습이 눈에 선하게 그려진다. 손톱 위에 가만가만히 꽃물을 들이던 친정어머니의 따스한 손길이 몹시 그립다.

— 〈잠 못 이룬 밤에〉 부분

노을과 주홍빛 봉숭아 꽃물과 어머니에 대한 그리움이 잘 형상화된 작품이다. 그 어떤 시적 표현이나 소설적 서술보다도 아름답다. 이토록 섬세한 한 영혼의 모습을 볼 수 있음이 축복이라 생각할 정도다. 특히 저녁이라는 시간배경에 주목할 필요가 있다. 하루의 끝인 저녁이면 슬픔이 밀려오고, 일 년의 석양인 가을은 우수에 젖어드는 것이 인간의 보편적인 정서다. 하루해가 지는 노을빛 무렵에 어머니가 더욱 그립고 공연히 슬퍼짐은 어찌할 수 없는 자연의 섭리일지도 모른다. 더구나 어머니와 함께했던 그 시절은 다시 볼 수 없는 풍광들이고 되돌아갈 수 없는 젊음이기에 추억마저도 서러워지는 것이다. 그 모든 것이 왈칵 그리움이 되어 밀려들고 있다.

그렇다. 나 역시도 실체도 없는 그리움 때문에 젊음을 애태우고, 밤을 지새우며 아파하기도 했다. 지금도 그 병이 다 나았다고 할 수도 없다. 그렇지만 그리움이야말로 서정성의 핵심이요, 창작의 원천이라 생각한다. 또한 문학의 핏줄이라고 할 수가 있다. 작가로서 가져야 할 최소한의, 또는 최대한의 덕목이라고 생각하는 것이다. 이은희 수필의 본질은 바로 그리움에서 비롯되는 것이다.

3. 수필집 《화 화 화》독법

미래수필의 큰 방향은 하나의 주제를 중심으로 깊은 사유를 확장해가는 것이라 생각한다. 전문적인 삶의 현장을 담은 수필시대가 열릴 것으로 본다. 야생화를 탐색하는 일, 산을 노래하는 일,

바다를 탐구하는 일, 평생을 종사한 직업적 체험, 등이 핵심적인 소재의 방향이다. 이것저것 백화점식 나열과 무명작가의 사소한 일상에 독자들은 흥미가 없다. 대하소설처럼 대하수필도 나와야 한다. 이것은 전 장르에 해당되는 담론이기도 하다. 박경리의 대하소설 《토지》, 조정래의 《태백산맥》, 이병주의 《지리산》, 김주영의 《객주》, 최명희의 《혼불》을 생각해 보면 그 답은 명확해 진다. 이들은 생애를 바쳐 이 소설의 완성에 바쳤고 그 결과 이 작품들은 우리문학의 커다란 산맥을 이루어 문학사에 영원히 남게 될 것이다. 수필도 이 같은 작품이 요구되는 시대로 접어들었다고 본다.

이러한 흐름에서 볼 때 이은희의 수필집 《화 화 화》는 꽃이라는 하나의 주제를 두고 집중적인 사유와 탐색을 펼치고 있는 작품집이다. 작가는 청주시 24층 복층아파트에 살고 있다. 안방에서 떠오르는 태양을, 거실에서 저무는 노을을 볼 수 있는 자연을 품은 집이다. 작가는 테라스 같은 이 공간을 하늘정원이라 부르며 선물 같은 집이라고 만족해한다. 멀리 녹음에 휩싸인 상당산성 성벽이 희끗거리고 가까이엔 청주의 정기를 품은 우암산을 마주한다. 그는 복잡한 일상과 고된 하루를 이겨낼 수 있는 기운을 이 하늘정원에서 얻는다. 하늘정원은 그리움의 공간이다. 친정어머니처럼 틈나는 시간을 쪼개어 토종 꽃과 나무를 가꾼다. 봉숭아꽃과 채송화, 도라지꽃과 나팔꽃, 백합이 정원에서 피어난다. 새벽에 눈을 뜨면 제일 먼저 하늘정원에 오른다. 몸을 숙여 풀을 뽑고 물뿌리개에 물을 받아 천천히 물을 주며 식물에게 말을 건다. 매일 맞는 동살이 새롭고 이슬 맺힌 비비추가 싱그럽다. 24층까지 날아와 난초 잎 틈새에 고요히 잠든 무당벌레와 바지런한 꿀벌과도 친구가 된다. 한껏 부풀어 터질 듯한 도라지꽃 봉오리와 밤새 한 뼘 이상 줄기가 자라 나뭇가지를 단단히 휘감은 더덕줄기를 대견스럽게 바라본다. 자연을 섬기니 절로 무념무상이다. 하늘과 바람, 산, 그리고 그가 키운 꽃과 나무가 바로 처방약이다. 일상에서 불쑥 일어난 뿔 같은 화도 금세 스러진다. 꽃과 대화를 수시로 나누니 마음의 궁핍에서 벗어나 자유로운 영혼이 된다. 풍경소리 청량하고 도량 가득 달빛이 내리니 무엇이 부족하랴. 사사의 산승처럼 홀로 정원에 서있는 날이 많다.

①삶이 윤택해지려면, 매일 가슴 뛰는 일을 하란다. 오늘 내 가슴을 심히 뛰게 한 건 한 송이 나팔꽃이다. 흙 한 줌 없는 24층 하늘정원 자갈밭에 꽃씨를 뿌린 적 없는데 새싹이 돋아 신기하다. 목을 길게 줄기를 늘이더니 빛깔고운 꽃을 피운 것이다.
― 〈가슴 뛰는 일〉 부분

②작은 햇불처럼 피어오른 파꽃이 인상적이다. 꽃대가 꿋꿋이 하늘향하여 길고, 꽃봉오리는 엄지와 검지 끝을 동그랗게 모았을 때 크기 정도다. 갓 피어난 봉오리는 속내를 보이지 않으려고 얇디얇은 천으로 감싼 듯 신비한 기운마저 감돈다. 바로 곁에는 여러 갈래로 갈라져 노란 수술들이 너도나도 보란 듯 얼굴을 내민다. 그 모습은 마치 성스러운 성화같기도 하고, 불단을 밝히던

촛불의 모습과도 닮아있다.

— 〈파꽃처럼〉 부분

③여전히 나는 불치병을 앓고 있다. 누가 시킨 것도 아닌데 불볕더위에서 노랑꽃을 지켜내고자, 생애 좋은 작품을 남기고자, 애면글면한다. 이 모든 행위는 시어처럼 사랑덕분이다.'당신이 아닌 누구도/치유할 수 없는/내 불치의 병은/사랑'이다. 글을 좋아하니까, 꽃을 사랑하니까 열병을 자처하여 앓는다. 가슴에 상처가 덧나도 이 일을 원한다. 열병 속에서 까맣게 피어난 나만의 언어로 열매를 맺어 뭇사람과 나누고 있다. 미래에도 꽃을 보고 또 보고, 글을 쓰고 또 쓰고, 이 행위는 평생 이어지리라. 오늘도 새벽에 일어나 누구도 못 말릴 그리움의 열병을 토한다.

— 〈해바라기 연가〉 부분

작품 ①은 인간도 힘겨워하는 불볕더위를 견뎌내고 꽃을 피운 나팔꽃에 대한 예찬이다. 강인한 생명력에 치하를 보내며 꽃잎이 으스러질까 보듬을 수도 없어, 너 참 장하고 귀하다고 혼잣말만 속삭일 뿐이다. 무엇보다도 삶이 윤택해지려면, 매일 가슴 뛰는 일을 하라는 사유가 압권이다. 작품 ②는 파꽃의 생애를 톺아본 작품이다. 파꽃은 매운 냄새를 풍긴다. 남들은 향기로운 냄새로 벌과 나비를 부르는데 그의 곁은 누가 지키겠는가. 마당 한 귀퉁이에서 무심히 피어나는 꽃, 화려한 색감도 그 흔한 잎도 돋지 않으니 무엇으로 시선을 사로잡을까. 작가는 속이 텅 빈 연한 줄기로 무거운 씨앗주머니까지 이고 있으니 이 또한 사랑의 힘이라고 강조한다. 작품 ③은 해바라기 꽃을 작가자신에 비유하여 형상화하고 있다. 멀대 같이 키가 크고, 누렇게 뜬 얼굴빛이 그렇고, 노란 옷이 잘 어울려서도 그러하다. 꽃을 사랑하고, 운명적으로 글을 써야하고, 자신만의 언어와 색깔을 찾아 평생 열병을 앓아야 함도 해바라기와 닮아 있다.

> 상식이 통하지 않는 사람 앞에서 끙끙거리다 심장에 종종 불꽃이 일어난다. 그 불꽃은 쉬이 사그라지지 않아 몸속 구석구석에 반점처럼 부어올라 처방약을 달고 산다. 화火로 달궈진 심장을 서서히 잠재우는 대상은 역시, 꽃이다.(중략) 지인은 번거로운 일을 왜 좌초하느냐고 묻는다. 그래서 나도 나에게 묻는다. 내 안에 체증인 불[화火]를 꽃[화花]으로 다스린다는 응답이다. 일상에서 맞닥뜨린 상심에 솟은 화火를 자분자분 잠재우는 화花. 내가 전념하는 일은 직장생활과 글쓰기에 덤으로 식물 가꾸기와 그 식물을 지인에게 공유하기다.(중략)이웃과 마음을 나누는 일은 더없는 기쁨이다. 좋아하고 사랑하는 일은 향기로운 조화를 낳는다. 꽃[화花] 덕분에 마음이 맞는 분들과 살뜰한 정을 나누는 기회를 만든다. 마음속 불[화火]의 화신이 낳은 아드레날린은 자연이 만든 신선의 꽃[화花]으로 잠재우고, 그 꽃을 SNS에 공유하니 세상과 조화[화和]롭다.
>
> ― 〈화 화 화〉 부분

틱낫한 스님은〈화〉라는 글에서 이렇게 말한 적이 있다. 화는 모든 불행의 근원이다. 화를 안고 사는 것은 독을 품고 사는 것과 같다. 화는 나와 타인과의 관계를 고통스럽게 하며, 인생의 많은 문제를 닫히게 한다. 화를 다스릴 때 우리는 미움, 시기, 절망과 같은 감정에서 자유로워지며 타인과의 사이에 얽혀있는 모든 매듭을 풀고 진정한 행복을 얻을 수가 있다. 분노는 평화를 깨트린다. 살아가면서 성인이 아닌 이상 분노가 일어나지 않을 수 없으니 분노가 치민다 해서 그대로 표현했다가는 후회할 일만 생긴다. 그러므로 화를 잘 다스려서 억제할 수 있도록 스스로 훈련해야한다.

작가는 "화火로 달궈진 심장을 서서히 잠재우는 대상은 역시, 꽃"이라 하고, "꽃[화花] 덕분에 마음이 맞는 분들과 살뜰한 정을 나누는 기회를 만든다."고도 한다. 마음속 불[화火]의 화신이 낳은 아드레날린은 자연이 만든 신선의 꽃[화花]으로 잠재우고 있는 것이다. 모든 화의 근원을 꽃으로 다스리고 있는 그는 이미 속인의 경지를 벗어나 있는지도 모를 일이다.

4. 결국은 사람이다.

이은희는 수필집《결》과《결을 품다》이후 결의 작가로 불린다. 이번 작품집은 꽃의 결에 집중하고 있다. 또한 그의 작품세계를 이루는 주된 정서는 그리움이라 했다. 수많은 그리움들 중에서도 어머니에 대한 그리움이 핵심을 이룬다. 이번 작품집《화 화 화》역시 꽃을 소재로 하고 꽃 이야기만 집중적으로 사유하고 있는 듯이 보이지만 그의 잠재된 무의식세계는 그리움에 대한 간절한 몸부림이다. 꽃은 그리움의 매개물일 뿐이다. 꽃이 아름답게 필수록 함께 볼 사람이 그립다. 그렇다. 그의 문학은 결국은 사람으로 귀결된다는 얘기다. 이것은 인간탐구라는 문학 본령과도 맞닿아 있는 덕목이기도 하다. 문학뿐만이 아니라 모든 인문학의 최종 지향점이 인간이 아닌가.

꽃 중의 꽃은 사람 꽃이란다. 꽃이 저마다 고운 빛깔과 향기를 뿜어내듯 우리네 삶도 제각기 내면의 향기를 지닌다. 꽃의 모양과 종류가 다르듯 인간의 세계도 다르지 않다. 다양한 모습과 성향의 사람들이 존재한다. 꽃처럼 순수성을 잃지 않고 헛된 욕망을 꿈꾸지 않는다면, 지구상에 아귀다툼은 없으리라. 개성을 존중하고 배려한다면, 지구상에 전쟁은 사라질까. 꽃의 세계에선 서로의 다양성을 이해하고 존중하는 것 같다.

― 〈꽃 중의 꽃〉 부분

세상에 불로초는 따로 없다. 선암사 꽃길을 걸으며 불로초는 인간이 아닐까하는 생각에 이른다. 내 곁에서 꽃이 진 자리를 애잔한 눈빛으로 바라보며 가슴이 울렁인다고 말하는 벗이다. 아니 봄 한철 격정의 인내를 겪고 하르르 스러지는 봄꽃이 눈물이 나도록 아름답다고 읊은 시인이다. 꽃과 나무처럼 순리대로 소박한 삶을 살아가는 사람들이 불로초다.

— 〈꽃잎별곡〉 부분

결국 꽃 중의 꽃은 사람이라고 실토하고 만다. 꽃과 나무처럼 순리대로 소박한 삶을 살아가는 사람들이 불로초라고 고백한다. 그래서 든든하다. 모든 사람들의 보편적인 지향점도 결국은 사람이기 때문이다. 사람으로부터 받은 상처는 사람으로 치유해야 한다는 말도 그래서 나왔을 것이다. 만약 이은희가 꽃을 통해서 또 다른 새로운 세계의 유토피아를 꿈꾸었다면 어쩐지 공허했을 것이다. 유토피아란 끝도 없는 양파까기 같은 것일지도 모른다. 인생의 과정에서 어떤 꿈을 이루었다 할지라도 결코 만족하지 못하게 된다. 더 큰 목표가 저만치서 기다리고 있기 때문이다. 아무리 큰 것을 이루었다 할지라도 그것은 하나의 일시적인 목표에 불과할 뿐 가야 할 길은 언제나 아득하기만 할 것이다. 나 역시도 지리산의 수많은 봉우리와 능선들을 왜 죽음을 무릅쓰고라도 오르려 했을까. 왜 밤잠을 설쳐가며 그 험한 산길을 걷고 또 걸으며 미지의 계곡 속으로 빠져 들었을까. 왜 젊음을 송두리째 바치며 그 기나긴 세월을 지리산에서 육체적 가학을 통하여 위안을 얻으려 했을까. 깊은 내면, 이상향을 향한 원초적 그리움 때문이었으리라. 그렇다면 그렇게도 찾고자 했던 그 무엇을 찾았을까. 그것은 어쩌면 영원히 도달할 수 없는 길이 아닌가. 꿈꾸던 유토피아가 현실화되는 순간에 이미 유토피아가 아니라 현실 그 자체가 되고 마는 까닭이다. 그리하여 또 다른 이상향이 그리움으로 손짓해 오던 것이 아니던가. 유토피아는 마음속 깊이 내재된 영원한 안식처를 향한 원초적 슬픔 같은 것이기 때문이다.

  이제 이은희가 경쟁을 해야 할 대상은 수필가가 아니다. 그의 앞에는 시, 소설, 극이라는 3분법의 벽을 허물어야 할 과제가 주어졌다. 그리하여 시인, 소설가, 극작가들이 쓰는 글보다 더 아름답고 문학성이 짙은 작품을 생산해 내야한다. 그들과의 경쟁에서 이겨야 한다. 그것이 우리 수필계가 그에게 거는 기대이자 희망이다. 그래야 그는 백마 타고 오는 초인이 되는 것이다. 그러한 길에는 지금보다도 더 외롭고 고통스러운 난제들이 기다릴지도 모른다. 각종 창작기금의 수혜 등 행정적인 실무에서도 사사건건 부딪치는 일이 벌어질 것이다. 그러나 그것을 참고 기다리고 능력으로 이겨내야 한다. 그의 어깨에는 수필가들의 꿈이 걸려 있다. 수필집《화 화 화》는 물론이거니와 그의 모든 작품집 일독을 권하고 싶다. 수필가 이은희와 함께 가는 수필의 길은 반드시 새롭게 열릴 것임을 믿어 의심치 않는다.

4. 동경과 방랑의 꿈
- 배대균론

1. 배대균 수필가에 대한 단상

　배대균 수필가는 문인으로서뿐만 아니라 신경정신과 전문의로서도 많이 알려져 있는 명사다. 1962년 부산일보에 〈노처녀의 마음〉이란 글을 발표하면서 사실상의 문학활동을 시작하였지만, 1991년 《한국수필》을 통하여 정식 등단절차를 거치게 된다.
　그 이후 꾸준하고 치열한 활동을 통하여 2009년 제28회 '한국수필문학상'을 수상하기까지 《풍력발전기》(선우미디어, 2015) 《6번째의 편지》(북나비, 2013)를 비롯한 7권의 수필집과, 《폭스중대 최후의 결전》이 포함된 2권의 번역서, 《한국인의 문신》이란 인류문화서 등 10권의 저서를 상재하게 된다. 웬만한 전업 작가도 따라 하기 힘들만큼의 놀라운 결과물이다.

배 수필가는 문단에서 마산, 경남, 한국문인협회, 한국펜클럽, 경남수필문학회원으로 활동하고 있으며 한국수필가협회 운영이사, 한국수필작가회 이사직을 가지고 있다. 무엇보다도 사재를 출연하여 제정한 '경남문학상'은 경남문학사의 독보적인 업적으로 기록되고 평가될 것이다.

배 수필가는 경남지역의 의료인으로서 상징성이 있으며 사회운동가, 문화인으로서도 명망이 높다. 1985년에 개선한 '사랑의 전화'는 고통받는 자들의 고민을 속 시원히 덜어주는 역할을 해주고, 마산시 사회정화위원장으로 10여 년간 '질서지키기 운동'도 펼쳐왔다. 1984년에는 '마산시립교향악단과 시립합창단'을 창단하여 시민들의 예술적 자존심까지 고취시켰다.

필자는 같은 소속 문학단체의 월례회나 행사장에서 한두 번 마주한 것이 전부다. 그럼에도 배 수필가의 첫인상은 한마디로 '단아한 예술가' 그 자체였다. 의사로서의 사무적이고 냉정함보다는 인간적인 향기가 물씬 풍겨졌다. 큰 체구가 아님에도 '아름다운 거인' 같은 뜨거움이 전해져왔다. 보이지 않는 곳에서 남을 위해 봉사하는 문인의 모습이란 이렇게 사람을 끌어당기는 힘이 있는 것이구나. 라는 생각을 하기도 했다.

본고에서는 배 수필가가 직접 뽑은 대표작 3편과 필자가 선정한 4편을 중심으로 작품을 정독하고 그의 수필세계를 분석해 보고자 한다.

2. 모험심 즐기는 탐험가적 기상

여행은 문학을 낳고 문장은 여행에서 생명을 준다고 했던가. 배수필가는 지금 아마존 정글을 여행 중이다.

아마존의 마나우스를 출발, 뙤약볕 아래 엔진소리 요란한 작은 보트는 아마존 정글관광 3일째 이렇게 달리고 있다. 오늘도 어제와 같이 네그로강과 솔르몬강 만남지점의 그 무서운 밀크와 커피색 강물 지점을 통과했다. 나는 오늘 또 횡재의 여행 꾼이 되었다.
보트는 쉴 새 없이 물살을 가르건만 넓고 넓은 아마존은 강인지 바다인지 여전히 구별이 안 간다. 사방은 배 한 척도 보이지 않고, 민물 돌고래 보토가 한 마리가 보이다가 몇 마리씩 떼를 지어 배 옆을 스친다.
-중략-
열대지방은 하늘이 맑아도 이렇게 폭우가 내린다―'템페스토우스' 등산화가 금방 풀장으로 변해 버렸다. 강변의 썩은 나무둥치는 뭇 개미들하며 우글거리고, 모기들이 쉴 새 없이 덤벼든다. 비가 오는데도 아랑곳하지 않는다. 말파리인가 하는 것들이 옷 위에서 막 찔러대니 깜짝 놀라게 아프다. 남아메리카 강변은 표범이 산다. 하지만 그보다 더 무서운 것은 이렇듯 벌레들의 기습이다. 동네가 통째로 이사를 간단다.

―중략―

나는 결코 있어본 적이 없는 먼 곳에 와있다. 별안간 엘도라도를 찾아 나선 숱한 숨져간 남아메리카 탐험대들의 모습들을 떠올린다.

— 〈3일간의 아마존 정글〉 부분

러시아의 민담학자 프루프(1895-1970)는 동서고금의 신화와 민담의 이야기는 주인공의 출발로 시작된다고 했다. 주인공은 길 위에서 더없이 다양한 모험을 겪으며, 새로운 세계는 사막, 바다 속, 동굴, 섬, 지하, 깊은 숲 등으로 나타난다. 주인공들은 극도의 공포와 불안을 견뎌내는 과정에서 내면에 숨겨진 지혜와 용기를 발견하게 된다는 것이다. 주몽은 북부여를 떠나고, 손오공은 10만 8천리 서역 길로 떠나고, 바리데기는 서천으로 떠난다. 이들은 한결같이 길 위에서 온갖 예기치 못한 고초를 겪는다. 그리하여 주몽은 고구려를 세우고, 손오공은 불경을 얻고, 바리데기는 아버지를 살려 내는 것이다. 사마천은 약관의 나이에 역사의 현장을 두루 찾아보았는데, 뒷사람들은 장강대하 같은 그 문장의 동력을 그의 여행에서 찾곤 했다.

배 수필가 역시 한 곳에 머물지 않는다. 아니, 머물지 못한다. 결코 상상 속에서만 존재하던 그곳을 가야만 한다. "결코 사람이 감당할 수 없는 취약성과 고약함의 모든 것으로 가득하고, 몸을 병들게 하는 가장 열악한 장소"라 할지라도 직접 부딪쳐보아야 직성이 풀린다. 이 순간 배 수필가는 "엘도라도를 찾아 나선 숱한 숨겨간 남아메리카 탐험대"의 일원이 되는 것이다. 그만큼 배 수필가는 태생적으로 여행과 모험심을 즐기는 탐험가적인 기질을 타고난 것이라 본다. 또한 이러한 인자야말로 한편의 작품을 탄생시킬 수 있는 창조적인 동력이 아닐까 생각된다.

> 부산에서 서울까지 4백 킬로, 이보다 1백 킬로가 더 되는 평야를 지금 달리고 있단 말인가. 우리의 김포, 호남, 김해평야도 끝이 없고, 그 논밭으로 4천만 인구가 먹고 사는데, 그러고 보니 한 시간을 넘게 달리고 있건만 길은 먹줄같이 뻗어 있고, 보이는 것이라곤 잿빛 지평선뿐이다.
>
> 이 평야는 로스앤젤레스 북쪽에서 샌프란시스코에 이르는 세계에서 가장 큰 곡창지대로서 2억이 넘는 자국민의 식량은 물론 못 나라들로 팔려나가고 있다. 해방 이후 우리나라가 받은 식량 원조는 물론, 지금 사들이고 있는 감자, 콩, 밀, 오렌지는 주산물이고 또 다른 숱한 농작물들을 재배하고 있다.
>
> 미국 서부 최남단 샌디에고에서 출발, 캐나다 국경고시 시애틀에 이르는 유명한 고속도로 5번이 어김없이 이곳 평야를 통과하는데, 이 지점에 이르면 말 그대로 '먹줄도로'로 변한다. 나는 쭉 뻗은 길이나 철로를 달릴 때면 흥분된다.
>
> ― 〈산 호킨 평야에서〉 부분

이 작품 역시 미국의 캘리포니아를 여행 중이다. 배 수필가는 쭉쭉 뻗은 길을 달리며 흥분하고 있다. 좁은 국토의 우리나라와 비교되기 때문이다. 우리는 이 넓은 평원의 수십 분의 일도 안 되면서 교통사고도 더 일어나고, 운전자는 욕설까지 뱉어낸다고 질서의식을 지적한다. 게다가 우리는 쌀값도 두 배나 비싸고 제주산 밀감 역시 가격에서 비교가 될 수도 없다. 그리하여 "우리는 해마다 이농이 늘어만 가고, 농어민들은 빚 탕감해 달라면서 아우성이다. 농경지 정리를 해마다 해왔어도 고작 1천 평 이내이고, 한 사람이 많은 땅을 소유할 수도 없게 되어 있으니 대농이니 기계농이니 하는 말은 맞지가 않다."고 진단한다. 그럼에도 배 수필가는 결코 우리를 비하하지 않는다. 우리가 더 잘살 수 있다는 것이다. 이들을 본받아 우리도 얼마든 더 이상 발전할 수 있다는 메시지를 이 작품은 전해주고 있는 것이다. 여행에서 얻은 소중한 결과물이다.

3. 확고한 국가관과 조국애

배 수필가의 저서 10권 중에는 두 권의 번역서가 있다. 2012년에 나온 《의문의 강》은 루즈벨트 대통령의 아마존강 탐험기록이다. 루즈벨트는 대통령직을 마치고 1913년 10월에 탐험에 나서 1914년 5월에 탐험을 마쳤는데 그 후유증으로 1917년 세상을 떠났다. 타고난 성품이 사냥을 좋아하고 모험심이 강했던 그는 1천6백 킬로에

달하는 강을 자신의 주도로 탐험한 것이다. 배 수필가는 책의 머리말에서 "살아있는 전설의 다큐멘터리를 번역 출간함에 다시 한 번 미국사람들의 불타는 개척정신에 매료되었다."며 "바라건대 우리 젊은이들에게 개척의 꿈과 불굴의 도전 정신이 함께 하기를 기대한다." 고 번역 취지를 밝힌바 있다.

2014년에 나온 《폭스중대 최후의 결전》은 6.25참전 미국 군대의 비극적 투쟁을 다룬 기록을 번역한 것이다. 1950년 압록강으로 진격하던 미 해병 8천 여 명은 함경남도 장진호 근처에서 10만의 중공군과 마주치게 된다. 이 때 미 해병 폭스중대 248명이 이들의 퇴로를 뚫기 위해 중공군과 필사적인 사투를 벌인다. 이들의 분전으로 미 해병 대부대는 무사히 흥남으로 철수하게 되고 흥남철수 작전으로 연결되어지게 된다. 남은 폭스중대원은 겨우 60여 명이었다. 배 수필가는 6.25 64주년을 맞아 자유를 지키기 위해 싸운 이들의 희생이 얼마나 값진 것인지를 후손들에게 들려주기 위해 번역에 임했다고 소감을 밝혔다.

여기서 굳이 두 권의 번역서를 소개한 이유는 배 수필가의 국가관과 애국심을 말하기 위한 것이다. 루즈벨트의 개척정신 역시 그의 조국에 대한 국가관과 연결되기 때문이 아닐까 싶다. 그러한 불굴의 도전정신이야말로 나라를 지킬 수 있는 힘이라 생각했고, 또한 그것을 세상에 알려, 본받게 하고 싶었던 것이다.

64년 전 우리나라는 6·25 전쟁으로 풍전등화일 때 지구 반대

편의 콜롬비아는 3천명이 넘는 육군을 파병해 주었으며, 대한민국의 오늘을 있게 하였다. 은인들이었다.

-중략-

우리나라는 긴 세월 그들 참전국들에게 그 어떤 보답도 하지 못한 채 64년의 세월이 흘렀다. 군사정권 때는 잘살기 운동한다고 챙기지 못했고, 친북주의 두 대통령 때는 참전국들에 대한 분노 탓인 듯 더더욱 관심 밖이었다.

2013년이 되자 정부는 작으나마 콜롬비아에 보답코자 고심하기 시작했다. 때마침 그들은 우리나라 해군이 보유한 추계함 한 척을 기증해 줄 것을 요청해 왔다. 정부는 곧장 수락했으며, 연이어 함정 인수단이 도착하고 함께 배를 수리하면서 훈련에 임한 끝에 2014년 7월 30일 오늘 함정 인수식을 거행하게 된 것이다.

진작부터 나는 그 나라의 함정 인수단 함장과 부함장, 몇 몇 장교들을 만났으며, 그럴 때마다 6·25 참전의 우정과 희생을 떠올리면서 고마움을 전했다.

-중략-

오늘 이곳 진해 해군 부두는 내빈으로 가득하다. 함정 증정 행사장에 초청된 사람들이다. 그쪽나라 해군 참모총장과 주한 콜롬비아 대사도 함께 했다. 정장을 한 양국 해군들은 군악대의 팡파레 속에서 양국의 애국가가 연주되고, 콜롬비아 함장은 우리나라 함장이 전하는 인수기를 받아든 후 한참동안 멍하게 서 있었다. 눈물지우고 있었다. 내빈들은 기립박수를 보냈으며 함께 울었다. 나도 울었다.

— 〈눈물 흘린다〉 부분

이 작품은 배 수필가가 해군 소령으로 예편을 한 것과도 무관하지 않을 것이다. 그가 이 땅의 해군으로서 얼마나 자랑스러워하고 있으며, 조국과 민족에 대한 애국심으로 무장되어 있는지를 보여준다. 사실, 평범한 사람의 입장에서 본다면 군대생활이란 것이 국민의 의무이기 때문에 그 임무만 마치면 끝나고 잊어버리는 것이 아닌가. 하지만 배 수필가는 한평생을 살아오면서 해군장교란 자긍심을 한시도 잊은 적이 없다. 그것은 조국 대한민국이라는 커다란 울타리에 대한 고마움이요, 자유민주주의를 수호해야 한다는 확고한 신념 때문이기도 하다. 이러한 맥락에서 배 수필가는 대한반공연맹 경남지회장으로 그 임무에도 최선을 다하고 있는 것이리라.

64년 전에 남의 도움으로 살아난 조국이 이제 발전하여 그 도움을 갚아줄 수 있으니 얼마나 기쁜 일인가. 그 기쁨은 방울방울 감격의 눈물로써 작품 속에서 승화되고 있는 것이다. 더불어 배 수필가의 어떠한 경우라도 이 나라를 기필코 지켜야 한다는 애국심이 작품 도처에서 면면히 흐르고 있음은 주지의 사실이다.

4. 순리에 대한 순응과 유년의 힘

"무서운 깊이 없이 아름다운 표면은 존재하지 않는다." 이것은 니체(1844-1900)가 바그너에게 보낸 《비극의 탄생》이란 글의 서문에서 그리스예술을 가리켜 한 말이다. 니체가 말한 '무서운 깊이'는 '죽음'을, '아름다운 표면'은 '삶'으로 바꾸어 이해할 수가 있다. 근원을 따져보면 문학은 결국 죽음을 둘러싼 두려움, 회고, 그리움, 깨달음에서 태어나는 것이다. 카뮈의 《이방인》은 "오늘은 어머니가 세상을 떠났다."라는 문장으로 시작하고 《닥터지바고》의 첫 장면 역시 어머니의 장례행렬이다. 우리 문학사의 출발점인 〈공무도하가〉역시 죽음의 충격으로부터 시작되고, 박경리의 《토지》 또한 죽음의 그림자로 일관된다. 죽음에서 비롯했기에 그만큼 삶에 대한 깊은 통찰과 강력한 희망을 꿈꾸는 것이 아닐까 싶다.

결국 인간은 유한한 존재이다. 주어진 시간만을 살다가는 고독한 나그네일 뿐이다. 필부에서 제왕에 이르기까지 이 죽음의 법도만은 철저하게도 평등한 것이다. 배 수필가 역시 1935년생이다. 이제 팔순에 접어드는 나이다. 그의 왕성한 활동과는 별개로 언젠가는 떠나야만 한다. 그의 수필에도 죽음에 대한 두려움과 순응, 대비책이 담담하게 흐르고 있다.

인간의 가장 큰 비극은 죽음이요 그 앞에 무력하다. 생각하면 할수록 고통과 두려움만 다가온다. 세월 빠르기는 마치 가을 밤 책장 넘어가듯 하고, 매일이면 매일 시험 마감 종소리가 들려오는 듯하여 울어버린다. 마치 아이들 같다. 그 숱한 애착관계들 마저 하루가 다르게 멀어져만 가니 더욱더 허무해진다. 하지만 걱정만 하면 어리광이다. 인생의 불가피한 속성에 굴복하는 사람이 되고 말기 때문이리라.

어느 날 나는 스스로도 이해가 안가는 결심 하나를 했다. 다름 아닌 지금껏 해오던 일을 더욱 열심히 해보기로 한 것이다. 아니 미쳐보기로 했다. 젊어서부터 일 열심히 안한 것은 아니지만 지금부터서는 마지막 발악이듯 일을 하겠다는 결심이다.

-중 략-

지나고 보니 세월이 가는지 마는지 느낄 사이도 없었다. 눈 깜빡할 사이였다. 더 놀랄 일은 그렇게도 무서웠던 죽음 같은 것은 생각나지도 않았다. 집이라고 들어가면 하숙생 삶이었고, 밤마다 불면증에 시달렸으며, 눈을 뜨는 순간 지겨운 하루가 또 시작된다면서 지천을 했던 노인성 우울증 같은 것도 사라져 버렸다.

가족들은 은퇴를 연거푸 제안했다. 나이가 많고 일이 너무 과하다는 걱정들이었다. 은퇴란 무엇인가. 후진들에게 밀려나는 것, 아니면 쉰다는 구실 하에 조기은퇴한 사람들이 아닌가. 아니면 일을 애써 줄이는 사람들이 아니던가. 여생을 즐기기 위함도 있다. 하지만 나는 어느 것도 아니다. 지금껏 해왔듯이 더 강렬하게 일하면서 살아갈 것이다.

— 〈최후의 심판도전〉 부분

실로 비장함이 느껴진다. 죽음은 고통스럽고 두렵지만 피할 수 없는 속성이기에 차라리 일에 미치다보면 그 무서운 죽음도 잊을 수 있다는 것이다. 그리하여 죽는 날까지 "더 강렬하게 일하면서 살아갈 것"을 다짐한다.

배 수필가의 죽음준비는 간단하다. 일, 즉 노동하는 행위가 전부다. 다만 노동에는 육체적인 노동과 정신적인 노동이 있다. 퇴임 이후에 돈이 있고, 없고를 떠나서, 지난날의 명예와 권위와도 무관하게 어떤 궂은 일이라도 하는 것이 중요하다는 것이다. 또한 정작 작가 자신은,

> 지난날의 모든 것을 백지 위에 옮겨놓는 일이다. 영광된 일들 일랑 후손에게 전하고저 기록으로 남겨왔으며, 잘못된 일이나 상처들은 늦게나마 사죄하여 아이들의 삶의 지혜를 부여하고 있다고 자부한다. 이름 없는 한 사람일지라도 삶은 위대한 것이다.
> ― 〈최후의 심판도전〉 부분

이렇게 문필가로서, 수필가로서, 삶이 다하는 그날까지 글을 쓰겠다는 각오를 다지고 있다. 글을 쓰며 자신을 정리하는 일이 얼마나 위대하고 소중한 것인지를 몸소 실천하겠다는 의지를 보여주는 것이다. 그렇다면 이러한 배 수필가의 힘과 자신감과 모험정신은 어디에서 비롯된 것일까. 사실 필자는 이점이 매우 궁금했지만, 곧 그 해답을 찾을 수가 있었다. 다음 작품을 보자.

백 살에 가까운 외증조할머니는 나의 몇 토막의 기억을 끝으

로 돌아가셨고, 그때까지 위로는 진사 시아버지와 진사 남편을 모시고 이 집에서 80년을 넘게 사셨다. 긴 담뱃대를 무시면 나는 불을 붙였고, 그런 다음 볏짚으로 담뱃대를 깨끗이 닦아드렸다.

외할머니는 외동아들 외할아버지에게 시집와서 6남매를 두면서 그 집에서 평생을 사셨고, 큰외삼촌에 이어 지금은 외사촌이 살고 있다. 줄잡아 170년, 고가는 아직도 건재하다.

할아버지의 사랑채는 바깥손님들이 끊이지를 않았다. 어떤 때는 며칠이고 아니 한 달이고 묵으면서, 연못의 수련과 연꽃들과 함께 하면서 시를 읊었고, 머슴들은 밤낮으로 술상을 날랐다. 어떤 때는 말을 타고 온 손님도 있었고, 그럴 때는 마부는 머슴방으로, 말은 따로 있는 마구간으로 들어갔다.

사랑채 마당은 연못과 함께 남향이었고 마당 언저리는 철철이 꽃이 피고, 여름이면 키 큰 가죽나무에서 왕매미가 쉴 새 없이 울었다. 몇 그루의 무화과나무도 있었다.

안채 우물가에는 오백 년 되었다는 정자나무가 서 있다. 얼마나 큰가는 우리 어린 팔을 벌려 15발이 넘었으니 짐작하리라. 여름이면 4칸 집 지붕과 마당을 통째로 가렸고 동네 사람들은 '정자나무집'으로 통했다. 지금은 시에서 보존하는 시보존수로 지정되어 있다.

— 〈고가〉 부분

배 수필가의 외증조부와 외조부는 대를 이어 진사 벼슬을 지냈다. 외증조모는 백 살 가까이 사셨고, 외사촌은 여섯 명이나 된다. 외조부의 사랑채는 바깥손님이 끊이지를 않았고 머슴들이 득실거렸다. 4칸 집 본채는 170년이나 되도록 건재하며 안채 우물가에는 오백년이 되었다는 정자나무가 서있다. 배 수필가는 어린시절 이러한 풍요로운 환경 속에서 외삼촌, 외사촌들과 함께 어울려 구김 없이 자란 것이다. 이 역시 보통사람들로서는 상상하기 조차도 어려운 부유한 환경이다. 그 속에서 겨울밤의 황구렁이 우는 소리를 들었고, 오이, 토마토, 무화과, 대추를 남아돌도록 먹었으며, 밤이면 참새잡이 놀이로 시간을 보내기도 했던 것이다. 이러한 유년의 사랑과 티없는 성장 과정은 성인이 되어 세상에 나아가서는 강력한 자신감과 도전정신으로 자연스럽게 이어지게 된 것이다. 사랑을 받아본 사람이 남에게 베풀 수 있듯이 배려하는 리더십과 포용력, 휴머니티가 체득된 것이리라. 물론 좋은 환경에 자란 것이 오히려 역설적으로 인생을 실패한 경우도 허다하지만 배 수필가는 이러한 동력을 긍정의 힘으로 살려내 승화시킨 것이다.

5. 동경과 방랑의 꿈

특별히 배 수필가의 작품 행간에서 발견되는 '동경'의 의미는 '방랑의 꿈'과 연결되어 문학적으로 형상화되는 특징을 보인다.

어느 날 모든 일상을 뒤로 하고 훌쩍 떠나 나그네가 되는 것. 그것은 나를 가두고 있는 일체의 구속으로부터 자유로워지기를 바라는 것이다. 헤르만헤세(1877~1962)역시 이러한 방랑의 정신을 실천하고 문학으로 구현한 대표적 작가 중의 한 사람이다. 그는 방랑을 통해 성숙했고, 작가가 됐으며, 수많은 문학작품을 빚어냈다. 이때 방랑을 거쳐 닿는 곳은 고향이며 만나는 사람은 자기 자신이다. 도달한 목표는 더 이상의 목표가 아니며, 방랑자는 사랑을 소유하지 않는다. 최근에 나온 일곱번째 수필집에 실린 다음 작품을 보자.

풍차는 외롭다. 아무도 없는 바닷가, 황량한 불모지, 바람 부는 산꼭대기에서, 캄캄한 밤에도 혼자 돌아가니 그것이 참 좋다. 전기라는 묘물을 만들어내는 것은 그 다음의 문제이다.

-중 략-

하와이 오아주 산정과 캘리포니아 팜 스프링 계곡의 풍차단지를 바라본다. 수백 개 수천 개의 풍차가 번쩍번쩍 햇살을 가르면서 돌아간다.

— 〈나의 마스코트 풍력발전기〉 부분

분명 배 수필가의 작품 행간에는 동경과 방랑의 꿈, 이국적 정서가 흐른다. 그의 수필을 읽을 때마다 느끼는 주된 정서이다. 팔순을 맞이한 그가 풍차를 언급한 그 자체가 그러하고, 평생을 마스코트로 삼고 있음이 더욱 그러하다. 그 풍차는 이억 만리 바다건너 산정과 계곡에서 외롭게 돌아가고, 캄캄한 밤과 햇살 번쩍번쩍한 대낮에도 돌아간다. 또한 작가는 "나는 울고 싶을 때면 바람 부는 산속의 풍력발전을 떠올린다."고 고백할 만큼 이국적인 세계에 깊이 젖어 있다. 이러한 '방랑과 동경, 이국적 정서'야말로 배 수필가의 수필집 전체를 관통하고 있는 중요한 동력임을 알 수 있다.

6. 마무리에 대신하며

마무리를 하기 전에 배 수필가의 문학에 대한 현실적인 인식을 엿볼 수 있는 글 한 부분을 보기로 하자. 《경남수필》2013년 연간집에 발표된 작품이다.

> 오늘날 문학상의 관습이 책을 만들게 한다고들 말한다. 수상 신청은 발간한 책과 함께 스스로가 신청한다. 그들은 훌륭한 문학작품을 찾아나서는 것이 아닌 신청해오는 사람들을 놓고 줄달음친다. 몹시 식상하다. 그런데 작가들 대부분은 아니 중진일수록 출판물과 상관없이 수상신청을 하지 않는다. 내가 아는 몇몇 문학상은 신청서를 받는 것이 아닌 1년 내내 우수한 작품을 찾아나선다. 음지에서 아무도 모르게 그를 바라보는 것이다.
>
> ─ 〈프란츠 카프카의 사람들〉 부분

작금에 난무하고 있는 문학상의 폐해를 지적하고 있다. 아무리 훌륭한 작품일지라도 문학상에 응모하지 않으면 그 문학상을 받을 수 없는 현실을 안타까워한다. 무리지어 횡횡하며 끼리끼리 나눠

먹기식의 문학상 형태에 대한 호된 질책이기도 하다. 그렇다면 오늘날 문학상의 권위란 것이 어떤 것인지는 자명하다. 어쩌면 문학상을 받는 자체가 부끄러울 수도 있다는 말이 아닌가. 공정한 규정을 적용하여 문학상의 권위를 회복하고 정파를 초월한 좋은 작품, 우수한 작가에게 상이 돌아가기를 염원하는 원로의 충정으로 읽힌다.

이상에서 배 수필가의 수필세계를 살펴보았다. 7권의 수필집을 낸 문인을 두고 작품 7편을 중심으로 논한다는 데는 상당한 비약과 무리가 따를 수도 있다. 하지만 작가와 필자가 직접 선정한, 작품집 전체를 아우르는 대표작을 중심으로 행간의 의미까지 읽어내는데 전력을 다했음도 물론이다. 그 결과 다음과 같이 배대균 수필가의 작품세계를 요약할 수 있다.

①여행을 통한 모험심과 개척정신 ②확고한 국가관과 조국애 ③순리에 대한 순응과 일의 철학이다. 이러한 동력은 ④유년의 힘에서 비롯되며, 그럼에도 ⑤동경과 방랑, 이국적 정서가 전체 작품을 관통하고 문학적 형상화가 돋보인다. 문학에 대한 현실적인 인식으로 ⑥문학상은 응모제가 아니라 주최 측에서 좋은 작품을 찾아나서야 한다는 내용으로 분석된다.

마지막으로 덧붙일 것이 있다면 문장에 대한 언급이다. 배 수필가의 수필문장은 단아하고 조근 조근하며 힘이 있다. 화려한 만연체보다는 간결체를 선호한다. 오랜 창작과정의 절차탁마에서 오는 결과일 것이다. 글을 쓰다보면 가끔 비문 하나쯤은 나올 수도 있건만 배 수필가는 그것을 허용하지 않는다.

5. 떠나지 않고 어이 견디리
- 김나현론

1. 수필 〈동백꽃 지고〉

 김나현은 수필전문지 《수필과 비평》이 배출하고 키운 수필가다. 수필과 비평의 수많은 인기작가 중 한 사람이다. 월간 《수필과 비평》은 2022년 9월호를 기점으로 통권 251호를 발행하며 한국 수필계를 선도적으로 이끌어 가고 있다고 해도 과언이 아니다. 출판사측의 의욕적인 투자와 지원, 작가회의의 열정적이고 왕성한 활동이 결합되어 시너지효과를 발휘하며 우수한 작가들을 지속적으로 배출해내고 있다. 이들 작가들은 서로 선의의 경쟁을 통하여 문학적인 역량을 키워가고 있다. 특히 신곡문학상, 황의순문학상, 수필과비평문학상을 통해 배출한 인기작가들은 높은 자존감을 바탕으로 창작에 몰입하고 있다. 몇 해 전 김나현의 수필 〈동백꽃 지고〉를 읽고 이 작가를 주목하는 계기가 되었다. 다음 인용문을 보자.

> 그물 주인이 홍건한 꽃물에 소스라쳐 놀라겠지. 서둘러 옷을 추스르며 일어섰다. 주변이 신경 쓰여 뒤쪽으로 고개를 막 돌렸을 때다. 딱 시선이 닿은 그곳에 '난 다 보고 있었다.'라는 듯, 막 흘린 생명 같은 동백꽃 몇 송이가 그리도 붉게 피어있는 게 아닌지. 그 나무가 애기동백인지 겹동백인지는 모르겠다. 다만 서둘러 돌아설 때 눈에 담은 동백꽃은 여태 색 바래지 않고 그대로 피어있다. 그런 사연 때문일까. 망울을 편 동백꽃을 보면 숨이 잠시 멎는다. 사춘기 시절 마음에 둔 남학생과 달빛 훤한 고샅에서 단둘이 마주쳤을 때처럼.
>
> — 〈동백꽃 지고〉 부분

20대 새댁시절, 섬 생활을 하던 때 둘째 아이를 잃은 내력을 매우 구체적이고 사실적으로 표현한 작품이다. 태기를 안 지 두 달쯤, 갑자기 배가 아파 배를 대절해 병원으로 이송 중 부두 뱃머리에 도착 즉시 배가 터질 듯 소변이 마려웠다. 급하게 해안가로 내달려 쪼그리고 앉은 곳은 머리도 가릴 수 없는 거물더미 뒤였다. 인적이 없는 것만으로 다행이었다. 차가운 봄바람에 허옇게 드러낸 속살의 아픔도 느끼지 못할 만큼 흥건하게 꽃물을 토해냈다. 그렇게 아이는 지워졌다. 그 순간에 꽃물처럼 붉은 동백꽃 몇 송이 피어있는 모습을 어찌 평생 잊을 수가 있으랴. 화자는 동백꽃을 바라보며 해안가에서 아들을 낳은 새댁의 모습과 슬픈 역사의 주인공 덕혜옹주의 모습을 읽어낸다. 그때나 지금이나 동백꽃은 무던히 붉다. "꽃피는 춘삼월에 후드득 떨어져 더 애타는 꽃. 요즘 성급한 동백은 꽃 필 시기도 모르고 속절없이 피기도 하더라만. 꽃 피우는 일이란 자연의 흐름을 따르는 법 아니던가. 겨울에 꽃 핀다고 하여 붙은 동백이란 이름처럼 추위를 뚫고 꽃 피우는 동백이 장하다. 크게 될 사람은 늦게 이루어진다는데 동백꽃도 꽃 중에 대기만성 꽃이다. 꽃을 보며 앞날의 희망을 본다."(〈동백꽃 지고〉)며 스스로를 위무한다. 한 젊은 새댁과 붉은 동백꽃과 아픔이 겹치며 알싸하고 육감적인 여운을 주는 작품이다. 한 편의 수필이 주는 힘을 생각하며 묘한 기분에 사로잡혔던 기억이 생생하다.

2. 여행 산문집 《비가와도 좋았어》

그 후 몇 년이 더 지난 다음 김나현은 여행 산문집 《비가 와도 좋았어》를 펴냈다. 이 책은 그야말로 여행만을 주제로 한 수필 32편을 모아 예술적이고 섬세한 사진과 함께 편집해 세상에 내놓았다. 목차를 보니 사계절을 소주제로 하여 배치했는데 그냥 봄, 여름, 가을, 겨울이 아니라 여름, 겨울, 가을, 봄 순서로 배열한 것이 매우 이채롭게 보였다. 아마도 작가가 좋아하는 계절의 순서가 아닐까 상상을 해 보았다. 그렇다면 김나현은 여름을 가장 좋아하는 개성적인 작가라는 의미가 아닌가.

그의 국내 여행지로서는 무섬마을, 경북 영덕의 삼벽당, 부산에서 동해남부선을 타고 종점인 포항역에 내려서는 죽도시장, 구룡포, 보경사 일대를 거닐었다. 이어 창녕 우포늪, 눈 내리는 전주의 한옥마을, 경주시의 모화마을과 통일전, 지리산 쌍계사, 더 내디딜 곳이 없는 전남 보길도, 설악산 백담사, 제천 정방사, 꽃피는 포구 화포로 이어진다. 그리고는 안동의 임청각에서 끝을 맺는다. 물론 김나현의 여행지는 국내에서만 머물지 않는다. 그의 관심은 오히려 저 무진무궁한 지구촌 전체다. 그렇게 무한정 시공간을 확대해 나간다. 미국서부의 모하비사막을 필두로 시베리아 횡단열차를 타고 하바롭스크와 우수리스크에서 고려인 통한의 역사를 생각한다. 동남아시아의 푸껫과 씨엡립, 치앙마이, 방콕의 밤거리를 걷는다. 지구의 끝자락인 유럽으로 진출하여서는 인류문화의 발상지인 유적을 둘러보면서 인간과 세월을 회고한다. 특별히 이웃나라인 일본에는 수십 번을 왕래하며 역사와 문학과 삶의 본질에 대하여 사색한다.

여행은 문학작품을 탄생시킨다. 여행과 문학은 상호 필연적인 관계라 할 수가 있다. 여섯 살 소년은 집 앞 슈퍼마켓에 혼자 심부름을 다녀오면서 거대한 세상을 만나고, 열일곱 소녀는 보고픈 바닷가에 혼자 다녀오면서 정신의 크기가 한 뼘 자라며, 집과 남편밖에 몰랐던 마흔 살 아줌마는 혼자 기차여행을 하면서 비로소 자신의 본모습을 대면한다. 순간 이들은 모두 자기 삶의 작은 영웅이 되며, 세상은 모두 나를 중심으로 돌아감을 알게 된다. 이렇게 우리는 끊임없이 죽음의 일상을 탈출하여, 새로운 생명을 얻어 귀환한다. 우리는 여행을 통하여 끊임없이 성장하고 거듭 태어나는 것이다. 여행 가방을 싸고 지도를 펼쳐볼 때, 낯선 풍물과 만날 때마다, 잠 못 이루는 타관의 객사에서, 짧은 시간 인연을 맺은 사람과 헤어지며 뒤돌아보는 순간, 집에 돌아와 꿈만 같았던 지난날을 추억하는 가운데, 문학은 꿈틀거리며 몸속에서 살아 움직이기 시작하는 것이다. 미적 황홀감에 빠져드는 순간이다. 그 순간은 누구에게나 이미 작가이다. 사마천은 약관의 나이에 역사의 현장을 두루 찾아보았는데, 뒷사람들은 장강대하 같은 그 문장의 동력을 그의 여행에서 찾곤 했다. 옛사람들은 흔히 창작의 조건으로 만 권의 책을 읽고 만 리나 되는 길을 다녀야 한다며 독만권서讀萬券書, 행만리로行萬里路를 들었는데, 어떤 이들은 그중 만 리 여행이 더 중요하다며 독만권서讀萬券書, 불여행만리로不如行萬里路로 고쳐 말하기도 했다. 김나현은 이에 충실한 지독한 여행마니아다. 김나현의 여행 산문집을 펼치며 맨 먼저 일본 교토 여행기이자 표제작인 〈비가 와도 좋았어〉를 찬찬히 읽었다.

홀로 간 교토의 여운이 깊다. 황궁이 있던 천년 수도였고, 스필버그 감독이 영화 〈게이샤의 추억〉을 찍은 아라시야마 대나무

숲도 있다. 여행에서 돌아와 이 영화를 보며 여행한 흔적을 더듬었다. 나무 난간이 있는 도월교 주변 벚꽃이 하늘대는 봄 풍경은 평화로웠다. 민박 같은 곳에서 한 이틀 자고, 그 마을 사람처럼 동네를 소요하고 작은 가게를 기웃대며 강변을 거닐었으면 했다. 뽀얀 달빛 아래서 도월교 아래로 가츠라강을 건너는 달을 보고도 싶었다. 이런 생각은 여행에서 돌아와 곱씹을수록 새삼 그립고 그러고 싶어진다.

교토는 우리 시골의 이끼 낀 돌담길 정서만큼은 아니어도 그곳만의 정서가 있다. 세계문화유산인 청수사로 가는 길에서 만난 휘영청 늘어진 수양벚꽃을 본 것만으로 만족스럽다. 좁은 계단으로 내려가는 골목에 이층 주택 지붕보다 높이 뻗은 벚나무에서 가지가 수양버들처럼 골목으로 늘어졌다. 그 가지마다 분홍빛 꽃이 조롱조롱 달렸는데 먹색 전통가옥과 어울린 색의 대비와 구도가 멋스러움의 극치를 이룬다. 이 풍경을 보려는 외국인과 본국인이 어깨가 스칠 정도로 몰려든다.

― 〈비가 와도 좋았어〉 부분

벚꽃이 분분하는 봄날, 2박 3일 일정으로 혼자 떠난 여행이다. 여행지에서의 풍경과 정서도 만족스럽지만 여행지에서 돌아와 그곳을 곱씹으며 음미하고 그리워하는 것을 즐기는 작가의 모습이 인상적이다. 벚꽃이 만발한 이국땅에서 먹색 전통가옥과 어울린 색의 대비에 멋스러운 정감도 느끼지만, 그 풍경을 보려고 먼 타국에서 달려온 외국인과 본국인과의 하나됨의 염원이 압권이다. "그것은 서로 어깨가 스칠 정도로 몰려든다"로 표현된다. 아무리 사람이 모이고 몰려들어도 절대로 어깨가 스치지는 않는 법이다. 개인끼리의 친밀감도 중요하지만 국가끼리도 서로 오순도순 사이좋게 지내기를 소망하는 작가의 평화주의정신을 엿볼 수 있는 대목이다. 짧은 여행이 끝나는 날, 비가 올까 걱정한 건 아니지만, 아라시야마 대나무 숲길을 돌아 나오는 길에 봄비가 후드득 뿌렸다. 비를 맞으며 뛰는 모습이 처량해 보였던가. 어느 부부 일행 팀이 말차라테를 사 주는데, 비가 온 덕분으로 돌린다. 비를 잠시 피해 앉은 사이에 서먹하던 사이도 풀렸으니 그도 비 덕분이라 여긴다. 그리하여 오히려 비가 여행의 발목을 잡는 것이 아니라 비가 와서 좋았다고 강변하고 있는 것이 아닐까 싶다. 그는 여행에서 돌아오니 사람이 남았다고 말한다.

건강할 때 갔다 온 캘리포니아 모하비사막이 환영처럼 어른거렸다. 라스베이거스의 휘황한 불빛이나 그랜드캐니언의 장엄함도 아니었다. 푸른 바다를 가로지른 샌프란시스코의 금문교도, 태평양을 낀 아름다운 해안도 아니고 온종일 달린 모하비사막 길이 줄곧 떠올랐다. 해발 천 미터, 차로 몇 시간을 달려도 끝나지 않을 듯 펼쳐지던 황량한 땅, 물기라고는 없이 바짝 마른 대지에 내리쬐던 고도로 뜨거운 볕과 투명한 햇살, 벌레를 미라로 만들 만한 건조한 날씨…

문명이 방치한 것으로 보이는 그곳에도 생명체는 있었다. 눈길을 뗄 수 없었던 건 죽은 듯 살아 메마른 땅을 잠식한 덤블링트리였다. 언뜻 보아 가시덤불 같기도 한 이 나무는 살아가는 방식이 유목민을 닮았다. 뿌리내리지 못하면 바람 따라 뒹굴며 새 터전을 찾는다. 물기가 있는 적당한 장소를 만나면 뿌리를 내리는 식물. 그 여름에 동시다발한 질병으로 고통받을 때 이 나무가 떠오른 건, 나무의 생존방식이 동병상련 애틋함 때문이었을까.

― 〈모하비 사막〉 부분

김나현은 미국 서부를 다녀와서는 캘리포니아 모하비사막만이 환영처럼 어른거린다고 고백한다. 라스베이거스의 휘황한 불빛이나 그랜드캐니언의 장엄함도 푸른 바다를 가로지른 샌프란시스코의 금문교도 뇌리에서 지워진다고 말한다. 태평양을 낀 아름다운 해안도 아니고 온종일 달린 모하비사막 길이 줄곧 떠오른다고 적고 있다. 메마른 땅을 잠식한 덤블링트리의 살아가는 방식 때문이었다. 뿌리내리지 못하면 바람 따라 뒹굴며 새 터전을 찾고, 물기가 있는 적당한 장소를 만나면 뿌리를 내리는 식물의 생명력. 그 나무의 생존방식이 화자와 닮아있는 동병상련의 애틋함 때문이었을까. 필자도 한때 그 모하비사막을 달린 적이 있다. LA를 떠나 그랜드캐니언으로 가면서 그 사막을 지나야만 했다. 그때의 느낌을 이렇게 썼다. 서부의 사막은 죽음과 절망의 땅이 아니었다. 폐허의 공간도 아니다. 사막은 스스로 부서지는 척박한 자리가 아니라 희망이며 자유의 땅이었다. 사막은 새롭고 영원한 세계로 진입하기 위한 과정이었으며 인류의 미래를 위한 강력한 약속의 터전이었다. 나는 사막을 지나며 황량감과 고독보다는 한없는 자유를 만끽하는 역설을 감지할 수가 있었다고. 그 폐허의 땅에서 느낀 공통점이 생명력이라는 데서 묘한 신뢰와 동질감을 느끼지 않을 수가 없다. 다음 작품을 보자.

"국경의 긴 터널을 빠져나오자, 눈의 고장이었다."
이는 기차가 두 고장을 잇는 터널을 빠져나올 때 딴 세상처럼 눈앞에 펼쳐지는 풍경을 압축한 소설 『설국』의 첫 문장이다.
문학의 힘은 대단하다. 소설 첫 문장이 이만큼 설레게 하고 여행을 부추기는 글이 또 있을까. 이 문장으로 하여 오랫동안 눈의 고장을 꿈꾸었다.(중략)가와바타 야스나리가 쓴 『설국』의 고장 유자와는 높은 산맥에 둘러싸였다. 눅눅한 바닷바람이 산맥에 부딪혀 초겨울부터 이른 봄까지 눈을 쏟아붓는다. 터널 전과 후의 지역 기후가 이렇듯 다른 연유는 바로 높은 산맥 때문이었다. 기차가 터널 이전 역을 출발했을 때만 해도 차창밖엔 벚꽃이 한창 만개하고, 들판에는 보리가 새파랗게 자라거나 아지랑이가 보일 듯 봄빛이 완연했다. 그런데 고장이 바뀌는 긴 터널을 빠져나오자 소설 첫 문장에서처럼 하얀 겨울이 열리고, 눈에 덮인 묵직한 산이 햇살에 부시게 반짝인다. 터널 저쪽 지역과 판이한 눈[雪] 세상에 눈[目]이 동그래진다. 이 고장의 특이한 정취가 소설 첫 문장으로 탄생했음을 생생하게 확인한다.
― 〈문장을 따라간 설국의 고장, 에치코유자와〉 부분

　노벨문학상 소설이 탄생한 현장에서 작가가 조곤조곤 들려주는 문학 강의를 듣는 기분이다. 《설국》이 출간된 1937년 당시 한적한 분위기를 잘 전해 준다. 생소한 언어, 사뭇 다른 정서, 이색 경치와 문물, 여행자는 이런 낯선 곳에서 다른 형태의 삶을 보며 더 넓은 세계를 향유하고 있다. 여행이야말로 진정한 체험의 장이며, 행복의 기준을 재정립하게 되는 수단과 통로가 되는 것이다. 갈망했던 곳일수록 만족도도 높다. 소설 속 문장을 따라서 오래 마음 두었던 설국의 고장에서 화자는 더욱 설레고 행복해지며 그리운 사람들을 초대까지 하고 싶어 한다. 그가 문학작품을 창작하는 작가이니 오죽하겠는가. 그리하여 그는 수많은 여행지 중에서도 문학작품의 배경지에서 가장 들떠 있다. 에치코유자와역을 여행한 시기는 사월 초인데도 적설이 도로변에 작은 동산처럼 쌓여있고, 곳곳에 빨간 눈금이 표시된 막대기를 보며 눈의 고장임을 실감한다. 마을 뒷산에는 스키어가 탄 리프트가 쉼 없이 오르내리고, 계곡에는 눈석임물이 비 온 후처럼 콸콸 흐른다. 눈처럼 해맑은 감성을 담담한 문체로 쓴 소설 《설국》의 배경답다. 화자는 노벨문학상 수상 작가를 모신 마을 사람들을 몹시도 부러워한다. 소설의 핵심은 순간순간 덧없이 타오르는 여자의 정열에 있다. 개통한 지 얼마 안 된 시미즈터널 밖으로 나오면 설국이 열린다. 그 한갓진 곳의 온천장에서 게이샤로 살아가는 고마코에게서 발산되는 야성적 정열과는 대조적으로 순진무구한 청순미로 시마무라의 마음을 끌어당기는 요코. 이 두 여자를 도쿄에서 온 무위도식하는 여행자 시마무라가 허무의 눈으로 지켜본다. 이제 국내를 여행한 작품 한 편을 살펴보기로 한다. 보길도에서다.

> 땅과 하늘이 맞닿은 보길도는 하늘이 광활하다. 건물에 가려 조각나지 않은 온전한 하늘이다. 그 하늘이 멀리 수평선에 닿아 있다. 먼 듯 가까이서 들려오는 파도 소리가 바다가 지척에 있다고 신호를 보낸다. 이 그립던 정취를 눈앞에 두고서 잠이 올 리야. 자리를 털고 일어나 파도 소리를 따라나선다. 바람에 묻어오는 바다 냄새를 맡으며 어둑한 길을 얼마나 걸었을까. 치마폭 같은 해안이 희미한 모습을 드러낸다. 어둠 속에서 뽀얗게 부서지는 포말이 바다가 거기 있다고 일러준다.
>
> ― 〈내디딜 곳 없는, 보길도〉 부분

소금기 밴 채 돌아와 잠을 청해보지만 잠이 올 리가 없다. 마음은 온통 문밖을 향한 채 말똥하다. 보길도의 휘영청 밝은 달빛이 이 밤에 잠이 오냐고 창 두드리는 소리까지 요란하니 말이다. 뒤척이다 일어나 마당으로 나가보지만 정작 잠 못 들게 한 달은 없다. 달인가 싶던 붉은 가로등만 시치밀 떼고 마당을 훤히 내려다볼 뿐이다. 주위를 둘러봐도 겨울바람 소리 같은 파도 소리와 몸을 감싸는 가로등 불빛뿐. 고적한 쓸쓸함이 파도처럼 덮쳐와 보길도의 밤에 갇힌 작가의 마음을 못내 아리게 한다.

바다가 아닌 산에서는 이렇게 감회를 적는다. 설악산 봉정암에서 계곡 길을 따라 백담사로 내려오면서다. 오세암 이정표 앞에서 잠시 멈추고서는 만해 선생이 밤 좌선 중에 물건이 떨어지는 소리를 듣고 마음의 문을 열어 의심하던 마음이 씻은 듯이 풀렸다는, 오도송悟道頌을 남긴 오세암을 생각한다. "밤은 얼마나 되었는지 모르겠습니다. 설악산의 무거운 그림자는 엷어갑니다. 새벽종을 기다리면서 붓을 던집니다."라는, 〈님의 침묵〉을 탈고하면서 남겼다는 말을 가슴에 서늘하게 새긴다. 인연 있는 중생이 아니면 발길 닿지 못한다는 오세암 이정표를 그냥 지나오며 아쉬움에도 젖는다. 역시 문학작품의 배경지를 곁에 두고 다가가지 못하는 안타까움이다.

서머싯 몸은《달과 6펜스》에서 여행을 떠날 수밖에 없는 예술가의 운명을 말했다. 몸은 낯선 곳에 대한 그리움은 고향에 대한 그리움이고, 여행은 오래전에 떠난 고향을 찾아가는 과정이고, 일상에서 잃어버린 자아를 만나러 가는 행보라 했다. 토마스 만도《마의 산》에서 새로운 공간이 어떻게 사람을 자유롭게 하고, 속인까지도 손쉽게 방랑자로 만드는가를 말한 바가 있다. 저 멀고도 깊은 곳에서 신의 목소리가 들려오지 않는 무당은 명산대천을 찾아 신의 기운을 얻으려 하듯, 일상과 관습의 무력함에 시달리는 사람들은 여행 가방을 꾸린다. 지금 이국의 낯선 거리를 어슬렁거리고 있거나, 인터넷에서 여행지의 정보와 교통편을 검색하고 있거나, 지난 여행을 떠올리며 추억에 잠기고 있는 이들은 모두 문학의 알을 품고 있는 중이다. 그 잠 못 이루는 보길도의 밤에서, 깊은 설악산의 산중에서 김나현도 수필 한 편을 건진 것이다.

3. 작가 김나현은

김나현은 1959년 경남 거창에서 태어나 그곳에서 성장했다. 지금은 부산에서 다양한 문학 활동을 펼치고 있다. 2004년 《수필과비평》에서 수필로, 2014년 《여행문화》에서 여행 작가로 등단했다. 수필집으로 《바람의 말》 《화색이 돌다》 《다독이는 시간》과 수필선집 《풍경 한 폭》, 여행 산문집 《비가 와도 좋았어》를 펴냈고 수필과비평문학상, 문정수필문학상, 부산가톨릭문학상 등을 수상했다. 현재는 국제신문 오피니언 필진으로 작품을 발표하고, 《수필과비평》에서는 전통한옥마을 답사기를 꾸준히 연재하고 있다. 그야말로 여행작가로서의 충실한 삶을 이어가고 있는 김나현에게 여행의 의미란 무엇일까. 책 곳곳에서 여행의 이유를 선명하게 밝히고 있다. 그에게 여행의 이유는 참으로 많다. 짧으나마 여행한 시간이 있어 추레한 삶을 견딜 수가 있다. 여행은 새로운 땅을 발견하는 것이 아니라 새로운 눈으로 세상을 보는 것이다. 여행에서 돌아오면 사람이 남는다. 여행은 여행이 끝나고도 일상으로 이어진다. 여행은 처진 마음에 생기를 채워주는 통로이다. 여행이란 세계라는 책 중 한 페이지를 읽는 것이다. 그곳의 향기를 기억하고 원시의 품속 같은 아늑함을 그리워한다. 여행이란 그곳에 있는 것, 나는 지금 파르테논 신전 앞에 있다. 돌무더기 널린 아크로폴리스에서 몸살도 잊고 흥분지수가 올라 뭘 해야 될지 허둥댄다. 사람은 자기 자신을 찾기 위해 여행한다. 살아가며 통과해야 하는 엄청난 고독 속에는 어떤 각별한 장소와 순간들이 위안이다. 고통스러운 여행일지라도 여행한 기억은 고통스럽지 않다. 혼자만의 섬이 될지라도 여행은 할 만한 것이다. 결국 여행이란 어떤 장소에서 찍은 결정적 순간 앞에서 앵글을 잡았던 초롱한 시선과 그 안의 충만을 불러와 다시 내일을 살게 하는 것이다. 참 대단한 여행광이다. 이쯤 되면 그에게 여행은 만병통치약이다. 아니, 삶의 전부일지도 모른다. 내일을 살게 하는 힘의 원천이니 말이다. 그러니 그는 떠나지 않고서 어이 삶을 견딜 수가 있으리.

김나현의 여행수필은 서점가에 쏟아져 나오는 여행안내서와는 확연히 구별된다. 일반수필가들이 쓰는 여행기와도 차원이 다르다. 그는 여행을 소재로 하여 문학작품을 쓰고자 한다. 여행지의 유적을 소개하는 것이 아니라 그것을 본 후의 내면의 움직임과 떨림에 대하여 묘사하고 형상화하고자 한다. 루카치식으로 말하자면 미세한 영혼의 풍경에 관심을 가지는 것이다. 이런 태도야말로 작가로서의 본령이고 자존심이 아닌가 싶다. 또한 문학작품 창작에 대한 강렬한 열정이라 믿는다.

김나현은 현재의 삶을 인정하면서도 들뢰즈적인 새로운 삶을 탐구하는 사유 여행을 떠나고자 하는 열망으로 가득하다. 새로운 세계로 떠난다는 것은 그 자체로 개척자적 정신에 의한 것이다. 상해를 출발해 오키나와로 향하는 크루즈 아틀란티카호 위에서, 슬로베니아의 고요하고 평화로운 호수 마을 블레드에서, 하바롭스크의 아무르강에서, 영화와 소설 〈글루미 선데이〉의 무대인 헝가리의 부다페스트, 시베리아 횡단 열차 간이역인 우수리스크 라즈돌리노예역 등을 여행하면서 진정한 삶의 본질과 실존이 무엇인가를 확인하고자 한다. 그야말로 그에게 문학이란 정녕 삶이고 사랑이며 먼 길 떠나는 여행이다. 그 머나먼 길 걸어가자면 부단히 고독해지고 고독에 친숙해야 한다. 그 안에서 진솔한 자신을 만날 수 있는 것이다. 크리슈나무르티는 '여행길에서는 언제나 자기 자신을 알려고 하라'고 했다. 우리가 새로운 풍경을 찾는 것, 그것은 그것을 찾고 있는 나를 찾아가는 것이다. 자기 자신을 아는 것, 또한 그로 인해 내가 가는 곳이 어디인가를 알 수 있게 해주는 것이 여행이다. 김나현의 여행은 새로운 세상과 자아와의 만남이다. 그 바탕에는 작가의 유목주의적 방랑의 욕망도 자리하고 있다.

문학작품은 자신과 세상에 대하여 끊임없이 새로운 것을 탐색하고자 하는 욕망에서 태어난다. 진정한 사유란 자신의 정체성과 삶의 의미를 찾으려는 개척자적 정신에 의해서 심화된다. 김나현은 삶과 문학과 여행을 통해서 끊임없이 새로운 세계를 탐색고자 하는 탐구정신을 지닌 작가이다. 우리는 그의 문학을 통해 나의 자리를 되돌아보고 삶의 정체성을 새롭게 확인하는 기회를 얻게 될 것이다. 이런 사실만으로도 그의 수필을 읽을 가치는 충분하다. 김나현의 여행산문집 《비가 와도 좋았어》의 일독을 권한다. 그의 수필이 독자의 삶을 더욱 풍요롭게 하고 새로운 삶의 세계로 초대해줄 줄 것임을 믿는다.

6. 읽히는 수필집의 키워드
- 임철호론

1. 특별한 체험의 서사

　임철호의 수필집 《길 위의 정원》(2020, 에세이스트)을 읽고 한참을 울었다. 나의 현실적 삶이 고달파 눈물이 나는가 싶어 참으려 했지만 흐르는 눈물을 주체할 수는 없었다. 수필집 한 권을 다 읽을 때까지 손에서 책을 놓을 수도 없었다. 다 읽고 난 다음에는 알 수 없는 슬픔과 분노에 온몸이 떨렸다. 사람이란 것이 얼마나 모질고 독한 존재라는 사실도 알게 되었다. 거대한 역사의 수레바퀴 밑에서 가냘픈 민초들의 삶의 의미는 무엇인지 묻지 않을 수도 없었다.

요즘은 수필집이 쏟아져 나온다 해도 과언이 아니다. 하루에도 수십 권의 책이 세상으로 나오고 있다. 개인적으로 배달되어 오는 책들을 모두 읽기란 역부족이다. 이런 현실에서 임철호의 수필집은 단번에 독파했을 뿐만 아니라, 한없는 눈물까지 흐르게 했으니 특별한 경우가 아닐 수가 없다. 이건 결코 예사로운 일이 아니다. 도대체 그 힘이 무엇일까. 본고에서는 읽히는 수필집의 근본적인 키워드를 살펴보고자 한다. 분명 거기에는 감추어진 본질적이고 중요한 요인이 있을 것으로 본다. 이것은 또한 수필공부의 핵심이란 생각도 든다. 다음 작품의 한 부분을 보자.

    1948년 10월 여수. 순천반란 사건이 일어났고, 당시에 나의 아버지는 억울한 죽임을 당하셨다. 내 나이 두 살 때였다. 그 참척의 고통을 할아버지가 어찌 견디셨을까. 확실한 것은 이듬해 어머니가 집을 나갔다는 사실이다.
                                  — 〈느림의 시간 속으로〉 부분

    구례 전역에서 무려 8백여 명의 무고한 양민들이 이유도 알지 못한 채 토벌군에 의해 총살당했다. 교육자인 나의 아버지도 이런 와중에 날벼락 같은 화를 당하고 말았다.
                                         — 〈향연〉 부분

그냥 멍할 뿐이다. 팩트를 정리해 보자면, 화자의 아버지는 총살당했고, 그때 나이는 두 살이고, 젊디젊은 어머니는 이듬해 집을 나갔다는 사실이다. 우리가 살고 있는 세상에서는 상상할 수도 없는 일이다. 아니, 총살이라는 말이 어느 시대, 어느 나라의 이야기란 말인가. 가당치도 않은 현실 앞에 그냥 먹먹하기만 하다. 정신을 차리고 천천히 돌이켜보니 이것은 우리민족의 역사이고, 그런 불행을 딛고 화자가 살아온 구체적인 현실임을 알 수가 있다. 그런 냉혹한 현실을 당하고도 어떻게 살아왔을까. 그 절망적인 터널을 어떻게 빠져나왔을까. 그가 헤쳐 나온 70년의 세월이 마냥 궁금해진다. 다행히도 그에게는 심지 굳은 할아버지가 있었다. 할아버지야말로 화자에게는 구원의 대상이었으며 부모의 역할을 대신 하셨다. 할아버지는 생명의 은인일 뿐만 아니라 인생에 절대적인 영향을 준 하늘같은 분이다. 다음 글을 보자.

    백운산 자락 가난한 산골 출신인 할아버지는 한 번도 당신의 어린 시절에 대해서 발설한 적이 없었다. 증조부님이 일찍 돌아가시자 천애고아가 되어버린 할아버지와 작은할아버지는 친척들의 도움으로 남의집살이를 전전하며 살았다고 한다. 그러다가 혼인을 해서 슬하에 두 아들을 두었지만, 집 한 칸, 농사지을 땅 한 평 없는 처지였다. 게다가 아버지가 열 살, 작은아버지가 네 살 무렵에 할머니마저 돌아가셨다. 할아버지는 감당하기 어려운 고통을 겪으며 하루하루를 버텨 내다가 막다른 길목에서 운명적인 결정을 하게 된다. 바로 일본행이었다. 서둘러 재혼을 하고 두 아

들을 데리고 일본으로 건너가셨다. 하동포구에서 일본으로 가
는 연락선을 탔다. 일본 시모노세키 항구를 거쳐 미야자키 현으
로 가서 기와공장에 일자리를 구하고 정착하였다.

— 〈할아버지 나뭇길〉 부분

할아버지는 어린 시절부터 제대로 먹지도 입지도 못하고 일자무
식인 채 친척집이나 남의 집을 전전하며 연명했다가 결혼했고 아
들 둘을 낳았으나 아내는 젖먹이를 남겨둔 채 저세상으로 떠났다.
죽음을 무릅쓴 삶의 혁신이 필요했을 것이다. 그때 벼랑에서 뛰
어내리듯 일생일대의 모험이 식솔들을 이끌고 아는 이도 없고 언
어도 낯선 일본행이었다. 그곳에서 모진 설움을 참아내며 닥치는
대로 험한 일을 했다. 가난과 궁핍을 대물림하지 않겠다는 사무
친 각오로 죽을 힘을 다하여 돈을 벌었다. 그 절망의 끝에서 찾아
낸 희망의 땅이 바로 일본 미야자키라는 곳이었다. 결국 고향 땅
에 땅뙈기를 마련할 만큼의 돈을 벌어서 돌아왔다. 그렇게 두 아
들을 최고학부까지 공부를 시키며 해방되기 전까지 일본에서 사
셨다. 일본의 소학교에 입학한 두 아들은 우등생이고 모범생이었
다. 특히 큰아들인 화자의 아버지는 머리가 명석하고 예의도 발랐
으며, 학교행사 때마다 기수로 뽑혀 맨 앞에서 행렬을 선도할 정
도였다. 일본에서 농업학교를 마치고 대구사범학교에 진학해 졸업
후에는 경상남도 창녕군에 교사로 초임 발령을 받았다. 그곳에서
4년여 근무를 하고 해방이 되던 해 아버지의 고향인 전남 구례군

지리산 성삼재 밑의 중동초등학교로 전근을 했다. 당시 그곳은 여순반란 사건의 여진이 멈추지 않았고 화자의 아버지는 억울한 죽임을 당했다. 하루아침에 금쪽같은 아들을 잃은 할아버지의 일생은 참척의 철천지한으로 옭아매어지고 만 것이다.

그런 할아버지 밑에서 화자는 어린 시절을 보낸다. 할아버지, 할머니가 아버지와 어머니의 역할까지도 하게 되는 것이다. 화자의 할머니는 두 분이다. 친할머니는 화자의 아버지가 다섯 살 때 돌아가셨고 계조모는 당신의 소생을 두지 못한 채, 화자의 아버지 형제를 키웠고 또 화자의 삼남매를 기르셨다. 화자는 태어난 순간부터 계조모 밑에서 성장하게 된다. 계조모가 어떤 성품의 사람이었는지 다음 글을 보자.

> ①나는 네댓 살쯤 되었을 무렵까지 자다가 오줌을 싸는 일이 많았다. 지금처럼 화장실이 방안에 있는 것도 아니고 헛간에 변소가 있어서 깜깜한 밤에 가기는 무서웠다. 게다가 그때는 김치 같은 짠 음식을 많이 먹던 시절이라 물을 많이 들이켜서 더 그랬을 것이다. 또 누가 챙겨주지 않아서 소변가리기가 늦되었던 것 같기도 하다. 오줌을 싼 날 아침이면 할머니는 가차 없이 내게 키를 뒤집어 씌우고 소금을 얻어오라면서 옆집으로 내몰았다.
> — 〈회억〉 부분

②"철아야! 무명 밭에 가서 무명 대 걷어 오니라이잉~."

땔감이 귀하던 시절이라, 가을걷이가 끝난 밭에서 햇볕에 바짝 말라 수들수들해진 고춧대나 목화 대는 땔감으로 요긴하게 쓰였다. 할머니의 음성은 늘 가냘프면서도 가슬했다. 어린 나는 싫다는 말 한마디 않고 밭으로 나가 무명 대를 걷어다가 나뭇간에 쌓아두곤 했다. 〈중략〉 나는 할아버지, 할머니 말을 고분고분 잘 들었다. 그래선지 심부름이나 마루 청소 등 소소한 허드렛일은 다 내 차지였다. 계절마다 심부름의 종류도 다양했다. 보리 베기가 한창인 초여름 학교를 파하고 돌아오면 할머니는 기다렸다는 듯이 소쿠리를 내게 건네셨다.

"철아야! 수박, 오이 사줄텡게 얼른 논에 가서 보리이삭 주워 오니라이~잉."

보리 까끄라기는 사나워 자칫하면 손을 베이고 설핏 찔려도 피가 났다. 유월의 땡볕은 따가웠고 나는 온몸이 땀에 흥건히 젖도록 열심히 이삭을 주웠다.

— 〈철아야!〉 부분

계조모는 당신의 소생을 두지 못한 탓일까. 사랑을 주는 방법이 매우 서툴렀다. 인용문 ①은 화자의 유년 이야기다. 어린아이의 야뇨증은 애정결핍에서 온다는 전문가의 견해가 있다. 어머니가 없는 화자에게 할머니마저도 따뜻한 사랑을 주지 않았으니 애정결핍증이 온 것은 자연스러운 현상이다. 어린 화자가 오줌을 싸면 기다렸다는 듯이 머리에다 소금을 뿌리며 내쫓았으니 어린 마음의 상처는 쌓여만 갔을 것이다. 자신감과 당당함을 잃고 남들 앞에 떳떳하게 서지 못하는 못난이가 되었을 것이며, 그 피해망상증을 평생 극복하기가 어려운 상처가 되었을 것이다. 그리하여 화자는 지금도 "제삿날이면 할머니를 그리워하기보다 쓸쓸한 아픔이 도지곤 한다〈회억〉"고 술회한다. 인용 작품②는 청소년기에 할머니가 화자를 괴롭히는 모습을 구체적으로 보여준다. 그런 상황에서도 화자는 할머니를 기쁘게 해 드리고 싶어서 악착같이 이삭을 주워 담는다. 땀범벅이 된 몸에 까끄라기가 달라붙으면 어리고 여린 살은 무척이나 쓰라렸다고 회고한다. 더구나 어머니가 집을 나간 것도 할머니의 구박 때문이라는 말을 친지들로부터 들었을 때는 할머니에게 섭섭한 마음을 더욱 풀지 못했다. 도대체 왜 그랬을까. 모두가 배고픈 그런 시대 때문이었을까. 아니면 타고난 천성이 악독해서였을까. 참으로 고약한 할머니가 아닐 수가 없다.

2. 내면깊이 파고드는 문체의 힘

이제 화자의 아버지 이야기를 해야 한다. 할아버지의 꿈이자 훨훨 장부이고 수재였던 아버지는 왜 총살이라는 끔찍한 죽임을 당해야만 했을까 그 구체적인 사연이 궁금하기만 하다. 다음 글을 보자.

1948년 11월5일 토벌대로 참전한 국군 12연대 예하의 1개 대대 병력이 남원에서 구례 산동으로 이동하던 중 매복 중이던 반란군들의 습격을 받아 차량 14대가 전소하고 연대장 백인기 중령이 전사하였다. 후속 지휘관으로 백인엽 중령이 파견되었다. 신임지휘관은 전임지휘관과 국군피해에 대한 보복전에 돌입해 무고한 양민을 무차별적으로 고문하고 학살하였다. 양 진영이 모두 이성을 잃었고 전라도 땅은 무법천지가 되었다. 구례전역에서 무려 800여 명의 무고한 양민들이 이유도 알지 못한 채 토벌군에 의해 총살당했다. 교육자인 나의 아버지도 이런 와중에 날벼락 같은 화를 당하고 말았다. 〈중략〉 아버지는 당시 학교 관사에서 생활했다. 변을 당한 그날이 마침 토요일이라 아버지가 근무하고 있던 산동면에서 약 10킬로미터 정도 떨어진 마산면 냉천리 본가에 다니러 왔다가 할아버지를 뵌 후 가지 않아도 될 학교로 출발하였다. 시국이 어수선하고 불안한지라 학교를 지키려는 책임감에서였다. 그러나 학교에 도착하자마자 토벌군들이 다짜고짜 무력 연행하여 산동면 원촌리에 있는 누에고치 판매소에 하룻저녁 가뒀다가, 다음날 음력 11월 21일 새벽에 산동면 외산리 한천마을 참새미라는 곳에서 사살하였다.(과거사 진상조사보고서 기록에 의함)

— 〈향연〉 부분

과거사 진상조사보고서 기록에 의하면 "당시 반란군은 12연대장이 사망한 후 국군을 습격하여 획득한 물자를 중동초등학교에 가져와서 정리한 적이 있었다. 이는 중동초등학교가 반란군 소굴이라는 의심을 낳았다." 당시 화자의 아버지 임문주는 중동초등학교의 교장이었다. 1917년생이었으니 당시 31세의 꽃봉우리 같은 청년이었다. 토벌대는 동료들이 당한 작전 실패를 보복하기 위하여 아무런 법규적용도 없이 민간인을 학살하는 만행을 저질렀다. 나라를 되찾고 3년 만에 헌법이 겨우 제정되었으나 그 법은 아무런 통제력을 갖지 못했고, 젊은 교육자는 원대한 꿈을 펼쳐 보지도 못한 채 동토에 묻히고 만 것이다. 연약한 민초들은 누구에게 항변 한 번 못해 보고 가슴에 비수처럼 꽂인 억울함과 원통함과 분노를 속으로 삭이고만 있었다. 화자의 아버지는 좌익이 아니었고 사회주의를 신봉하지도 않았다. 부모에게는 지극한 효자였고, 교육열이 뜨거웠던 청년 교육자였을 뿐이다. 그럼에는 역사는 아직까지도 침묵으로 일관하고 있다. 70여 년 긴 세월을 눈치보며 연명하던 그들도 이제 한두 사람씩 세상을 떠났다. 이제 그 무섭고 암울했던 역사를 분명하게 증언할 사람도 없다.

　어리고 어린 세 아이를 혼자 끌어안게 된 아내의 두려움과 고통은 어찌했을까. 해방이 되고 고향을 찾아와 장래의 행복을 기대하며 하루하루 희망을 키우던 그 순진하고 여린 새색시에겐 그야말로 하늘이 무너지는 청천벽력 같은 충격이었을 것이다. 이 여린 새색시가 바로 화자가 꿈에서도 그리워하는 어머니다. 그 후 어머니는 어떻게 되었을까. 분명한 것은 어머니는 다음해 집을 나갔다는 사실이다. 그리고 어머니의 침묵은 아직도 진행중이다. 다음 작품을 보자.

　　내가 학교 들어가기 전이니까 예닐곱쯤이었을 것이다. 어느 늦은 봄날, 나는 집 앞 골목에서 혼자 놀고 있었다. 낯선 젊은 여인이 나타나 나를 데리고 마을의 당산나무 아래로 가더니 내 손에 연필과 공책을 쥐어 주고는 주변을 두리번거리면서 바삐 떠났다. 영문도 모른 채 엉겁결에 받아 쥐고 집으로 돌아오던 그 날도 집 앞 도랑가에 찔레꽃이 하얗게 피어 있었다. 〈중략〉그때 엄마라는 사람은 우리 집에 없었다. 내 앞에도 옆에도 없었다. 엄마의 얼굴이나 이름도 몰랐다. 엄마라는 존재 자체를 몰랐으므로 나는 내게 엄마가 없다는 것조차 몰랐다. 갑자기 그 여인이 나타나지 않았더라면 이후에도 꽤 오래 내가 엄마가 없는 아이라는 생각을 하지 않았을지도 모른다. 그 여인이 내 손을 잡고 갈 때, 이 사람은 누구일까 궁금했지만 나는 묻지 않았다. 어린 나이에도 본능적으로 엄마라는 것을 직감했다. 엄마의 음성도, 살 냄새도, 손길도 느낀 적이 없었으므로 나는 엄마가 보고 싶다던가, 그립다던가, 서운한 마음이 전혀 들지 않았다. 그 여인은 그날 이후 한 번도 우리 집에 찾아오거나 내 앞에 나타나지 않았다. 그리고 나의 뇌리에서도 잊혀갔다. 다만 그날 도랑가에 피어있던 하얀 찔레꽃이 내 머릿속에 각인되어 있다.

　　　　　　　　　　　　　　　　　― 〈하얀 찔레의 추억〉 부분

어머니를 그린 작품이다. 화자에게 어머니의 초상은 하얀 찔레꽃이다. 화자가 부모님의 부재를 의식하게 된 것은 초등학교 들어가면서부터다. 학기 초가 되면 담임 선생님은 가정생활 조사서를 나누어 주었는데, 그때 아버지 대신 할아버지의 이름을 적었다. 통신표 뒤편 생활기록부에는 조실부모(早失父母)라고 기록되었다. 이때 입은 여린 가슴의 상처가 지워지기란 쉽지 않을 것이다. 화자가 소심하고 내성적이며 남 앞에 나서지 못하는 것도 그 때문이라 여긴다. 이제 화자는 당시 어머니의 심경을 상상해 보려고 노력한다. 어머니의 심정과 상황을 이해하고 헤아려주는 것도 사랑이고 예의라 생각한다. 너무 젊었던 어머니는 아비 없는 어린 자식들을 홀로 키워낼 자신이 없었을 터이고, 감당할 수 없는 현실이 두렵고 버거웠으리라. 뜻하지 않게 청상이 되어 버린 자신의 처지를 너그럽지 못하고 이해심 없는 시어머니의 구박을 이겨내지도 못했을 것이다. "어머니는 민들레 씨앗처럼 날아가 어느 곳에 뿌리를 내리고 새로운 꽃을 피워냈을 것이다. 자식을 금쪽같이 여기고 살뜰히 보살피며 누구보다도 모성애가 강한 여인으로 살아냈을지도 모른다. 그랬으면 좋겠다. 그랬으면 참 좋겠다."고 화자는 간절하게 소망한다. 사무치는 그리움으로 평생을 안고 온 어머니를 놓아주고 이해하고 받아들이기까지 작가의 속은 몇 번이나 넘어지고 문드러졌을까. 세상의 수많은 결핍 중에서 어머니의 사랑을 받아보지 못하고 성장한 결핍이 가장 큰 슬픔이라고 믿는 필자에겐 더욱 가슴 아리는 부분이다. 차라리 처음부터 내버려진 고아가 더 나을 것이란 생각도 든다.

  이 부분에서 아픈 서사도 그렇지만 묘하게 끌어당기며 슬픔을 더욱 슬프게 하는 문체를 지적하지 않을 수가 없다. 서사와 서경이 결합하여 새로운 서정을 만들어 내듯이 서사와 문체가 결합하여 슬픔을 새로운 예술로서 내면화하고 승화시킨다는 점이 돋보인다. 다음 글을 보자.

    연둣빛 봄차림을 했던 숲은 녹음이 제법 짙어졌다. 병아리 주둥이처럼 뾰족하게 돋던 새순이 어느새 허공으로 늘씬하게 솟아올랐다. 벚꽃도 철쭉도 흔적이 없고 민들레는 어느새 하얀 갓 씨를 모자처럼 쓰고 낮은 자리에 다소곳하게 서있다. 나는 숲속 친구들을 유정하게 살피며 개울가를 따라 걸었다. 길옆으로 찔레꽃이 만발했다. 하얀 꽃잎으로 노란 속살을 수줍게 감추고 상큼한 향기를 내뿜는 찔레꽃 주위로 벌 몇 마리가 윙윙 날더니 이내 꽃술 속에 코를 박고 꿀을 빤다. 갓난애가 엄마 젖무덤에 코를 박아 넣고 문질러 가며 젖을 빨아 먹는 모습과 흡사하다. 내게도 그런 시간이 있었을까?

                              ― 〈하얀 찔레의 추억〉 앞부분

  화자는 아직도 어머니란 발음이 어색하다고 한다. 단 한 번의 짧았던 만남은 아픔이고 슬픔이었다. 추억이란 아름답다고 하지만 화자에게는 깊은 상처이며 사무치는 그리움뿐이었다. 어머니는 "물푸레 잎 같은 쪼그만 여인, 눈물같이 슬픈 여인, 영원히 나 혼자 기다리는 여인, 그래서 불행한 여인"이었다고 말한다. 어머니의 부재가 유년기엔 부끄러웠고 청소년기엔 우울한 원망으로 변했고 사회인이 되고 나서야 그리움이 되었다고 고백한다. 어디서 불쑥 나타나 주기를 은근히 기대하고, 적막의 밤을 기다림으로 지새운 적도 많았다.

위 인용문은 그러한 어머니에 대한 그리움의 이미지를 연둣빛 봄, 병아리 주둥이, 하얀 찔레꽃의 노란 속살, 상큼한 향기, 꽃술 속의 꿀로 형상화된다. 그러면서도 성에 차지 않자 "갓난애가 엄마 젖무덤에 코를 박아 넣고 문질러 가며 젖을 빨아 먹는 모습. 내게도 그런 시간이 있었을까?"라고 통곡이라도 하듯이 자신을 엄마의 젖을 빠는 아기에 등치시키면서 그런 순간을 간절하게 그리워하고 있다. 참 대단한 문장과 문체의 힘이 아닐 수가 없다. 이러한 서정적이고 애절한 문체를 작품의 서두에 배치함으로써 어머니에 대한 부재를 더욱 절절하게 해주고 있다. 이런 별처럼 반짝이는 시적 표현에 오래오래 독자의 눈길이 머물 수밖에 없다. 문학에서 문체의 힘을 구체적으로 보여주는 대목이라 하겠다. 이러한 내포적인 이미지를 함축한 표현들이 이 수필집의 전체를 관통하고 있다는 점이다.

3. 작가의 생애와 내 삶의 위안

임철호는 해방 다음해인 1946년 전남 구례에서 태어났다. 그곳에서 중학교를 졸업할 때까지 할아버지 나뭇길을 따라다니고, 할머니의 잔심부름을 하며 초등학교를 다니며 꿈을 키웠다. 중학교를 졸업하고 상경하여 고등학교에 진학한다. 장교로 임관하여 국방대학원 91안보과정을 졸업하고 육군본부 관재계획관(부이사관)으로 전역했다. 군 생활 중에 월남전에 참전하여 국가유공자가 되었다. 할아버지의 작은 아들은 해방 후 육군사관학교 8기생으로 임관하여 예비역장군으로 생을 마감하였다. 현재 할아버지 증손자 둘은 의사가 되어 의료 활동을 하고 있으며, 둘은 공무원과 공군으로 각각 근무 중이다. 향년 83세로 생을 마감한 할아버지의 고난의 시간이 헛되지 않았음이다.

이후 작가는 2013년 《에세이스트》에 수필로 등단하여 작가가 되었다. 필력을 발휘하여 모지에서 올해의 작품상 2회를 수상하였고, 2019년에는 《더 수필》에 선정되어 이름을 빛냈다. 2020년 3월에 수필집 《길 위의 정원》이 에세이스트에서 출판되었고, 이 책은 문학성을 인정받아 정경문학상을 받았다. 짧은 시간에 대단한 문학적 성장이라 할 수 있다. 그만큼 그의 내면에는 문학적 열정이 들끓고 있었음을 알 수가 있다. 그 간절하고 안타까운 사연들을 쓰지 않고는 배겨내지도 못했으리라. 문학이란 자기 삶을 사막에서 건져내는, 아니면 자기 상처를 치유하는 과정의 흔적에 지나지 않는다라고 했을 때 그에게 수필과의 만남은 바로 치유와 구원의 여신이라 할 수 있을 것이다.

화자는 딸의 출가와 아들의 혼사를 치른 뒤부터는 아버지의 흔적을 찾아 나선다. 일차 목적지는 아버지가 초임발령을 받고 교편 생활을 시작한 창녕이다. 그곳은 그의 외가이기도 하다. 아버지가 근무하던 당시의 학교 땅이라도 밟아보고 싶었던 것이다. 하지만 1950년 이후의 기록물만 교육청에 보존되었을 뿐 해방 전의 기록은 없었다. 해방 후 여러 차례의 학제개편, 교육자치제 시행에 따라 교육기관들이 통폐합되는 과정에서 문서이관 여부를 확인할 수가 없다는 것이다. 담당자의 말에 의하면 창낙초등학교는 현재 창녕유치원에서 사용하고 있고, 성산초등학교는 나사렛예수 수녀원으로 사용중이라고 했다. 그야말로 모든 것이 상전벽해였다. 그나마 옛 성산초등학교터에서 70년이 훨씬 넘어 보이는 느티나무를 발견한 것이 큰 수확이었다. 아직도 늠름하고 건강한 느티나무를 바라보면서 이렇게 아버지를 상상한다.

> 느티나무의 몸속에는 아버지의 목소리와 발걸음 소리, 학동들의 왁자지껄한 웃음소리와 재잘댐이 스미어 있을 것이고, 술래잡기할 때 손과 이마를 나무에 대고 하나, 둘, 세었을 장난꾸러기들의 손자국이 배어있을 것이다. 가만히 팔을 벌려 나무를 안아 보았다. 그리고 귀를 둥치에 바짝 대고 나무의 심장소리를 들었다. 멀고 희미한 저 생명의 소리, 아버지도 가끔은 들어 보셨을까.
> ― 〈흔적을 찾아서〉 부분

화자는 여기서 그치지 않는다. 아득한 세월의 저편, 할아버지가 재기를 했던 땅, 화자의 아버지가 성장하고 학교를 다녔던 이 국의 그 땅까지도 찾아가보고 싶어 한다. 오직 살기 위해서, 살아 남기 위해서, 낯선 이국땅을 헤매었을 할아버지의 처절한 몸부림 이 아니었다면 존재하지 못했을 것이라는 것을 아는 화자로서는 당연한 일인지도 모른다. 3월 햇살 고운 날, 형제 부부와 가이드 역할을 자처한 딸이 동행했다. 1920년대, 할아버지는 일본 미야 자키에 정착하였다. 그곳의 기와공장에서 일하기 시작했다. 먹고 살아야 하고 아들 둘을 공부시키려면 입맛에 맞는 일자리를 구할 여유도 없었을 것이다. 화자는 할아버지의 흔적을 찾아가는 이유 를 이렇게 묘사한다.

그가 있으므로 내가 있었다. 그의 고통과 고뇌가 나의 고통과 고뇌가 아니라고 말할 수 있을까. 그것은 자랑스럽거나 부끄럽거 나의 문제가 아니다. 그 고달팠던 삶을 잠시 보듬어보는 것만으 로도 나는 그에게로 건너갈 수 있을 것이다. 그의 외로움을 그 혼 자서만 감당해야 한다면 나의 외로움 또한 나 혼자서만 감당해 야 할 것이다. 이번 여행은 내가 할아버지의 발자취를 더듬으러간 다기보다, 한 외로움으로 한 외로움을 덮기 위해 나선 걸음이다.
— 〈기억의 땅〉 부분

그랬다. "한 외로움으로 한 외로움을 덮기 위해 나선 걸음"이다. 참으로 감동적인 효성이 아닐 수가 없다. 혈육이란 이렇게도 사무치는 그리움으로 대를 이어 연결되어 있다는 것을 구체적으로 보여주는 장면이다. 화자의 내밀한 사유와 내면의 깊은 곳을 흔드는 서정적인 문체까지 어우러져 수필읽기의 행복감까지 느끼게 한다. 문학작품이란 이렇게 상처를 고스란히 드러내고 세상에 알림으로써 역설적으로 치유라는 보상을 받는 것이 아닌가도 싶다.

그렇게 일본 땅을 방문하여 할아버지와 아버지의 흔적을 느껴본다. 참 다행인 것은 85세인 당시 공장주의 며느리를 만날 수가 있었다. 화자의 할아버지를 어렴풋이 기억하고 있을 뿐만 아니라 일행을 보고 할아버지를 좀 닮은 것 같다며 친근감까지 표현해 주었다. 아버지 형제가 다닌 오오요도 소학교까지 안내해 주었다. 여자 교장선생은 일본인 특유의 친절한 언어로 감탄사를 연발하며 반겨주었다. 당시 아버지의 학적부를 보고 싶다고 하자 안타까운 표정을 지으며 1945년 무렵 학교에 포탄이 두 발 떨어져 보관하고 있던 서류가 소실된 상태라 45년 이전의 자료는 없다고 했다. 하지만 화자로서는 아버지가 뛰어놀고 공부했던 그 땅을 밟아보았다는 것만으로도 가슴이 벅차올랐음이다.

이제 화자도 늙어가고 훗날을 기약할 수 없다. 마음의 한적한 빈터엔 회한만 쌓여가고 시간은 빠르게 흐르고 있다. 그리움의 색깔도 연두에서 초록으로, 초록에서 보라, 분홍, 빨강이 되었다가 갈색으로 변하고 있다. 마음속에 켜켜이 쌓였던 미움도 어느 순간 그리움이 되었다.

이제 이 수필집의 표제작이기도한 〈길 위의 정원〉을 살펴보고자 한다.

> 마음에 대하여 생각해 본다. 일찍이 부처님은 일체유심조(一切唯心造)라는 가르침을 주었다. 살아오면서 수많은 근심과 걱정거리에 갈팡질팡한 때도 있었고, 마음과 행동이 서로 갈등을 일으키며 순간순간의 결정에 장애물로 작용했던 적이 많았다. 간사함과 욕심이 마음을 흔들고 정신을 어지럽게 했던 일들을 떠올려 본다. 지나고 보니 아무것도 아닌, 한주먹도 안 되는 자존심과 명예, 돈 욕심에 온몸으로 부딪쳤던 일들이 파란 하늘에 흘러가는 구름처럼 나타났다가 사라지고 다시 나타나 소요유(消遙游)의 경지를 흩트려 놓는다. 욕심 없이 분수에 맞는 삶을 잘 살아왔다고 생각했지만 뒤돌아보니 수많은 욕심을 품고 살아온 것 같다.
> ―〈길 위의 정원〉부분

이 작품은 퇴직 후 9월의 어느 평일, 왕십리역에서 용문행 전철 타고 양수리 운길산 역에 내려서 그 일대의 풍광을 감상하며 사색하는 내용이다. 평일의 나들이니 치열한 현실적 삶은 떠난 후다. 살면서 처음으로 느껴보는 여유로움일지도 모른다. 이미 노년의 삶으로 들어선 것이다. 그 감회가 얼마나 무궁하고 새롭겠는가. 북한강변을 걷고 양수대교를 바라본다. 물의 정원, 마음의 정원, 풀꽃의 정원 등 길 위의 정원을 거닐며 사유를 이어간다. 마음의 정원에서는 "마음속에 끼어 있는 욕심 한 줌 털어내고 돌아가면 남은 생이 더욱 가벼워지려나."며 스스로를 다잡는다. 위 인용문에서도 화자는 "한주먹도 안 되는 자존심과 명예, 돈 욕심에 온몸으로 부딪쳤던 일들이 파란 하늘에 흘러가는 구름처럼 나타났다가 사라지고 다시 나타나 소요유(消遙游)의 경지를 흩트려 놓는다."고 삶을 토닥인다. 화자에게 무슨 명예와 돈 욕심이 있었겠는가. 그런 부분을 털어내려고 마음을 다잡는다는 것이 의아스럽기도 하지만 그 역시 한 인간으로서 세상 사람들의 보편적 희망에 동참한 것이라고 본다. 화자가 남다르게 겪은 상처와 아픔만큼으로도 세상에 지불해야 할 모든 빚은 모두 갚지 않았을까 싶다.

 이제 이 글의 결론을 맺을 차례다. 글의 서두에서 읽히는 수필집의 키워드를 살펴보고자 했다. 지금까지 논의한 임철호의 수필집 《길 위의 정원》을 중심으로 정리를 해보면 우선 특별한 서사가 있어야 한다는 점이다. 특별한 서사란 독자를 완전히 사로잡을 수 있는 그야말로 놀라운 이야기를 말한다. 임철호의 경우 여순반란사건 때 아버지는 총살당했다. 그때 화자는 젖먹이 2세였다. 젊은 어머니는 다음해 집을 나갔다. 계조모 밑에서 갖은 구박을 당하며 성장한다. 보통사람으로서는 상상자체가 불가능한 서사다. 다음으로는 이러한 서사를 뒷받침해 줄 수 있는 개성적인 문체와 문장력을 갖추어야 한다. 이 작품집의 경우 가슴 깊이 파고드는 애절한 문체와 서정적이고 담백한 문장이 슬픈 사연을 더욱 아리게 내면화시켜 준다. 세 번째로는 독자의 삶에 위안을 주는 글이어야 한다. 한편을 작품집을 읽고 위안을 받지 못한다면 굳이 힘들게 책을 읽을 필요가 없을 것이다. 《길 위의 정원》의 경우 작가의 아픈 상처와 삶을 통해서 역설적으로 독자는 위로를 받을 수가 있다는 점이다. 삶이란 누구에게나 팍팍한 것이다. 특별히 현실적 삶이란 누구에게나 고달프고 위로받고 싶은 것이다. 그럴 때 자신의 삶을 비관하다가도 책을 읽으며, 이런 쓰리고 아픈 삶도 있는가 싶어, 이에 비하면 나의 상처 정도는 아무것도 아니다 싶어 위로받을 수 있는 것이 아닐까 싶다. 그렇게 새로운 희망을 선물하는 것이다. 그게 또한 사람이고 사람의 마음이 아닐까 싶다. 이런 모든 요건을 두루 갖춘 수필집이 임철호의 《길 위의 정원》이라 생각한다.

7. 개인적 체험이 민족의 역사로 승화
- 안규수론

1. 수필 〈대꽃피는 마을〉

알베르 까뮈의 이 말이 자꾸만 생각이 난다. "아무것도 주지 않는 사람은 아무것도 가진 것이 없다. 가장 큰 불행은 사랑받지 못하는 것이 아니라 사랑하지 못하는 것이다." 여기서는 사랑이란 말 대신에 수필로 치환시켜도 좋을 듯싶다. 감동을 주지 못하는 수필가는 독자를 가질 수가 없다. 가장 큰 불행은 독자에게 사랑받지 못하는 것이 아니라 독자를 사랑하지 않는 작가이다. 독자를 사랑하는 수필가야말로 가장 진정성을 가진 작가다. 이 대목에 이르면 어김없이 안규수 수필가를 떠올리곤 한다. 자기만이 최고인 시대, 너는 없고 나만 존재하는 시대, 결코 타인의 능력이나 노력 정도는 아무것도 아닌 메마른 시대. 편파적인 시각과 냉소로 쉽게 상대를 폄하하려는 이기적인 현실에서도 안규수는 이미 타인의 장점만을 보려 하는 경지에 도달해 있다. 그런 그의 작품을 처음 대한 것은 수필 〈대꽃 피는 마을〉이다. 이 작품을 읽고 우리 시대 좋은 수필가로 회자될 만큼 사유와 감수성까지도 갖춘 작가임을 알게 되었다.

오월 한낮 대숲에는 느개가 내리고 있다. 고요하다. 고요는 소리 없음이 아니다. 외려 수런수런 음미하고 내밀한 소리의 세계다. 가는 빗방울이 댓잎을 간질이는 소리가 들리고 댓잎이 댓잎을 서로 부르고 비비고 밀어내는 소리가 들리고, 늙은 대나무가 옹이 진 뿌리를 뒤틀며 부드러운 땅 위로 기어오르는 소리까지 들린다. 나는 그 고요를 자박자박 밟으며 걸어 들어갔다. 내 고향은 징광산 자락 언덕배기 다랑이 논배미에 농사를 짓고 살아온 가난한 마을이다. 그래서 이름도 '가는골'이다.(중략) 마을 골목길로 내려왔다. 오월의 향기와 바람결은 아직 여전한데 반세기가 흘러 가버린 지금, 적막에 휩싸인 마을은 유령 마을 같다. 한때 60여 호가 넘어 활기차던 마을은 이제 20여 호만 남아 쇠락의 길을 걷고 있다. 아주 오래전 갓난아기의 울음소리가 사라진 마을에는 집마다 노인들뿐 젊은 사람이라곤 눈을 씻고 찾아봐도 없다. 마을 이장이 예순을 넘었는데 그가 제일 젊은이다.

이대로 가면 10년 안에 마을이 사라질지도 모른다.(중략) 수호신처럼 마을을 감싸온 대나무 숲은 머지않아 사라질지도 모른다. 대나무가 모두 말라 죽으면 그 자리에서 작은 죽순이 올라오는데 그 어린 대도 모습을 갖추기 전에 다시 꽃이 피고 죽기를 두 번, 세 번 거듭하고서야 비로소 새로운 대나무가 자라기 시작한다고 한다. 내 고향도 쇠락의 길 끝자락까지 다다르면 다시 회생할 수 있을까.

— 〈대꽃 피는 마을〉 부분

고향을 떠난 작가가 50년인가 60년인가를 지나서 귀향을 한다. 그야말로 산천은 의구한데 인걸은 간 데 없다. 고요와 적막 속에 잠긴 마을은 한때 60여 호가 넘어 활기찬 시절도 있었지만 이제 20여 호만 남아 쇠락의 길을 걷는다. 그곳에서 작가는 백 년을 걸어 대나무가 도달한 피안의 세계를 상상한다. 인간도 백 년을 걸어 죽음에 이른다며 피안의 마을, 열반의 마을을 꿈꾸는 것이다. 대나무와 인간이 예부터 깊은 우정을 나누어 온 것에 작은 지푸라기라도 연결해보고 싶은 상상력이다. 작가는 결코 뿌리인 고향의 소멸을 인정하지 않으려는 몸부림이다. 비록 외적으로는 소멸의 길을 갈지라도 그 내면에 흐르는 정신과 역사는 대나무의 뿌리처럼 더욱 튼튼하게 퍼져나갈 것임을 소망한다.

사시사철 푸름을 잊지 않는 대나무는 뿌리를 통해 대숲을 형성한다. 잘 자란 나무는 4~5년이면 베어지는데, 땅속 거대한 뿌리는 평생 자리를 지키며 베어진 자리에 어김없이 죽순을 밀어 올려 대숲을 유지한다. 그러다 백 년이 되면 그 뿌리에서 올라온 모든 대나무는 꽃을 피우고 그 꽃이 지는 순간 임종을 맞는다. 대나무가 일생에 단 한 번 꽃을 피운다는 것은 그 뿌리의 이야기이다. 땅속의 숨은 뿌리가 모두 죽어버림으로써 대숲 전체가 사라져 버리는 죽음은 비장하다. 어쩌면 죽음 앞에 당도해서야 생의 모든 순간이 꽃이었던 것을 알게 된다는 깨달음이다. 그리하여 작가는 대꽃이 피는 여기 이 마을까지 오는 데 백 년이 걸렸다고 그 고단한 일생을 예고하는 것이다.

2. 수필집 《무진으로 가는 길》

그로부터 세월이 조금 더 흐른 후인 2021년 12월 초에 안규수는 수필집 《무진으로 가는 길》을 소소담담에서 펴냈다. 작가의 말을 시작으로, 제1부 기억이 흐르는 강, 제2부 유년의 뜰, 제3부 눈 내리는 날, 제4부 선암사처럼 늙어라, 제5부 정글은 말이 없다 등 41편의 작품이 수록되었고, 이운경 평론가의 해설을 붙였다. 무엇보다도 작가의 말에 들어있는 다음의 한 구절에서 시선이 머물렀다.

타고난 이야기꾼인 큰엄마는 군고구마를 먹으면서 밤이 깊어 가는 줄도 모르고 자신이 격동의 시대를 살아오면서 겪은 고달픈 인생 이야기를 담담히 들려주셨다. 그 이야기들은 뼈아픈 가족사이면서 그 시대를 살았던 사람들의 공통된 아픔이고 통한의 역사라 할 수 있다.

여순사건이라는 근대사의 격랑 한가운데에서 한 가족을 감당해야 했던 아버지의 삶은 살얼음 위를 걷는 듯한 고통스러운 것이었다. 사위와 딸을 잃고 남은 가족을 지키고 당신의 목숨을 유지하는 길은 오직 침묵과 체념뿐이었다.

사상思想이, 좌우 이념이 무엇인지도 모르는 사람들이 그 올가미에 덧씌워져 죽이고 죽어야 했으니 이 역사의 아이러니를 어떻게 설명해야 할지 망설여진다. 그걸 따져볼 길조차 없는 무력한 농민들의 절망과 분노, 공포는 어디서 보상받아야 할까. 내 엄마의 슬픈 이야기, 부끄럽고 가슴 아픈 이야기를 서슴없이 풀어 놓는 이유가 있다. 엄마 역시 격동하던 그 시대의 희생양이었고, 심연에 숨겨진 아픈 응어리를 삭이고, 정서적 위안을 얻고 싶었기 때문이다.

— 작가의 말 〈그리운 들꽃 향기〉 부분

그렇다. 작가는 우리의 아픈 현대사를 온몸으로 안고 살아온 장본인이다. 해방공간, 한국전쟁, 월남전의 참전까지 직접 온몸으로 겪었다. 해방 전후의 역사적인 체험은 직접 하지 못했다 하더라도 그것을 뼈저리게 체험하고 가족을 잃은 부모님으로부터 수없이도 듣고 또 들으며 성장했다. 실제로 눈 내리는 겨울밤 이야기꾼인 큰엄마로부터 군고구마를 먹으면서 밤이 깊어가는 줄도 모르고 격동의 시대를 살아오면서 겪은 고달픈 인생 이야기를 담담하게 들었다고 고백한다. 이는 어쩌면 직접 겪은 것보다 더 생생하게 학습되어 있었음이 분명하다. 아버지로부터, 큰어머니로부터, 어머니로부터, 형으로부터 겹겹이 듣고 쌓여 가슴속 한으로 쌓였다. 따라서 이 책 속에 나오는 작가의 이야기는 결코 화자만의 역사가 아니다. 그것은 우리민족의 상흔이다. 그런 의미에서 무엇보다도 보편성을 확보하는 데 성공했다고 본다. 〈손가락 총〉〈아부지, 우리 아부지〉〈엄나무 가시〉〈큰 엄마〉〈마지막 일기〉〈기억되지 못한 그 날의 이야기〉〈정글은 말이 없다〉등의 작품이 모두 그러하다. 다음 작품을 한번 보자.

아버지는 대문 밖에서 붉은 완장을 찬 낯선 청년들에게 연행 당했다. 영문도 모른 채 끌려간 곳은 읍내 초등학교 운동장이었다. 그곳에는 이미 많은 사람이 끌려와 있었다. 곱게 물든 단풍잎이 갈바람에 우수수 떨어지는 운동장 가에는 끌려온 이들의 가족과 구경꾼들이 운집해 있었다. 아버지를 뒤따라온 엄마와 작은누나도 그 군중 속에 끼어 가슴 조이며 그 광경을 바라보고 있었다.

당시 사람들 사이에 유행어는 '손가락 총'이었다. 운동장에 잡혀 온 사람들 사이를 누비는 붉은 완장을 찬 젊은이들에게 '손가락질'을 당하면 곧바로 끌려 나갔다. 사람의 손가락이 바로 총구멍이나 다름없었다. 손가락 총을 당한 사람들은 새끼줄에 묶인 채 한 사람씩 교단 앞에 세워졌다. 곧이어 인민재판이 시작되고 간부인 듯한 사람이 호명하면서 죄목을 열거했다.

"이 사람은 인민을 수탈한 인민의 적이요, 처단해야 하오."

이렇게 운동장이 떠나갈 듯 쩌렁쩌렁 소리 지르면, 기다렸다는 듯 앞자리에 포진한 몇 사람이 옳소, 옳소, 손들고 손뼉 치면 그만이었다. 이렇게 한 사람을 처리하는데 삼 분이 채 걸리지 않았다. 선고가 모두 끝나면 사람들은 곧바로 굴비 엮듯 묶어져 소화다리(부용교)로 끌려갔다. 소화다리 난간에 일 열로 세워 놓고 발목에 새끼줄을 묶은 뒤 방아쇠만 당기면 다리 밑으로 사라졌다. 다리 아래 갯바닥에는 시체가 질펀하게 널렸고, 바닷물은 온통 핏빛으로 물들었다. 다리 양쪽에 둘러선 가족들의 통곡에 하늘도 슬피 울었다.

— 〈손가락 총〉 부분

아버지가 그날 인민재판에서 용케도 살아남을 수 있었던 것은 작은 매형의 힘이었다. 매형이 반군에 합류할 것을 약속하고 아버지를 살려낸 것이다. 작은 매형은 우리 집에서 머슴을 살다가 작은누나와 눈이 맞아 데릴사위로 살고 있다. 신혼인 매형은 임신한 누나를 두고 산사람들에게 합류할 수가 없어 결국 반동분자로 지목받아 살해 위협을 받고 있었다. 이듬해, 어느 봄날 밤 작은 매형이 몸살로 집에 있다가 이웃의 밀고로 산 사람들에게 붙들려갔다. 그들은 매형을 뒷산 잿몬당 소나무 밑으로 끌고 가 인민재판을 열고 사형선고를 내렸다. 그날 매형은 죽창으로 무참히 처형되었다. 세상물정 모르는 스물다섯 청년은 그렇게 억울한 죽임을 당했다. 이 전란으로 좌우익 가릴 것 없이 많은 사람이 죽었다. 무자비한 총과 폭력 앞에 그냥 망연히 순종할 수밖에 없었던 나약함뿐이었다. 사상이니 이념 따위는 그들과는 아무런 상관이 없는 일이었다. 그 무자비함의 파고는 죄 없는 이들의 삶을 송두리째 무너뜨렸다. 총이 곧 법이었다. 원한과 복수가 그 총을 무기로 무차별 학살을 자행했던 것이다. 누군가의 심장을 구멍낸 총알은 한참이 지나 총을 쏜 그 자신의 심장을 관통하는 경우가 허다했다. 뺏고 빼앗기는 아귀다툼 속에서 역사는 돌고 돌았다. 좌우 모두 미쳐 날뛰던 그 시절 내 편이 아니면 무조건 죽여야 했던 그들을 누가 단죄할 것인가 하고 작가는 묻고 있다.

아버지와 누나는 매형의 시신이라도 찾기 위해 몸부림쳤다. 산사람들은 양민들을 처형한 뒤 시체를 땅에 묻지 않고 돌무덤을 만들었다. 아버지와 엄마, 누나는 소등처럼 길고 둥그런 능선을 따라 수십 기가 널려 있는 그 많은 돌무덤을 일일이 헤쳐보고 다시 쌓길 무려 열흘 만에 매형의 유골을 찾아냈다. 이미 시신은 육탈된 뒤였지만 옷가지와 금니 두 개의 흔적으로 찾아낼 수가 있었다. 작은 누나는 남편의 시신을 찾은 뒤 충격을 이기지 못하고 정신이 이상해졌다. 걸핏하면 남편이 최후를 마친 잿몬당 소나무 아래에서 넋을 놓고 앉아 있기 일쑤였다. 별의별 좋다는 약은 다 써 보고, 신랑의 원혼이 씌웠다고 씻김굿까지 해도 차도가 없었다. 3년 여를 그렇게 앓던 누나는 스물넷 젊은 나이에 어린 딸을 남겨두고 기어이 남편 곁으로 가고 말았다.

1948년 여순반란사건을 배경으로 쓰여진 작품이다. 피눈물 나는 개인사이기도 하지만 너무나도 생생한 우리 민족의 아픈 역사이다. 이런 참혹한 현실을 맞이하고도 살아야만 했던 인간이 삶이 참혹하도록 슬프기만 하다. 그 어떤 사실적인 소설작품보다도 더 생생한 묘사력에도 또 한 번 놀란다. 나는 여순사건이라는 역사의 현장을 이렇게 사실적이고 구체적으로 그려낸 작품을 일찍이 보지 못했다. 이 수필의 문학사적 의의는 실로 큰 것이라 생각한다. 다음 어머니를 소재로 한 작품을 보자.

①큰엄마는 늘 외로움을 가슴에 안고 사는 가냘픈 여인이었다. 아버지는 그런 큰엄마의 마음을 모른 척하면서 겉돌기만 했다. 아버지는 날이 어둑어둑해지면 작은 집에 가기 위해 슬그머니 대문을 나섰다. 그런 아버지의 뒷모습을 물끄러미 바라보던 큰엄마의 눈빛을 지금도 잊을 수가 없다. 밤마다 홀로 막걸리를 즐겨 마셨다. 술이 떨어지면 주전자를 들고 주막으로 뛰는 건 나였다. 큰엄마가 돌아가시기 전 병석에서 내 손을 꼭 잡고 울먹이셨다.

"배고픈 시절에 애미 젖 떨어지고, 사람 되기 힘들 거라 생각했는디…. 살아줘서 고맙다. 쯧쯧, 넌 명줄이 길 거여. 니 엄마한테 잘해라."

당신이 먼 길 떠나시기 전 마지막으로 하신 말씀이다. 울컥 설움이 솟구쳐 나도 모르게 큰엄마를 얼싸안고 흐느꼈다.
"엄마!"

— 〈큰 엄마〉 부분

②엄마는 스물둘 한창나이에 마흔이 넘은 아버지를 만났습니다. 그때 아버지는 딸 둘에 외아들을 두었지요. 다시 외아들로 대를 이어 갈 일을 염려한 아버지는 큰엄마의 도움으로 청상(靑孀)인 엄마를 중매로 만났다고 합니다. 엄마는 해방 이듬해인 유월 초하룻날 떡두꺼비 같은 아들을 낳습니다. 두이레가 못되 엄마 젖이 말라 배고파 우는 아기를 두고 볼 수 없었든 아버지는 손수 생쌀을 씹어 화롯불에 끓여 먹였다고 합니다. 그 일로 아버지는 치아를 상해 말년에 위장병으로 고생하셨습니다. 엄마의 가슴에는 아픈 멍울이 있습니다. 그래도 그 아픔을 아들에게 한번도 내색한 적이 없습니다. 다만 엄마가 열일곱에 결혼했고, 남편이 일제에 징집당해 남양군도에서 전사했다는 이야기를 어릴 적 큰엄마를 통해 어슴푸레 들은 기억이 있을 뿐입니다. 엄마는 하나뿐인 아들을 키우면서 아들이든 딸이든 하나 더 낳기 소원했습니다. 음력 팔월 대보름날 밤이면 날 데리고 처낙골 곰 바위 밑에서 간단한 제사상을 차려놓고 손을 머리에 얹고 쉼 없이 절을 했습니다. 아들이든 딸이든 하나 더 낳게 해주시라고, 그러면서 하나뿐인 아들의 무병장수를 빌고 또 빌었습니다. 그뿐만 아

니라 이른 새벽 장독에 정화수를 올리고 쉼 없이 기도했습니다.

— 〈엄나무가시〉 부분

작가에게는 어머니는 두 분이다. 그렇게 된 사연은 이렇다. 아버지는 손이 귀한 집안의 4대 독자다. 그 시절에는 집안의 대통을 잇는 일만큼 큰일은 없었다. 아버지 나이 마흔을 넘겨서도 딸 둘에 아들 하나를 두었지만 5대째 독자로 대를 잇게 되는가 싶어 시름이 깊었다. 또 한 명의 아들을 얻기 위하여 화자의 아버지는 해방이 되던 해 두 번째 장가를 갔다. 이때 중요한 점은 큰 엄마의 도움으로 스물둘 청상과부인 어머니를 만났다는 점이다. 아들을 낳지 못하는 여인의 죄는 인간의 본성인 질투심마저도 삼켜버릴 정도이다. 그 이듬해 음력 유월 초하룻날, 보리 까실이 한창일 때 바라던 아들을 얻었다. 화자는 그렇게 태어난 것이다. 큰엄마가 아기를 직접 받았다고 한다. 금줄에는 빨간 고추를 매달았음은 물론이다. 화자가 태어난 지 2주가 막 지날 무렵 엄마 젖이 거짓말처럼 말라버렸다. 아기 분유가 없는 시절이라 큰엄마는 배고파 우는 아기를 안고 동네 산모가 있는 집을 찾아다니면서 동냥젖을 얻어 먹이고, 밤이면 생쌀을 갈아 화롯불에 끓여 먹였다. 설상가상으로 동네에 홍역이 퍼져 어린아이들이 죽어 나갔다. 동냥젖마저도 얻어 먹일 수가 없게 되었다. 큰엄마는 몇 개월이 지난 후 아슬아슬하게 죽을 고비를 넘긴 비쩍 마른 아이가 옹알이한 것을 보고 살아있다는 기쁨에 눈물을 주체할 수 없었다고 한다. 인근 마을에 사시는 수양아버지는 사주를 풀어보고 오행에 수(水) 즉 물이 부족하다고 해서, 항렬 규(圭)자에 수(水)를 넣어 이름을 지어주신 것이다. 지금 생각해보면 상상도 할 수 없는 일이지만 그때는 분명 그런 시대였다.

작품①은 큰엄마의 이야기다. 낳아준 엄마보다 더 살뜰한 정을 주신 분이 큰엄마. 배고파 우는 화자를 안고 골목을 헤매던 그 사랑이 아니었으면 오늘의 화자는 존재할 수 없다. 그런 분에게 한 번도 효도다운 효도를 해본 적이 없으니 생각날 때마다 가슴이 저리고 아프다고 한다. 어려서 엄마에게 가면 큰엄마에게서 멀어졌고, 큰엄마에게 가면 엄마에게서 멀어졌다. 두 여인 사이엔 화자가 있었다. 화자는 둘을 잇는 끈이면서 동시에 둘 사이의 벽이었다. 이러한 남과 다른 정체에 눈을 뜨게 한 이는 언제나 큰엄마였다. 가족 묘소에 두 분 어머니가 누워 계신다. 큰엄마는 아버지와 함께, 엄마는 그 곁에 홀로 영면에 드셨다.

작품②는 친엄마 얘기다. 화자는 동네에서 개구쟁이로 엄마 속을 무던히도 썩였다. 그럴 때마다 엄마는 "니놈 보고 사는 이 에미는 어쩌라고 속을 썩이냐."하시면서 회초리를 들었다. 논과 밭농사 일은 전적으로 엄마 몫이었다. 연약한 여자의 몸으로 한여름 뙤약볕 밑에서 종일 일하고 저녁 무렵에 돌아오시면 잠자리에서 온몸이 쑤시고 아프셔서 끙끙 앓으셨다. 가끔은 엄마가 뒷골방에서 수건으로 얼굴을 가리고 서럽게 울고 계셨다. 철없는 아들은 엄마 마음을 헤아리지 못하고 어리광만 부리다가 먼 길 떠나신 뒤에야 엄마 가슴 속에 품고 살아 온 한의 무게를 가늠할 수 있었다. 어머니의 한은 무엇이었을까. 일제치하에서 가난한 소녀시절을 보냈고, 첫 남편을 태평양 전쟁에서 잃고, 재혼하여 아들을 낳았다. 그 아들을 위해 자신을 희생하면서 견뎌낸 삶은 엄나무가시처럼 언제나 아파서 한으로 쌓였을 것이다. 평생 소용돌이치는 여울목을 억척스레 건너온 엄마의 인생을 화자 역시 망팔(望八)이 되어서야 일부나마 이해하게 되었다고 한다. 이제 표제작 〈무진으로 가는 길〉을 살펴볼 차례다.

> 방죽을 걷는다. 『무진기행』 주인공 윤희중과 하인숙이 걸었던 그 길이다. 두 사람이 정을 나누던 방이 있고, 20여 년 전만 해도 산장을 하던 그 집은 헐리고 없다. 여름밤, 집 앞 논에서 마치 조개껍데기를 한꺼번에 맞비빌 때 나는 듯한 개구리 울음소리, 하늘을 쳐다보면 셀 수없이 많은 별 남쪽으로 흐르는 별똥별들도 이제는 들을 수도 볼 수도 없다. 이승에 한이 있어서 매일 밤 찾아오는 여귀가 뿜어내는 입김 같다던 안개, 무진의 명산물인 그 안개도 가뭇없이 어디론가 사라졌다. 늦가을 석양빛을 등지고 서서 표표히 흔들리는 갈대꽃의 담백한 광휘(光輝)를 보면 여한 없는 한 생애의 마지막 빛남이 어떤 건지 알 수 있을 것 같았다.
> ― 〈무진으로 가는 길〉 부분

김승옥의 소설에서 유추한 이 작품은 동천 물길과 순천만 국가

공원, 둑길을 지나 순천만 갈대밭을 아우른다. 순천만이라는 공간 사이사이에 유년의 추억과 문학작품이 등장한다. 실재하는 현실공간과 화자의 상상이 길항하면서 뿜어내는 서정성과 긴장감이 역동적이고 입체적이다. 작가는 김승옥의 〈무진기행〉을 읽다가 안개 자욱한 방죽을 걷고 싶은 충동을 느껴 집을 나선다. 동천부터 순천만 갈대밭 방죽까지 걸을 작정이었다. 그 길 따라 걷는 시간은 지금까지 걸어온 작가 안규수의 길이다. 작가는 순천만정원을 걸으며 풍경을 눈에 담지만 그가 걷는 길은 자신의 인생을 되짚어 보는 시간이다. 어쩌면 김승옥의 〈무진기행〉과 안규수의 〈무진으로 가는 길〉은 한 시대의 아픔을 짊어진 고독한 사람들의 이야기다. 안개는 혼돈과 비밀, 신비스러움을 상징한다. 작가는 "무진의 명산물인 그 안개도 가뭇없이 어디론가 사라졌다. 늦가을 석양빛을 등지고 서서 표표히 흔들리는 갈대꽃의 담백한 광휘光輝를 보면 여한 없는 생애의 마지막 빛남이 어떤 건지 알 수 있을 것 같다."고 설파한다. 이는 안개 속을 벗어난 작가의 현실을 의미한다. "나는 자유도 행복도 갈구하지 않고 비움의 삶을 살기로 한다. 어느덧 억압에서 벗어난 나는, 이 순간이 족하다." 이는 모든 욕망 내려놓고 민들레처럼 가볍게 살고 싶다는 그의 삶의 철학과 맞닿아 있다. 안규수는 출생부터가 선친 세대의 정신적인 유산을 그대로 물려받았다. 여순사건과 6.25동란, 월남전 파병 등의 국가적 사건을 몸소 체험했다. 이렇듯 《무진으로 가는 길》은 작가의 현실적 삶을 형상화했다. 결국 이 작품은 신경림 시인의 '갈대' 한 구절처럼 "갈대는 바람에 꺾이지 않는다. 다만 흔들릴 뿐이다. 나는 보았다. 산다는 것은 속으로 이렇게 울고 있다는 것임을"되새기고 있는 것이다. 그리하여 자유란 외부에서 주어지는 것이 아니라 내 안에 존재하고 있음을 인식하는 것이며, 모든 것을 내려놓는 자가 자유라는 깨달음에 도달하는 것이다. 그렇게 화자는 자유도 행복도 갈구하지 않고 비움의 역설로 모든 억압에서 벗어나며 만족함을 얻는 순간이다.

3. 사유의 깊이와 통찰의 문체

화자는 1960년대 월남전에 직접 참전했다. 아무리 세월이 흘렀어도 어찌 그 기억을 지울 수가 있겠는가. 아니, 시간이 갈수록 더 생생하고 선명하게 기억 속에서 회자될 것이다. 작가는 60년도 더 지난 어느 봄날, 그 전쟁의 현장을 방문하고 소회의 작품을 남겼다.

이태 전 봄 아들이 거주하는 베트남 호찌민시를 방문했다. 이튿날 전쟁기념관에 들렀다. (중략) 박물관 전시실에는 반세기도 넘은 전쟁의 상처가 시간이 정지된 채 사진으로 남아 있었다. 사진의 가치는 보이는 것이 보이지 않는 것을 불러내는 데에 있다. 네이팜탄에 검게 타버린 시체, 고엽제로 인해 사산된 태아를 포르말린에 넣어 보존한 병, 전쟁으로 죽은 사람의 수, 베트남에

뿌려진 포탄과 실탄의 수, 그들이 '더러운 전쟁'이라 부르는 이 전쟁에 참전하기 위해 전 세계에서 얼마나 많은 군인이 투입되고 죽었는지, 그로 인해 베트남이 얼마나 초토화되었고, 얼마나 많은 베트남인이 죽고, 현재까지 고통받고 있는지를 낱낱이 보여주고 있었다.

그중에는 우리나라가 파병한 한국군이 작전 중 학살한 민간인들의 모습도 볼 수 있었다. 사진 속에는 수십 구의 민간인 시체가 이리저리 뒤엉켜 있는 참혹한 모습이었다. 총을 들지 않은 사람을 쏜다는 건 이미 전쟁이 아니다. 그건 살인이다. 전쟁의 목적과 경계를 넘어선 일이기 때문이다. 기억되어야 할 죽음과 기억을 지우려고 애쓰는 미국인 관람객 가운데에는 초라한 내 모습도 있었다.

— 〈기억되지 못한 그날의 이야기〉 부분

화자는 근 1년 동안 전투에 참여하여 생사를 넘나드는 수많은 전투를 치렀다. 상대를 죽이지 않으면 내가 죽는 살벌한 전쟁터, 조금 전까지 C레이션을 같이 먹던 전우가 총에 맞아 죽고, 어젯밤에 어머니와 애인이 그리워 눈물을 훔치던 친구가 포탄에 맞아 형체도 없이 사라지는 현장에서 휴머니즘은 존재하지 않는다고 했다. 베트콩은 치고 빠지는 게릴라전으로 아군을 괴롭혔다. 뚜렷한 전선도 없고, 베트콩과 민간인을 구별하기란 더욱 어려웠다. 1968년 가을에는 인근 중대에서 야간 매복 작전으로 30여 명에 가까운 베트콩을 사살한 전과가 있었다. 날이 밝아 사상자를 수습하고 보니 인근 마을 주민이 대부분이었다. 작전 중에는 미군 수송기가 뿌연 안개 같은 것을 살포했다. 그것은 인체에 치명적인 고엽제라는 화학물질이었다. 화자는 30대 중반부터 고엽제 증상이 나타나기 시작했고, 3년 전 당뇨합병증으로 뇌경색이 발병했다. 국가유공자가 되고 고엽제 피해자로 분류되어 정부의 치료를 받고 있지만, 그날의 상처는 아물지 않고 있다. 이 전쟁에 참여한 대가로 국가는 경부고속도로를 만들고 경제 성장의 원동력이 되었다. 화자의 어머니는 매월 꼬박꼬박 보내 준 돈으로 뮤전옥답 서 마지기를 장만하여 살림살이에 큰 보탬이 되었다.

　작가는 묻는다. 그동안 참전용사로서 지켜온 자부심이란 무엇인가. 이러한 피해는 모두 누구의 잘못인가. 너에게도 일말의 책임이 있지 않느냐. 문제는 두 나라 사이에 존재하는 전쟁에 대한 해석의 시각이 너무 다르다는 사실이다. 우리나라는 베트남전쟁을 '경제발전의 계기'정도로만 기억하고 있다. 우리 정부는 공식적으로 베트남 사람들에게'학살의 기록은 확인되지 않는다.'라는 견해를 밝히고 있을 뿐이다. 전쟁을 치루고 있는 현실적인 상황에서는 거대한 명분이 있는 것처럼 보일지라도 많은 세월이 흐르고 난 지금은 그 모든 명분마저 희미해질 뿐이다. 정부의 참전명분은 우방의 자유민주주의를 수호하고 도미노 현상으로 공산화를 막기 위해서다. 그럼에도 전쟁을 통해 희생된 민간인들의 진실은 어떠한 명분에도, 시간이 흘러도 잊히지 않을뿐더러 정당화될 수 없다. 작가는 이 작품에서 역사의 아이러니를 묻고 있다. 이러한 사유는 어떤 전쟁평론가보다도 그 어떠한 역사학자보다도 예리한 시각으로 전쟁에 대한 통찰과 사유를 승화시키고 있는 점이다. 안규수의 수필을 논할 때 그의 장엄하고 서정적인 문체를 빼놓을 수 없다고 생각한다. 다음 작품을 한번 보자.

> 흰 구름이 징광산 높은 재를 넘기 힘들어 파란 하늘 끝에서 가쁜 숨을 몰아쉬고 있었다. 가을은 이미 나뭇잎 끝에 매달려 있다. 형은 저수지 둑에 앉아 그 구름을 하염없이 바라보고 앉아있었다. 어느덧 해가 뉘엿뉘엿 기울어 산그늘이 길게 만들어졌다. 마흔한 살, 덧없는 인생이 깊은 시간이 개울물 흘러내리듯이 그렇게 하릴없이 흘러왔을 뿐이다. 병원에서 퇴원한 후 며칠째 오후 한나절을 저렇게 앉아 나무와 바람, 저수지 물결 등 허무가 빚어내는 풍경을 멍하니 바라보고 있었다. 그것은 신으로부터 저주받은 한 인간이 이생에서 마지막이 몸부림이었다. 그 모습은 차마 눈 뜨고는 볼 수 없는 처절한 광경이었다. 조용히 어둠이 내려앉자 하늘의 별들이 와르르 쏟아지는 것 같았다.(중략) 소슬바람이 분다. 섬돌 밑에서 밤을 새워가며 안타까이 울어대는 귀뚜라미 소리가 구슬프다. 바람이 문풍지를 울릴 때마다 우수수 떨어진 낙엽 소리에 달빛이 서럽게 흐르는 밤, 형은 다시는 돌아올 수 없는 길을 타박타박 걸어갔다.
>
> — 〈마지막 일기〉 부분

암을 선고받고 죽음을 기다리는 마흔한 살 배다른 형에 대한 묘사다. 형은 딸만 내리 셋을 두고 얻은 5대 독자의 귀한 아들이다. 혼사가 정해졌을 때 형은 이 나이에 장가는 무슨 장가냐고 울고불고하더니 집을 나가 돌아오지 않았다. 수소문 끝에 기차 굴 앞 친구 집에서 간신히 형을 찾아내 혼사를 치를 수 있었다. 장가가기 싫어서 잔뜩 부어 있는 형과 달리 화자는 형 가마 옆에 바짝 붙어서 콧노래를 부르며 따라갔다. 그때 형 나이 17세, 고등학교 1학년 때 이웃 마을 세 살 위 처녀에게 장가를 들었다. 그런 형의 마지막 가는 길은 눈 뜨고는 볼 수 없는 처절한 형극의 길이건만 이처럼 섬세하고 통찰의 문체로 묘사해 내고 있다. 이러한 격조 높은 문장이야말로 형의 죽음이 자연의 한 부분으로 받아들여지며 장엄한 숭고미를 창출해내는 것이다. 예리하면서도 따뜻한 문체는 안규수 수필의 전편을 관통하고 있음을 지적하지 않을 수가 없다.

이상에서 안규수의 작품집과 작품세계에 대하여 개관해 보았다. 20세기 후반기, 격동의 시대를 살아온 작가는 전남 보성 출생으로 벌교중학교와 벌교상고를 졸업했다. 공무원으로 근무했고 농협으로 직장을 옮겨 평생 일했다. 퇴직 후 순천대학교 평생교육원 문예창작과에서 4년 간 수강한 그는 2010년, 격월간《에세이스트》로 등단해 에세이스트 전라지회장을 역임하면서 왕성한 작품 활동을 하고 있다. 2022년《에세이스트》올해의 작품상 3회 수상했으며,《더 수필》에도 선정되어 역량 있는 작가임을 입증했다.

작가는 우리의 아픈 현대사를 온몸으로 안고 살아온 장본인이다. 해방공간, 한국전쟁, 월남전의 참전까지 직접 온몸으로 겪었다. 해방 전후의 역사적인 체험은 직접 하지 못했다 하더라도 그것을 뼈저리게 체험하고 가족을 잃은 부모님으로부터 수없이도 듣고 또 들으며 성장했다. 그의 삶은 개인적이기도 하지만 우리민족의 역사이기도 하다. 그런 의미에서 안규수의 작품은 충분히 보편성을 확보하고 있다. 그 보편성이 감동으로 이어짐은 물론이다. 안규수의 이번 작품집 속에는 일흔 생애를 고단하게 살아온 작가의 삶이 고스란히 녹아있다. 아픈 가족사, 아내와 손자를 향한 애틋함, 산행의 감동과 자연회귀 까지도 섬세하게 그려낸다. 여순사건이라는 근대사의 한가운데에서 딸과 사위를 잃고 가족과 당신의 목숨을 지키고자 했던 아버지의 이야기는 칼날 위를 걷는 듯한 긴장감을 준다. 문학이 아니고서는 도저히 풀어낼 수 없는 마음 깊이 숨겨진 아픈 응어리를 삭이고 녹여낸 수필의 진수가 펼쳐진다. 특별히 섬세하고 서정적인 문체가 안규수 수필의 압권이다. 이러한 격조 높은 문장이야말로 죽음마저도 자연의 한 부분으로 받아들여지며 장엄한 숭고미를 창출해내는 것이다. 예리하면서도 따뜻하고 통찰력 있는 문체는 안규수 수필의 전편을 관통하고 있다는 점에서 그는 이미 우리시대 좋은 작가의 자리를 확보한 것이다.

8. 동경과 자유, 그 반어와 역설의 미학
– 예자비론

1. 예자비 작가에게 문학이란

  본명이 이미숙인 예자비 작가를 처음 만나던 날이 생생하게 기억된다. 군계일학이라고나 할까, 한 마리의 학처럼 고고해 보였다. 세상에 걱정이라고는 조금도 없는 사람처럼 편안해 보였다. 예상과는 크게 다르지 않게 그는 다인茶人이었다. 차문화협회 이사의 직함을 가지고 있었다. 오래도록 차茶를 벗하고 다우들과 함께 꽃에서 힘을 얻고 웃음을 더한 행복한 삶을 살아왔다. 그 외도 심리상담사 등 여러 가지 일에 심취해 보았지만 뭔가는 모르겠지만 꽉 차지 않는다고 했다. 정확하게 말하자면 0.2프로 정도가 부족하다는 것이었다. 글쎄 0.2프로라, 나는 순간적으로 그 0.2프로가 한 인간의 전부를 지배할 수도 있다고 생각했다. 문예창작을 권했고, 그는 흔쾌히 받아들여 함께 수필의 길을 걷고 있다. 이후 그는 정말 열심히 문학공부를 했다. 저녁의 러시아워 시간대이지만 대학의 강의실에 충실하게 출석하며 수필 쓰기에 빠져들었다. 그렇게 2년 정도 습작한 끝에 〈아버지와 고무신〉이란 작품이 완성되었고 공모전에 응모했다. 이 작품은 덜컥 2016년 경남신문신춘문예에 당선되었다. 참으로 놀라운 경사였다. 그렇게 그는 화려한 등단을 하며 수필에 본격적으로 입문을 했고, 다음해《한국수필》신인상에 〈나미 공주〉외 1편의 작품도 뽑혔다. 그렇다면 그가 말한 인생에 부족한 0.2프로는 무엇일까. 지금은 부족함이 메꾸어 졌을까가 가장 궁금하고 중요한 쟁점이 되지 않을까 싶다. 이 부분을 중심으로 그의 수필집《춤추는 여자》(2022, 도서출판 경남)를 분석해 보고자 한다.

그에 앞서 그의 등단작을 살펴보지 않을 수가 없다.

아버지는 평소 외출할 때가 아니면 고무신을 신었다. 잿빛 하늘이 여명에 물들기 전부터 5촉짜리 전구의 희미한 불빛 아래서 새끼줄을 꼬며 기도하셨다. 새끼틀은 가릉가릉 힘든 소리를 내며 나의 새벽잠과 뒤섞여 귓전에 맴돌았다. 고무신은 늘 아버지의 발바닥에 착 달라붙어 따라다녔다. 밭 언덕을 의지해서 소꼴을 벨 때에도, 아침 일찍 이슬 젖은 논둑으로 물꼬를 보러 갈 때도 함께했다. 이른 새벽부터 어스름 어둠이 내릴 때까지 하루의 일과를 고스란히 같이 보냈다. 가끔 장화를 신을 때도 있었지만 고무신은 촌부의 고된 삶의 무게를 끈끈하게 견뎌내고 있었다.

　아버지는 특별한 일이 없으면 점심 식후에는 오수의 달콤한 시간을 즐겼다. 그 사이 나는 반나절을 따라다니며 지쳐 몰골이 되어 돌아온 아버지의 고무신을 씻었다. 마치 나에게 부여된 임무처럼 행했다.

　오래 신어 볼품이 없어진 신발은 보통 발꿈치 뒤쪽 연결 부분부터 터졌다. 그리고 앞쪽 발가락 닿는 부분 순으로 떨어지기 시작했다. 오랫동안 신고 나면 거칠고 힘들었던 삶을 말해주듯이 신발 전체에 작은 금들이 무수히 생겨났다. 그렇게 오래 신어 낡아버린 고무신은 씻어도 새것 같은 느낌이 없었다. 새 볏짚 수세미로 밀고 또 밀어도 하얀 물때가 나오지 않았다. 이는 금 사이사이마다 이미 고무 성분은 빠지고 때가 배인 탓이었다.

― 〈아버지와 고무신〉 부분

　화자의 아버지는 아침 일찍 이슬 젖은 논둑으로 물꼬를 보러 다니는 촌부이다. 밤이면 희미한 불빛 아래서 새끼줄을 꼬며 자식과 가정을 위해 기도하신다. 그런 아버지의 신발은 외출할 때만 제외하고는 언제나 고무신이다. 그것도 신발 전체에 작은 금들이 무수히 생겨날 정도로 그렇게 오래 신어 낡아버린 고무신이다. 화자는 그런 아버지의 모습을 보며 성장했다. 고무신은 아버지의 분신과 같다. 아버지는 좋지만 한편으로는 엄격하였기에 아버지가 오수를 즐기는 시간에 고무신을 씻는 것이다. 이 얼마나 지극한 아버지에 대한 존경과 사랑인가. 화자는 요즘, 한 시간도 채 걷지 않아도 발바닥이 아파오는데 온종일 고무신을 신고 다녔던 아버지의 발은 아픔을 넘어 감각을 느낄 수 없을 만큼 무디어지지 않았을까 애통해한다.

고무신은 땅의 기운과 함께 기억 저편에 묻어 두었던 화자의 주술적 사유까지 떠오르게 한다. 값비싼 신발에서 느껴보지 못했던 교감이다. 제 이름의 몫을 다한 고무신을 미련 없이 버렸듯이 이승과의 인연이 다한 날, 곰삭은 육신을 벗어버리고 아버지는 세상을 떠나셨다. 받아만 왔던 아버지의 사랑을 조금이나마 갚으려 하니 이미 곁에 없다. 이제 흑백사진 속에서만 만날 수 있는 아버지다. 꽉 다문 입술과 동그랗게 말아 쥔 주먹까지 생전 모습 그대로다. 침묵으로 일관하신 당신, 심연에 감추어 둔 사랑을 하나둘 더듬어 본다. 살아생전 한 켤레의 신발도 사 드리지 못했다는 생각에 애달픈 그리움만 간절하다고 사유한다.

그는 당선소감에서 "울컥, 솟구치는 눈물을 어찌할 수가 없었다. 그 순간, 가슴을 짓누르고 있던 멍울 하나가 몸 밖으로 빠져나가는 느낌이었다. 마치 수십 년 간 앓아오던 병 하나가 치유되는 것 같았다. 이제 글쓰기를 통해 내 안에 웅크린 마음의 소리를 실타래처럼 풀어내고 싶다"라고 적었다. 그동안 얼마나 아버지의 이야기를 하고 싶었을까. 그렇게 하고 싶었던 이야기를 풀어내고 나니, 그것도 신춘문예로 세상에 알리고 나니, 마음의 병 하나가 치유되는 것 같다고 고백하고 있다. 그리고 아직도 수많은 마음의 소리들을 실타래처럼 풀어내겠다고 다짐하는 것이다. 그가 부족하다고 말한 0.2프로의 어느 한 면이나마 채웠음이 아닐까 싶다.

그로부터 4년 후인 2020년에는 한국수필문학의 새로운 지평을 열고자 창립된 진등재문학회가 제정한 제6회 진등재문학상의 영예로운 수상자가 된다. 수상작은 〈문살의 멋〉이었는데 작품의 일부를 인용해 본다.

가을볕이 익어 가면 문살의 멋에 빠져들게 된다. 여닫이문은 일 년에 한 번씩 문설주를 빠져나와 새 단장을 한다. 창호지에 물을 뿌려 불리면 문살과 분리가 쉽게 된다. 틈틈이 쌓인 먼지를 씻어내고 바람에 잘 말린 문은 새 옷을 갈아입는다. 적당히 풀칠한 한지는 마르면 팽팽하게 다림질을 한 것 같다. 풀칠을 많이 하면 창호지가 터져버리기 때문에 적절한 조절이 필요하다. 한지가 충분히 마르면 책갈피에 넣어 두었던 나뭇잎이나 꽃잎을 손잡이 근처에 붙이고, 모양낸 창호지를 그 위에 덧대어 마무리 한다. 문을 열고 닫을 때 손잡이 주위가 터질까 하는 염려를 자연에서 얻은 소품으로 멋을 더하는 것이다. 팍팍한 삶 속에서도 여유가 묻어나는 우리 선조들의 지혜를 배운다.

들국화와 마삭잎으로 장식했던 문을 여닫으며 잘 지내왔다.

올해도 미리 준비해 둔 벚나무 잎으로 단장을 한다. 붉게 물든 단풍은 시간이 갈수록 퇴색되겠지만 구멍이 숭숭 뚫린 낙엽이 그리움을 대신 품어줄 터이다.

　문살은 공간적 미학이다. 애써 문을 두드리지 않아도 인기척에 가볍게 열렸던 문은 이웃 간의 정도 두텁게 하지 않았던가. 이제는 사찰이나 고택에서만 찾아볼 수 있는 세월의 뒤안길로 밀려나 아쉬움만 남는다. 날아오를 듯 네 날개를 펼친 추녀와 함께 어우러진 한옥. 그 속에서 가녀린 문살로 엮어진 채 여백의 멋을 품고 있다.

— 〈문살의 멋〉 부분

　현순영 문학평론가는 심사평에서 이렇게 평했다. 문살은 그 자체가 아름답기도 하지만 다른 것들과 어우러져 문이 됨으로써 더 아름다워진다. 원래 문살 자체가 많은 살들의 아름다운 만남, 결합, 조직이다. 그러한 문살에 한지를 붙인다. 풀칠의 묘(妙)가 필요하다. 한지를 붙인 뒤, 손잡이 부분에 말린 풀잎이나 꽃잎들을 붙이고 그 위에 한지를 한 겹 더 붙인다. 문을 여닫을 때 손잡이 주위가 터지는 것을 막기 위해서이다. 그러니 말린 풀잎이나 꽃잎들을 붙이는 것은 문살에 지혜를 덧붙이는 것이다. 또 그 풀잎이나 꽃잎들에 얽힌 기억과 감정을 덧붙이는 것이다. 문살에 이렇게 여러 가지를 더해 문을 만든다. 즉 문살은 여러 가지와 어우러져 문이 된다. 그 문은 숨을 쉼으로써 안과 밖의 공기와 소리를 순환시킨다. 안과 밖을 구분하면서도 차단하지는 않는다. 작가는 이 문의 아름다움을 "전통의 아름다움"이라고 했다. 그리고 그 아름다움에 편안함을 느낀다고 했다. 작가의 말대로, 작가가 그 문을 대대로 이어져 온 생활과 문화의 한 요소로 인식하며 일상적으로 향유하고 있기 때문일 것이다. 예자비 작가의 〈문살의 멋〉은 우리의 것이었으나 지금은 잊힌 또는 낯선 것이 되어 버린 아름다움에 관한 글이다. 작가의 목소리는 담담하다. 작가는 그 아름다움이 잊히거나 낯설어진 현실을 감정적으로 성토하거나 그것을 되찾자고 주장하지 않는다. 다만, 그것이 어떻게, 왜 아름다운지를 차분히 설명한다. 작가의 설명으로 우리는 그 아름다움에 대한 감각을 잠깐이나마 회복할 수 있게 된다.

역시 화자 마음의 변화가 어느 정도인지가 가장 궁금하지 않을 수가 없다. 그는 수상소감을 이렇게 썼다. 수필의 길로 들어서지 않았다면 지금도 어느 한 모퉁이에서 바람처럼 서성이고 있지 않을까 생각합니다. 수필은 인생을 담아낼 그릇이며 또한 아픔을 치유할 수 있는 길이기도 하지요. 요즘 들어 대자연 앞에 우리가 얼마나 나약한 존재인가를 느끼게 합니다. 누군가는 책장을 그냥 넘겨버릴 별것 아닌 나의 글이 될 수도 있겠지만 삶의 매듭을 풀어낼 진솔한 이야기들을 담아내려 합니다. 인생의 희로애락을 펼쳐 놓고 독자와 함께 울고 웃으며 공감의 터널을 만들 수 있다면 끊임없이 소통하는 글쟁이로 남고 싶습니다.

대단한 변곡점이 아닐 수가 없다. 그는 또 하나의 문학적 성과를 거두었을 뿐만 아니라 부지불식간에 문학의 세계에 깊이 빠져 버렸다. 수필창작이야말로 인생에서 가장 중요한 화두로 떠올랐음이다. 이미 되돌릴 수 없는 상태가 되고만 것이다. 이제 그는 수필을 빼고는 인생을 말할 수 없을 것이라 본다. 그것은 두 개의 큰상이 주는 자부심과 자신감도 무관하지 않을 것이다. 무엇보다 중요한 것은 수필을 쓰지 않았더라면 어느 한 모퉁이에서 바람처럼 서성이고 있을 것이라 했고, 아픔을 치유할 수가 없었다는 자각을 하고 있다. 그렇다. 그럼에도 그에게는 아픔이 있다는 것이다. 그녀의 아픔은 무엇일까. 이것은 0.2프로의 보완과는 또 다른 문제라 생각한다.

2. 수필집 《춤추는 여자》 그 반어와 역설

다시 2년 후에 그는 대망의 첫 수필집 《춤추는 여자》를 펴내게 되었다. 목차를 살펴보니 모두 41편의 작품을 5부로 나누어 편집을 하였다. 작가의 말에서 이런 구절이 눈에 띄었다. "어딘가 빈 것 같은 가슴 한 편이 수필과 함께하는 동안 나도 모르게 채워져 있다는 것을 알게 되었다. 수필이라는 글쓰기가 내 마음의 치유제가 되었듯이 내가 쓴 글이 누군가에게도 위안이 되고 공감의 장이 되었으면 하는 바람이다. 살아오면서 잘한 것 중에서 하나를 손꼽으라면 자신 있게 수필을 만난 것이라고 말하고 싶다. 내 삶의 궤적들을 반추하고 심상을 다듬어 갈 길이기도 하기에. 때로는 아프고, 가슴 따뜻한 날도 있으리라. 내가 열어갈 길을 자박자박 걸으며 삶의 이야기를 또 꽃피우고 싶다."고 마무리 지었다. 그의 자서에는 네 가지의 핵심이 녹아 있었다. 하나는 수필과 함께하는 동안 채워졌다는 것이고, 둘째는 마음의 치유가 되었다는 것이고, 셋째는 화자의 글이 독자들에게도 위안이 되고 공감이 되기를 바란다는 기대감이다. 마지막으로는 인생 최고의 선택을 꼽으라면 수필을 만난 것이라 했다. 실로 놀라운 변화가 아닐 수가 없다. 이제는 자신을 뛰어넘어 독자에게까지 치유의 폭을 넓혀가고 있다는 점이다. 이 수필집은 경쟁이 치열했던 2022년 경남문협 우수작품집상으로 뽑혔다. 그는 이미 촉망받는 작가로 주목받고 있음을 확인할 수가 있다.

예자비의 수필을 천천히 읽어보면 특이점을 발견할 수가 있다. 여행을 소재로 한 작품이 중심을 이룬다는 점이다. 〈희방사를 휘돌아〉 〈타르 사막에서〉 〈춤추는 여자〉 〈세렝게티의 주인들〉 〈칠마마의 자유여행〉 〈연상〉 〈사파리파크 호텔〉 등등이다. 이 작품들은 여행수필이기도 하면서 작가가 지향하는 동경과 자유를 향한 간절한 그리움을 표현하고 있음이다. 표제작이자 인도여행을 소재로 한 〈춤추는 여자〉를 살펴보자.

춤추던 여자는 지친 듯 기둥을 의지해서 서 있다. 이 일본 여인은 배낭여행을 왔다가 인도의 생활문화에 푹 빠졌나 보다. 국적을 버린 채 이곳에 머물며 집시와의 사랑에 빠져 있다고 한다. 인도 여인들의 화려한 치장과 달리 팔목에 나무로 만든 팔찌 하나가 걸려 있을 뿐이다. 한 곳에 안주하지 않고 유랑하는 집시의 생활, 그 외로운 자유를 한 번쯤 꿈꾸어본 이들도 많을 것이다. 어린 시절 어둠이 내리면 마당 평상에 누워 별들의 세상 속으로 넘나들던 마음이 무의식 속에 잠재해 있던 자유를 향한 본능이 아니었을까. 이 길은 도박과 같아 쉽게 용기 낼 수 없었기에 별빛에 영혼을 담아 우주여행을 즐겼던 것은 아닌가 싶다.

그녀는 기억하고 싶지 않을 만큼 지나온 삶의 상흔들로 아파했을지도 모른다. 맥없이 서 있는 여인의 얼굴에 회백색灰白色의 그림자가 투영된다. 지금 그녀는 진정한 자유를 찾은 것일까. 문명의 발달은 편리함을 추구하게 하고 좀 더 윤택함 속에 안주하려는 것이 현대인들의 보편적인 사고다. 맨발의 춤꾼에게 행복지수의 도표를 내민다면 어디쯤에서 점을 찍을까. 나보다 더 만족한 생활을 누리고 있을지도 모를 일이다. 하지만 내 소견의 기준에서 맴도는 가슴 시린 아픔은 어디에서 오는 것일까.

— 〈춤추는 여자〉 부분

이 작품에서 화자는 파키스탄과 국경지대에 위치한 도시 자이셀메르의 고성으로 가는 길가에서 춤추는 여자를 만난다. 가녀린 허리 주변을 맴돌던 흑발이 부채처럼 펼쳐진다. 맨발의 그녀는 날개가 있다면 하늘 높이 날아오를 것만 같았다. 격렬한 몸짓에 길을 가던 여행객들도 발걸음을 멈추었다. 보라색 바탕에 흰 빗살 문양의 투피스 사이로 보이는 허릿살도 부끄럼이 없다. 춤바람은 여자를 무아지경 속으로 밀어 넣는다. 제 속에 산재한 삶의 생채기들을 하나둘 털어 버리기라도 한 모습이다.

거리의 악사들은 사람들이 오가는 길목에 노천무대를 마련했다. 춤판에서 흥을 돋우는 세 명의 악사는 펌프로 물을 퍼 올리듯 춤꾼의 열정을 끌어낸다. 플라이맹코라는 현악기의 짧고 긴 울림이 길 가장자리에 늘어선 좌판 너머로 흩뿌려진다. 북을 치며 목청을 돋우어 노래를 부르는 악사의 목 줄기 핏대가 도드라진다. 밸리댄스로 발전된 집시의 춤은 화려한 의상도 무대도 없다. 오히려 몸치장의 굴레마저 벗어난 그녀만의 자유를 만끽하고 있을 뿐이다. 춤을 추던 여자는 흐트러진 머리를 쓸어 넘기며 지그시 내려다보는 남자에게 엷은 추파를 던진다.

작품 속의 주인공인 춤추는 여자는 배낭여행을 하는 일본인이며 집시와 사랑에 빠졌다는 사실이다. 화자는 이 여인의 모든 것에 등치를 시킨다. 유랑과 자유를 동경한다. "어린 시절 어둠이 내리면 마당 평상에 누워 별들의 세상 속으로 넘나들던 마음이 무의식 속에 잠재해 있던 자유를 향한 본능"이었음을 상기한다. 다만 그러한 자유를 감히 용기를 낼 수 없었기에 별빛에 영혼을 담아 우주여행을 꿈꾸어 왔던 것이다. 춤추던 여자가 흐트러진 머리를 쓸어 넘기며 지그시 내려다보는 남자에게 엷은 웃음을 보내는 모습에서 강한 동질감을 표시한다. 춤추는 여인의 모습은 헤겔식으로 표현하자면, 곧 화자의 내면을 외화한 것이라 볼 수 있다. 사실 이번 작품집의 제목만 해도 그렇다. 화자의 반듯하고 단아한 외적 이미지와 평소의 태도와는 전혀 어울리지 않는다. 그럼에도 왜 굳이 〈춤추는 여자〉라는 다소 반란적인 표제를 붙였을까. 이것은 자신에 대한 반어와 역설의 미학을 표현한 것이라고 분석할 수가 있다. 그렇게 해서라도 화자는 지나온 삶의 상흔들로 아파했던 것들을 지우고 싶었는지 모를 일이다. 그는 세상의 새장 속에 갇혀있는 듯한 외적인 삶일지 모르나, 진정 바라고 희구하는 바는 동경과 영원한 자유로움으로 더 큰 세상 속으로 훨훨 날아보는 일이다. 그것이 그녀가 추구하는 내면의 아픔이자 본질인 것이다. 다음 작품을 보자.

①두 손으로 모래 한 줌을 모아 올려본다. 손가락 사이로 흘러내리는 촉감이 실크처럼 부드럽다. 끝없이 불어오는 바람의 흔적이 만들어 놓은 사구砂丘는 비단길이다. 푹푹 빠져드는 발자국을 남기며 힘겹게 걸어본다. 마음은 모래를 박차고 날아올라 넓은 사막을 자유로이 유영하며 둘러보고 싶다. 몸의 기운을 한곳으로 모아 힘껏 뛰어올라 보지만 여의치가 않다. 어깨에 가로질러 메고 있는 가방의 무게까지 나를 잡아당긴다. 가방 위에는 바람에 실려 온 모래가 소복하다.

사막 길을 묵묵히 돌아온 낙타를 바라본다. 커다란 눈망울과 긴 속눈썹이 시선을 끈다. 매혹적인 눈과는 달리 무릎은 살아온 세월의 흔적을 말하고 있다. 반복되는 일상에 피부는 군더더기가 생기고 표피는 석고처럼 딱딱하게 굳어 있다. 피리 부는 노인도, 몰이꾼 소년도 낙타의 무릎처럼 사막에서의 삶을 탄탄하게 다져갈 것이다. 황량한 사막의 허허로움 속에서도 희망이 담긴 소년의 눈빛을 읽을 수 있다. 열악한 환경이지만 그들을 불행하게 만들지 않는다는 것을 밝은 얼굴에서 찾아본다.

― 〈타르 사막에서〉 부분

②소백산은 철쭉이 만개할 때가 가장 아름답단다. 5월 말경이면 온 산이 꽃단장을 하니 다시 한 번 다녀가라고 당부하시던 스님의 말씀이 바람 소리에 실려 귓가에 맴도는 듯하다.

콘크리트길이 오솔길의 편안함을 거둔다. 물처럼 바람처럼 살 수 있을 것 같은 이 마음은 어디까지 갈 수 있을까. 다시 세속의 오욕五慾이 일어날 것이다. 환경에 따라 순응하며 사는 것이 우리의 참삶이다. 내일이 되면 오늘은 과거의 한 자락에 매달아 두고, 또 하루하루를 그렇게 쟁여가며 살아갈 것이다. 쉽게 변하는 것이 마음이라지만, 마음에 움직임이 없다면 그 삶은 무미건조하지 않을까. 좋고 싫음이 분명할 때, 잡고 놓는 것 또한 자유로울 것이다.

― 〈희방사를 휘돌아〉 부분

인용 작품①은 인도의 서북부 자이셀메르 지방에 있는 타르사막을 소재로 쓴 작품이다. 여기서 화자는 일행들과 낙타를 타는데 익숙하지 않아 의도하지 않은 몸짓으로 엇박자를 낸다. 그러면서 사막의 길과 낙타를 생각하는 장면을 묘사한 것이다. 푹푹 빠져드는 발자국을 남기고 힘겹게 걸어가면서 마음은 모래를 박차고 날아올라 넓은 사막을 자유로이 유영하고 싶어 하는 소망을 표출하고 있다. 끝까지 자유에 대한 소망이 무의식 속에까지 녹아있는 모습을 확인할 수가 있는 장면이다. 작품 ②는 소백산기슭에 있는 희방사를 여행하면서 쓴 글이다. 이 작품 역시 작가는 내일이 되면 오늘은 과거의 한 자락에 매달아 두고, 또 하루하루를 그렇게 쟁여가며 살아갈 것이라 말하며, 쉽게 변하는 것이 마음이라지만, 마음에 움직임이 없다면 그 삶은 무미건조하지 않을까를 걱정한다. 그러면서 좋고 싫음이 분명할 때, 잡고 놓는 것 또한 자유로울 것이라며, 자유를 꿈꾸고 있음을 확인할 수가 있다.
　동경과 자유는 지금 여기 내게 없는 것, 미지의 세계를 향하는 마음의 작용이다. 부재와 결핍과 부족에서 끊임없이 발생하는 욕망이고, 공간과 시간과 능력의 한계를 넘어서려는 노력이다. 세상 노래와 이야기들 대부분은 그러한 마음의 작용으로 빚어진 것들이다. 고인 물은 시내를, 온실 속 화초는 거친 산야를, 나무는 구름을, 구름은 나무를, 지상의 짐승은 천상의 세계를 꿈꾼다. 물론 그 반대의 경우도 성립된다. 지금 여기의 이야기는 현실이고, 지금 여기로부터 떨어질수록 낭만이 되고 환상이 되고 공상이 된다. 어쩌면 이렇게도 문학의 성격은 아주 간단하게 결정되는 것이다. 영국의 역사가 에릭 홉스봄은 세계의 여러 산적 이야기들을 분석한 결과, 이들 이야기 속 발견된 사회에서는 잃어버린 순수와 모험에 대한 동경이 있다고 했다. 로빈훗 신화는 이러한 이상들 가운데서 자유와 정의에의 꿈을 강조한 것이다.

3. 동경과 자유의 갈망

예자비 작가의 수필에서 나타나는 핵심 정수리는 동경과 자유라고 분석해 보았다. 그렇다면 이러한 사유는 무엇으로부터 비롯되었을까. 다음 작품을 보자.

누구나 가슴에 숨겨둔 상처 하나쯤은 간직한 채 살아가지 않을까. 하지만 내내 그 상처를 붙들고 아파하고 괴로워할 수는 없는 노릇이다. 내 앞에 주어진 길이라면 묵묵히 따르는 것이 인생의 순리가 아닐는지. 지난 일에 발길이 묶여 허우적대기보다 여여히 흐르는 강물처럼 겸허하게 걸어가고 싶다. 어떤 색으로 물을 들인다 해도 본연의 모습을 찾는 물처럼 말이다.

생명의 원천인 물의 근본은 하심下心이다. 세상만물에 생명의 빛을 키워내지만 '나'라는 존재를 드러내지 않는다. 마땅히 제 할 일을 했다는 듯이 몸을 낮추어 아래로만 향할 뿐이다. 길이 막히면 소리 없이 돌아가는 아량이 있고, 어쩌다 움푹 파인 길을 만난다 해도 조바심을 내지 않는다. 고요히 생각에 잠기듯 때를 기다릴 뿐이다. 어느 것 하나 이기려 들지 않는 물이다. 밀려드는 힘에는 노도처럼 거친 숨을 내쉬기도 하지만 이내 근본을 찾아 나선다.

— 〈텅 빈 듯 꽉 찬 바다〉 부분

그에게도 상처와 아픔은 피해갈 수가 없었을 것이다. 그것은 모든 인간의 숙명 같은 것이기 때문이다. 문제는 그 상처를 어떤 방식으로 치유해 가는가가 중요하다. 그것은 지극히 개인적인 문제이다. 사람에 따라서는 그 아픔과 직접 맞닿아 싸우기도 할 것이고, 또 어떤 이는 우회하여 먼 길을 돌아서 피해가기도 할 것이다. 화자는 삶의 아픔을 순리라 생각하며 강물처럼 겸허하게 받아들이고자 한다. 생명의 원천인 물처럼 모든 것을 내려놓는 하심을 배우고자 한다. 그리고는 자신을 낮추어 때를 기다린다. 어떤 경우에라도 당황하지 않고 이기려 하지 않는다. 이것이 화자가 살아온 삶의 방식이자 철학이다. 생각해보면 이러한 삶은 득도를 한 사람이 아니고서는 불가할지도 모른다. 보통의 사람으로서는 감당하기가 버거운 화두가 아닐 수가 없다.

역설적으로 이러한 모든 인내의 밑바탕에 깔려 있는 부분이 동경과 방랑에 대한 꿈으로 성장한 것이라면, 그에게는 가슴 깊이 묻어둔 그만의 아픔이 있었다는 논리가 성립한다. 그것은 어쩌면 자기 자신 조차 의식하지 못할 수도 있다. 어느 날 아침 모든 일상을 뒤로하고 훌쩍 떠나 나그네가 되는 것, 일상과 가족들을 뒤로한 채 표표히 떠나보는 것, 그것은 나를 가두고 있는 일체의 구속으로부터 자유로워지기를 바라는 소망이다. 실제로 훌쩍 떠남을 감행하든 아니든, 그렇게 해서 얻은 자유가 다시 삶을 구속하든 아니든, 떠난 뒤 떠나온 곳을 그리워하든 아니든, 사람들은 누구나 방랑하는 나그네를 동경하게 된다.

　헤르만헤세는 이러한 방랑의 정신을 실천하고 문학으로 구현한 대표적인 작가이다. 그의 삶은 방랑의 연속이고 방랑 그 자체였다. 그는 방랑을 통해 성숙했고, 작가되었으며, 수많은 이야기들을 빚어냈다. 그의 소설 속의 주인공들은 대부분 방랑을 통해 내면의 안주를 얻는다. 그의 시에서도 바람과 구름 등이 자주 방랑의 상징으로 등장한다. 방랑을 거쳐 닿는 곳이야말로 고향이며 만나는 사람들은 자기 자신이 되는 것이다. 도달한 목표는 더 이상 목표가 아니며, 방랑자의 사랑은 소유하지 않는 법이다.

　자 이제 이쯤해서 마무리할 차례가 되었다. 이 글의 결론은 앞서 제기했던 작가의 0.2프로 부족함과 연결해서 논의를 해야 되리라 생각한다. 예자비는 외형적으로 볼 때 무엇 하나 부족함이 없는 작가다. 성장과정도 부모형제들과 화목한 가정에서 사랑을 받으며 티 없이 자랐다. 지금은 창원에 있는 천년고찰 불곡사에 안주하며 수많은 신도들의 개인사와 신앙심을 존경과 사랑으로 다독이는 위치에 있다. 그 막중한 일도 자연스럽고 슬기롭게 이루어가고 있다. 이번 작품집에서도 〈봄의 기별〉 〈품속으로 들다〉등 불교적적 색채가 강한 작품이 있다. "멀리서 들려오는 종소리가 엉켜버린 매듭 하나를 풀어주려는 듯 마음을 다독였다. 육중하게 깔려드는 종소리는 긴 여음을 풀어냈다. 끊어질 듯 이어지는 소리의 파장은 심연 깊은 곳까지 파고들었다. 무작정 소리 따라 나선 발길은 시내에 자리한 사찰 입구에서 머물렀다"며 20대 시절 불교에 입문하던 순간의 상황을 수필 〈품속으로 들다〉에서 담담하게 회상하고 있다. 그의 신앙적 수필에 대해서는 고를 달리하여 논의할 필요가 있음을 덧붙여둔다.

결과적으로 예자비 작가의 지고하고 평탄해 보이는 삶이 역설적으로는 동경과 자유를 향한 내면의 반란으로 분출되었다는 점이다. 이것은 작가로서의 자연스러운 일이다. 이런 역설이야말로 그가 글을 쓸 수 있는 힘이다. 그런 과정에서 다도에 심취하고, 심리 상담에도 관심을 가지게 되었다. 그럼에도 정작 본인의 삶이, 인생이 꽉 채워지지는 않았다. 그 부족함이 뭔가는 정확히 모르지만 항상 0.2프로 정도가 부족하다는 것이었다. 그리하여 문학에 입문을 했고, 수필 쓰기에 심취했다. 화려한 등단을 하고, 문학상을 받고, 한 권의 수필집까지 펴내었다. 좋은 문우들을 만날 수 있었음은 새로운 덤이다.

이미 작가는 그 부족한 0.2프로를 문학으로 채웠다고 보는 것이 필자의 관점이다. 하지만 작가는 스스로 전부를 채웠다고 말하지는 않았다. 물론 앞으로도 말하지 않을 것이다. 말해서도 안 된다. 그 어떤 인생이라도 전부를 채울 수는 없기 때문이다. 그리하여 그 0.2프로는 끝까지 문학을 할 수 있는 동력으로 남게 되는 것이다. 0.2프로를 메우기 위해 그는 쉬지 않고 수필 쓰기에 매진해갈 것임을 믿는다.

9. 서사와 서정과 따뜻한 감성의 조화
- 조헌론

1. 좋은 작품집의 요건

 바야흐로 수필전국시대라 할 만하다. 인문학의 쇠퇴와 문학의 죽음이 예견된 시대의 흐름 속에서도 수필문학의 저변확대는 식을 줄을 모른다. 그야말로 파죽지세로 팽창하고 있다. 수필가 수는 1만 명에 육박하고 수필전문지만 30여 종에 이른다. 연간 쏟아져 나오는 수필집만 해도 수백 권에 이르는 것으로 추정 된다. 각 대학과 지자체의 수필교실에서는 문학공부를 하려는 퇴직자들을 중심으로 사람들이 넘쳐난다. 문단 전체적으로 본다면 전통 있는 문예지마저도 폐간이 속출되는 현실에서 매우 이례적인 현상이다.

이렇게 너무 많은 수필집이 출간되다 보니 좋은 수필집을 가려서 읽기란 정말 힘든 일이다. 세종도서, 우수도서, 각종 문학상 등으로 옥석을 가려내려고 노력하지만 크게 도움을 주지는 못한다. 오히려 이러한 제도가 더 혼란스러울 때가 있다. 이에 본지에서는 이번호부터 좋은 수필집을 소개하는 기획연재를 마련했다. 물론 이 역시 한계가 있을 것이고 주관적인 견해를 완전히 배제할 수는 없을 것이다.

그럼에도 불구하고 그 수많은 수필집들이 모두 무용지물은 아닐 것이다. 그 속에는 한 작가의 치열하고 열정적인 생애를 담은 감동적인 삶이 고스란히 녹아있을 수도 있다는 사실이다. 좋은 작품집은 분명히 있다. 독자의 사랑을 받는 작품집은 몇 가지 유형이 있다는 점을 발견할 수가 있다. 무엇보다도 독자를 끌어들이는 힘, 즉 읽히게 하는 힘이 그 첫 번째 덕목이라고 생각한다. 그 힘이 무엇일까. 가장 중요한 것은 부드러운 문장을 꼽고 싶다. 문장이 부드럽고 섬세해야 한다. 아름답고 서정적이어야 한다. 철학적이면서 섬세하면 더 좋다. 이때 철학적이라 함은 독자의 관심을 끌어들일 수 있는 보편적인 화소라고 해도 좋다.

그 다음으로 좋은 작품집의 큰 방향은 신변잡기가 아니라, 하나의 주제를 중심으로 깊은 사유를 확장해가는 작품이라 생각한다. 전문적인 삶의 현장을 담은 수필시대가 열릴 것으로 본다. 이미 그런 시대로 접어들었다. 가령, 나무를 키우는 일, 야생화를 탐색하는 일, 산을 노래하는 일, 바다를 탐구하는 일, 평생을 종사한 직업적 체험등이 핵심적인 소재의 방향이다. 하나의 주제를 통한 집중적인 사유야말로 문학작품의 가치와 격은 높아지고 예술성으로 이어질 것이고, 독자의 가슴에 감동을 주게 될 것이다. 이것저것 백화점식 글에서 독자들의 박수를 받아내기는 어려울 것이라 생각한다. 무명작가의 사소한 일상에 독자들은 전혀 관심이 없음을 알아야 한다. 앞으로는 대하소설처럼 대하수필도 나와야 한다. 이런 실험정신의 작품집을 기다리는 시대가 되었다.

2. 조헌 수필 〈구름 속에 머문 기억〉

우연한 기회에 조헌의 수필 〈구름 속에 머문 기억〉을 보게 되었다. 이 작품을 단숨에 읽고 깜짝 놀랐다. 끌어들이는 힘이 감동적이었다. 이런 좋은 작가를 이제야 알게 되었다는 자책감도 들었다. 청년시절 찾아갔던 화순에 있는 운주사 여행기다. 거기에서 지공이라는 젊은 비구니와의 짧은 만남과 그리움을 중심 화소로 하고 있다. 가슴 깊은 곳에서 무엇인가 알 수 없는 잔잔한 감정의 파문이 일었다. 아마도 그 감정은 연정이라고 하는 게 가장 가까운 말일 것이다. 하지만 그 감정을 서로에게는 표현할 길이 없다. 그냥 몇 마디 주고받는 대화가 전부일 뿐이다. 이루어질 수 없는 사랑임은 모든 것이 이미 예견되어 있다. 그래서 더 안타깝고 간절하다. 문제는 그 순간적인 만남의 감정을 수십 년이 지난 지금까지도 가슴 깊은 곳에 품고 산다는 사실이다.

나는 차 시간에 맞춰 절을 나섰다. 땡볕에 오리 길은 팍팍했다. 한참을 걸어 거의 다 왔을 무렵, 부르는 소리에 나는 걸음을 멈췄다. 뜻밖에 지공스님이 숨을 헐떡이며 좇아오고 있는 것이 아닌가.

"이 책 드리고 싶어서요. 제 몫이에요. 우리 스님 그리 야박한 분은 아닌데 워낙 정확하셔서 그래요. 죄송해요."

아직도 숨을 채 고르지 못한 스님의 얼굴은 진홍빛이었다. 책을 건넨 스님은 작은 손을 모아 합장을 하곤 말없이 돌아서 절을 향해 걸었다. 무슨 일인지 한 번도 돌아보지 않는 스님의 모습이 길 끝 너머로 사라질 때까지 나는 내내 그 자리에 서 있었다. 텅 빈 길 위로 하얀 햇살이 빗살처럼 쏟아져 내렸다. 불현 듯 눈물이 핑 돌았다. ...중략....

'그리움은 인간이 가진 숙명 중 가장 아름다운 것'이라는데 다행스럽게도 나는 구름 속에 머문 기억하나를 아직도 이렇게 그리워한다.

— 〈구름 속에 머문 기억〉 부분

서사도 나의 추억처럼 관심이 가지만 서정적인 문체는 더 아름답다. 젊은날 한때의 연민과 서정적인 문장이 잘 어울린다. "텅 빈 길 위로 하얀 햇살이 빗살처럼 쏟아져 내렸다. 불현듯 눈물이 핑 돌았다."라는 부분에서는 독자도 함께 아쉬워 할 수밖에 없는 깊은 감동을 선물한다. 이런 경험은 모든 사람들이 젊은날에 한 번쯤은 겪어 볼 수도 있는 흔한 소재라고도 할 수가 있다. 그 흔함이 보편성을 획득하는 데 성공한 작품이다. 말 그대로 그리움은 인간이 가진 숙명 중 가장 아름다운 것일지도 모른다. 좋은 수필은 서사와 서정이 유기적으로 결합되어야 한다. 서사와 서정은 동전의 양면과도 같다. 아무리 좋은 서사와 서정이 존재하더라도 결합되지 못하고 각자 겉돈다면 좋은 수필이 될 수가 없다. 감동이란 서서와 서정의 결합에서 창출되는 고도의 문학적 장치에서 나오는 것이다. 그런 의미에서 〈구름 속에 머문 기억〉은 서사와 서정과 그리움이 잘 버무려진 감동적인 작품이다.

3. 수필선집 《추천역을 아시나요?》

조헌이 최근에 펴낸 수필선집 《추천역을 아시나요?》를 텍스트로 그의 작품세계를 살펴보기로 한다. 4부로 나뉘어져 있는 작품집은 각 부별로 10편씩, 모두 40편의 작품이 수록되어있다. 중간표제로서 제1부–노크 좀 해줘요, 제2부–여전히 간절해서 아프다, 제3부–모든 벽은 문이다, 제4부–구름 속에 머문 기억, 으로 편집되어 있다. 중간표제는 작품집의 제목이거나 대표작이며 그 서정성과 상징성이 매우 인상적이다. 전부를 다 읽고 난 다음 그 소감을 한 마디로 말한다면 그냥, 아득한 그리움이다. 어머니에 대한 그리움, 아버지에 대한 그리움, 39세에 요절한 형에 대한 그리움, 첫사랑에 대한 그리움, 친구에 대한 그리움, 그리고 제자에 대한 그리움이 다양하게 작품집의 밑바닥을 관통하고 있다.

> 역 앞 좁은 마당엔 일찍 어둠이 내려앉았다. 휑하니 부는 바람은 마른 나뭇가지 사이를 내달리며 신음소리를 내고, 가쁜 기적 소릴 울리며 지나가는 화물열차는 칙칙한 건너편 골짜기를 뚫고 사라져 버렸다. 화전민이 떠난 묵밭에 싸리나무가 지천이라 '추천'이라고 불렀던가! 이곳의 쓸쓸함은 이제 모든 소임을 마치고 사라짐을 준비하는 비감 그 자체였다. 시간이 그대로 멈춘 듯, 추천역은 돌아앉은 아버지의 처진 어깨처럼 힘없이 가라앉고 있었다.
> ― 〈추천역을 아시나요?〉 부분

오래되고 낡은 추천역과 연로한 아버지를 대비로 엮은 작품이다. 한때는 수많은 인파로 넘쳐났지만 지금은 적막감이 감도는 추천역이다. 늙고 노쇠한 아버지가 그대로 오버랩된다. 살아 있는 모든 존재는 생로병사의 과정을 피할 수는 없지만 한때나마 아름다움이었다는 사실을 화자는 강변한다. 추레한 사당처럼 허물어지는 역사의 풍경은 빈손으로 일가를 이루고 가정을 건사한 아버지의 늙음과 쇠락을 은유하고 있는 것이다. 낡은 역사에서 아버지에 대한 안타까움과 애틋함, 연민 같은 그리움이 녹아 있는 작품이다.

이젠 참으로 많은 세월이 흘렀다. 그러나 살아 있는 동안 잊은 줄 알았던 사랑이 아픔처럼 문득 내게 다가설 때가 있다. 그건 어느 누구도 사랑했던 사람을 완전히 잊을 수 없기 때문일 게다. 마치 비바람에 씻겨 나무뿌리가 지층으로 드러나듯이 한때의 고통과 분노, 오해와 질투 그리고 미처 익지 못한 생각 탓으로 결국 이룰 수 없었던 사랑이 새삼 회한이 되어 되살아나는 것이다....중략.... 인연의 끝이 늘 이렇게 허망한 줄은 알지만 편도선 부은 목에 침 삼키듯이 아직도 묵묵히 아픔을 참으며 넘겨야할 때가 있다. 첫사랑! 아름다움의 한 절정, 그러나 낙엽 지는 가을과 닮은 나이가 되고서도 회고해 보면 여전히 간절해서 아프다.
— 〈여전히 간절해서 아프다〉 부분

첫사랑에 대한 간절함과 그리움이 절절이 배어 있는 작품이다. 그는 〈시간은 독이다〉라는 작품에서 사랑에 대한 정의를 해박하고도 이성적으로 잘 정리하고 있다. 즉, "사랑은 별을 따겠다는 무모함이다. 이미 수억 년 전에 사라져 빛으로만 남은 환상에 집착하는 헛된 몸짓이다. 모든 사랑은 호기심에서 발아되고, 불안감 속에서 웃자란다. 낯선 대상에 대한 새로운 관심이 사랑이란 감정을 불러오고, 그 사랑을 놓칠세라 동동거리는 조바심이 더욱 열렬히 상대에게 빠져들게 만든다. 그러나 그것은 반드시 사그라지는 불빛이라"는 것이다. 그 역시도 무시로 솟구치는 그리움은 피를 맛본 야수처럼 감당할 수 없을 지라도, 그것은 반드시 사그라지는 불빛임을 잘 알면서도 사랑을 놓지 못하는 것이다. 그가 인간이기 때문이고 이성보다는 감성이 더 깊은 밑바탕에 깔려있기 때문일 게다. 만약 그가 이성의 힘으로 감성을 억제할 수가 있다면 좋은 작가가 되지는 못했을 것이다. 아니, 작가가 될 수도 없었으리라.

그렇다. 나 역시도 실체도 없는 그리움 때문에 젊음을 애태우고, 밤을 지새우며 아파하기도 했다. 지금도 그 병이 다 나았다고 할 수도 없다. 그렇지만 그리움이야말로 서정성의 핵심이요, 창작의 원천이라 생각한다. 또한 문학의 핏줄이라고 할 수가 있다. 누군가를 가슴에 품고 산다는 것은 위험한 곡예를 하는 일이기도 하지만 예술을 창작하는 이들에게는 창작의 영감을 얻는 샘을 하나 가지고 사는 것이라는 어느 작가의 말을 상기시키지 않을 수기 없다. 물론 이 그리움의 대상은 사람에 따라 매우 다양하게 나타날 것이다.

4. 조헌의 작품세계

조헌은 1955년 서울에서 태어나 동국대학교 국문과와 동대학원 문화예술대학원을 졸업했다. 2006년 계간 《문학춘추》로 등단했으며, 수필집 《여전히 간절해서 아프다》(2013,계간문예) 『모든 벽은 문이다』(2019,문학나눔 우수도서)와 수필선집 《추천역을 아시나요?》를 펴냈다. 제4회 한국산문문학상, 제5회 계간문예 수필문학상, 제29회 신곡문학상본상을 받았다. 중견작가로서의 요건을 갖추었다 하겠다.

비교적 늦깎이로 등단한 편이지만 문학적 토대는 튼튼하다. 평생을 지켜온 국어교사로서의 내공도 만만치 않을 것이다. 그의 수필은 섬세한 문장과 내면에서 우러나는 미세한 영혼의 움직임, 안정적인 구성 등 수필창작이론을 성실하게 지켜낸다. 작품의 완성도도 높고 고른 편이다. 표면적으로 드러나는 강점 외도 행간에 문학성을 내포하고 있다는 점이 돋보인다. 무엇보다 인간을 바라보는 따뜻한 시선과 연민의 정이 가득하다. 독자를 끌어들이는 강한 힘이 내장되어 있다. 오늘날 수필이 무엇을 지향해야 하는가에 대한 답을 제시한다고 볼 수가 있다. 그렇다면 조헌은 수필에 대한 어떤 생각을 가지고 있을까. 다음 글을 한번 보자.

내가 그토록 하고 싶은 이야기는 따뜻한 마음이 배어있는 감동과 슬며시 번지는 착한 눈물에 관한 것이었으면 한다. 칼날 같은 이성이 동강동강 잘라놓은 빤질대는 이야기가 아니고, 작은 씨앗 속에 숨어있다가도 정성을 다해 심고 가꾸면 쑥쑥 자라주는 순한 나무들같이, 편안하고 너그러운 이야기여야 한다. 커다란 천둥소리가 아니고 격랑의 파도소리도 아닌, 작은 시냇물소리 내지는 고요한 호수의 잔물결소리 같았으면 좋겠다. 그저 마을로 들어가는 길섶의 하찮은 풀꽃같이 소박한 이웃의 잡다하고 곰살궂은 이야기, 하지만 거기엔 삶의 흔적이 켜켜이 묻어있고 땀 냄새든 입 냄새든 사람의 냄새가 물씬 풍겨, 함께 느끼고 즐기며 정겹게 공유할 수 있는 이야기가 되길 바란다.

— 〈호랑이 고기를 먹다〉 나의 글쓰기 부분

조헌이 지향하고자 하는 문학의 방향이 충분히 제시되었다고 본다. 그가 전하고자하는 메시지는 편하고 너그러운 이야기, 고요한 호수의 잔물결 같은 것, 길섶의 하찮은 풀꽃같이 소박한 이야기, 사람냄새가 물씬 풍기는 이야기다. 헝가리의 비평가 루카치는 1988년 출간된 《영혼과 형식》이란 책에서 진정한 영혼이란 인간의 가장 은밀한 곳에 자리 잡고 있는 정신 상태를 말하는 것이라 전제하고, 존재하는 모든 것들은 반드시 자신의 형식을 갖기 마련이며 그 형식은 보이지 않는 영혼을 담아내기에 충분한 그릇이어야 한다고 했다. 루카치는 수필의 양식을 "삶의 근원적이면서도 직접적인 문제에 대한 물음이자 좀처럼 붙잡기 힘든 인간영혼의 가장 은밀한 곳에 자리 잡은 마음의 미세한 풍경을 그리며 동경을 표현하고자 하는 욕구에 기초한 글"이라고 정의하였다. 뛰어난 수필은 지적인 시의 본성과 형식을 지니게 된다고도 한다. 결국 수필을 쓴다는 것은 영혼과 본질에 맞는 형식을 찾아 찾아나서는 일이기도 하다. 수필은 영혼의 끊임없는 확장과 경계를 넘나들면서 그 자체를 형식으로 추구하는 문학이라 할 수 있는 것이다. 이런 점에서 조헌의 수필 쓰기는 루카치가 지향하는 수필의 방향과 같은 맥락에 있는 것이라 할 수 있다. 갑자기 조헌문학의 뿌리는 어디에 박고 있을까가 궁금해졌다. 다음 인용문을 한번 보자.

그날 엄마가 들고 온 상엔 여느 날과는 달리 상보가 얌전히 덮여 있었다. "아침밥이 웬만한 보약보다도 낫다는데 도대체 먹질 못하니 어쩌면 좋을지 모르겠네!" 밥상을 내려놓고 숭늉을 가지러 간 사이, 이건 또 뭔가 싶어 나는 무심코 상보를 들춰 보았다. 순간 목구멍에 무언가 울컥 치미는 것을 느끼며 방바닥에 털썩 주저앉고 말았다. 놀랍게도 밥상엔 열댓 개가 넘는 수저가 줄지어 놓였는데 수저마다 일일이 밥을 퍼 그 위에 반찬을 올려놓은 것이 아닌가. 생선살과 나물 그리고 장조림과 김치까지 골고루 였는데 반찬이 올려 지지 않은 서너 개의 수저 옆에는 갓 구운 김이 댓 장 놓여 있었다. 나는 그만 눈물이 핑 돌았다. "떠놓은 수저들이나 비우고 가! 오늘은 날씨가 추워 꼭 먹고 가야 해!" 엄마는 굳게 맘을 먹은 듯 옆에 앉아 단단히 채근을 하는 거였다.

— 〈열댓 숟갈에 담긴 사랑〉 부분

참 유별난 사랑이다. 세상에 부모가 그 자식을 사랑하지 않는 자가 있겠는가. 자식을 위해서라면 기꺼이 거름이 되고 희생이 됨은 물론 목숨까지도 내어줄 수 있는 것이 한국의 부모다. 자식을 사랑하는 방법에도 수많은 길이 열려 있을 테지만 이런 경우는 처음이다. 정말 대단한 정성이고 희생이다. 새벽에 학원으로 향하는 고3 아들을 위하여 어머니는 매일 밥을 해서 바치고, 그 아들은 이른 시간에 밥을 먹지 못하고 매번 물리친다. 어머니는 고심 끝에 열댓 개의 수저에다 각각 밥을 퍼서 반찬을 올려 아들이 그것만이라도 먹게 하려는 극한 처방이다. 아무리 철없는 아들이라 할지라도 이 같은 어머니의 정성 앞에서는 굴복하지 않을 수가 없는 것이다. 아들은 먹먹한 가슴을 주체할 수가 없어 아무 말도 하지 못한 채 수 저 위에 놓인 밥을 꾸역꾸역 다 먹고 만다. 어머니의 승리다.

참 부럽기도 하다. 나 역시 척박한 산골에서 태어났지만 부모님의 사랑만큼은 그 누구 못지 않게 받으며 성장했다고 자부했는데 그 이상이다. 결국 조헌 문학의 뿌리는 가족의 사랑이다. 아버지이고 어머니이고 형이다. 그 중에서도 어머니의 사랑이야말로 그의 온몸을 관통하는 문학의 강물이 되어 흐른다. 그런 사랑의 힘으로 성장한 작가라면 세상에 그 무엇이라도 무서울 것도 그칠 것도 없으리라. 그냥 생각나는 대로 마음껏 사랑하고 마음껏 그리워하면 그만이리라. 그것이 그 누구도 가지지 못한 조헌의 힘이 아닐까 싶다.

5. 마무리를 대신하며

이상에서 조헌의 수필집과 문학세계에 대하여 개괄해 보았다. 정리해보면, 그의 수필은 독자를 끌어들이는 힘, 읽히게 하는 힘이 강력하다. 서사와 서정과 그리움이 조화롭게 잘 버무려져 있다. 칼날 같은 이성보다는 따뜻한 감성이 밑바탕에 깔려 있다. 인간 영혼의 가장 은밀한 곳에 자리 잡은 미세한 풍경까지 그려내려고 노력한다. 그러한 힘은 성장과정에서 받은 가족과 어머니에 대한 무한한 사랑이다. 온 마음에 사랑이 가득 차 있다면 그것이 인간다움을 잃지 않고 살아가는 방법이다. 때론 인간답기에 아프고 눈물도 흘리겠지만 그 눈물은 혼자 흘리는 것이 아니므로 분명 긍정의 눈물로 돌아올 것이다. 예술에도 삶에도 진정한 의미를 부여하는 색깔은 오직 사랑의 색이다. 그리움, 슬픔, 기쁨, 외로움, 낭만, 환희 등의 정서는 모두가 사랑으로부터 비롯된 색깔이다. 이 모든 것들을 예술로 승화시키면서 인생의 본질을 관통하고 있는 것이다.

덧붙이자면, 조헌수필은 인간에 대한 연민의 정이 밑바탕에 흐른다. 그러면서도 정확한 문장력, 다양한 사유의 확장, 겸손한 자세를 잃지 않는다. 표면적인 언술의 힘보다는 섬세한 감각이 길어 올린 그리움의 정서와 해석의 힘이 돋보인다.

10. 시공을 초월하는 광대무량한 인연의 세계
- 임종안론

1. 암자에 버려진 아이

　세상에는 참으로 기구한 운명을 타고난 사람이 있다. 상상조차도 어려울 정도로 힘겨운 삶의 역정이 존재한다. 여기에 그런 운명을 타고난 한 작가와 작품집을 만나본다.
　80여 년 전, 해방 전후의 혼란스러운 역사적 공간에서 깊고 깊은 지리산 속의 비구니 승려만 사는 조그마한 암자 대문간에 갓 태어난 아기 한 명이 버려진다. 물론 그 어미는 그럴 수밖에 없는 사정이 있었을 것이다. 그 아기는 자라서 80여 년의 세월을 기적처럼 헤치고 지금까지 살아남아 있다. 여기까지의 사연만 해도 가

숨이 먹먹하다. 더구나 그가 작가가 되고 책까지 내었다면 그 삶의 서사가 더욱 궁금할 수밖에 없다. 따뜻한 가족의 사랑을 받으면서 살아온 보통사람에게도 인생이란 팍팍하고 만만치가 않은 일인데 산속에 버려진 아이가 살아서 80년의 세월을 헤치고 작가가 되고 작품집까지 내었다면 그 자체로서 충분하고 훌륭한 서사가 될 수밖에 없다. 바로 임종안 수필가이다. 그는 첫수필집《산에는 길이 있네》(2020, 에세이스트)에 이어 이번에 두 번째 수필집《지리산의 노송》(2024, 수필과 비평)을 펴내게 되었다. 이 두 권의 작품집을 중심으로 그의 삶과 작품세계를 살펴보고자 한다.

독일의 관념주의 철학자 헤겔은 태초에 정신이 먼저 있었다고 생각한 사람이다. 그런데 그 정신은 그 자체 만으로서는 추상적인 것이라 실현이 안 되고 그냥 정신적인 상태로만 남아있다는 것이다. 그래서 정신은 자기 자신을 투사해서 자연을 만들었다고 한다. 따라서 관념에서 물질이 나왔다는 관념론자가 된다. 이와 반대인 물질에서 정신이 발생했다고 보는 입장이 유물론이다. 헤겔이 정신의 자기투사가 자연이라고 했을 때, 간난 아기가 거울을 보고 자신인줄 인식하지 못하는 것처럼 정신은 자연을 대할 때 그게 자신의 외화(外化)된 모습이란 걸 모른다. 이때 자연은 일종의 타자가 되고 만다. 내가 아닌 남으로 인식하게 된다. 그러나 시간이 어느 정도 지나면 그게 나라는 걸 알게 된다. 자기동일성의 인식에 도달하는 과정에서 서서히 자연이 정신으로 복귀하게 되는 것이다.

작가가 자기 안에 있는 것을 투사해서 드러낸 것이 작품이라면,

헤겔이 말한 외화를 통해서 비로소 자신을 볼 수 있다는 말이다. 내가 쓴 작품을 보고, 그게 나라는 걸 아는 것, 진짜 나는 어디에 있는 것이 아니라 바로 내가 쓴 작품 속에 있다는 것을 알게 된다. 만약 여기 80대의 후줄근한 할아버지가 있다고 하자. 그 속에는 할아버지의 10대, 20대, 40대가 모두 포함되어 있다는 것이다. 그 모습에서 할아버지의 전부를 찾아내야 한다. 이것은 새로운 인식을 할 때만이 가능하다. 문제는 그 젊은 날 모두를 두고 온 줄 알지만, 두고 올 공간이 있어야 한다. 존재란 시간과 공간을 함께하는 것이기 때문이다. 그러니 과거란 온전히 현재의 모습에 있는 것이다. 할아버지의 사상, 감정변화의 족적까지도 온전히 저 후줄근한 늙음 속에 전부 새겨져 있음이다. 임종안 작가역시 그가 남긴 작품을 통해서 그의 삶의 궤적을 추적해 보지 않을 수가 없는 이유다.

2. 할머니 스님의 사랑으로

임종안은 2020년에 《산에는 길이 있네》라는 첫수필집을 펴냈다. 나는 이 책을 읽으면서 울컥울컥하는 감정을 주체할 수가 없었다. 그 인연으로 애잔한 그의 삶이, 이제는 마음속 깊이 들어와 나의 한 부분이 되었을 정도다.

도계암은 지리산 천은사의 말사로서 절 대문간에 버려진 아이들을 키우는 비구니 암자로 세상에 알려져 있다. 임종안 역시도 강보에 싸인 채 도계암 문간에 버려진 아이였다. 매정한 부모를 대신하여 어린 그를 거두고 길러주신 분은 인자하신 할머니스님이셨다. 그렇게 그는 험난하고 고독한 세상을 핏줄 하나 없이 80년의 세월을 견뎌온 것이다. 그 당시의 상황을 이렇게 술회한다.

나는 어려서 네 발로 기어 다닐 때, 부모님께서 지리산 자락의 한 비구니암자에 맡겨졌다. 부모님은 어디론가 떠나셨고 이후 나타나지 않았으므로 나는 어머님의 얼굴을 기억하지 못한다. 왜 어린 나를 낯선 암자에다 무정하게 버려두고 떠나셨을까. 정확히 그 이유를 알 수 없지만 다만 그때 흉년이 들어 모두 먹고살기가 어려웠던 시절이었으므로 암자에 나를 맡기면 배고픈 곤궁함은 덜 겪을 것이라는 생각으로 그리하지 않으셨던가 짐작한다.

나는 성장하면서 얼굴도 모르는 어머니가 몹시 보고 싶었다. 만나볼 수 없는 어머니가 그리워 서러움이 북받칠 때도 많았다. 가슴이 미어지는 아픔을 남몰래 품고 살았다. 누구에게나 있는 부모가 왜 나에겐 없을까, 그것이 내게 찾아온 최초의 질문이었다.

왜 나에게만 이런 불행이 주어졌을까. 참으로 원망스럽고 통탄스러웠지만 어디에 하소연할 곳도 마땅찮았다. 꿈에라도 어머니가 나타나주시길 바랐다. 내 머리라도 쓰다듬어 주신다면, 나는 그 손길을 영원히 흡족하게 간직할 수 있을 것 같았다. 하지만 부질없는 공상이고 바람이었다. 항상 갈증과 허전함에 허덕였다.

— 〈박빙여림〉 부분

눈물 없이는 읽어 내려갈 수 없는 상황을 작가는 담담하게 서술해 낸다. 세상에서 가장 슬픈 것이 부모의 사랑을 받지 못하는 아픔, 굶주림과 멸시받는 설움이라면 그 중에서도 부모 없는 고통이 가장 클 것이라고 생각한다. 나는 70을 올라서는 나이인데도 늘 어머니가 보고 싶다. 부모님의 사랑이 살아갈수록 사무치게 그립다. 그러니 천륜의 사랑을 받아보지 못한 그 슬픔과 아픔의 깊이를 짐작이라도 할 수가 있겠는가. 다행히도 그 버려진 아이를 거두어 따뜻하게 키워준 고마운 분이 있었다. 그 분은 나이 많으신 여스님이셨는데 스님이라 부르지 않고 할머니라고 불렀다. 임종안이 버려지고 자란 지리산 도계암은 지금은 지리산으로 오르는 관광도로가 생겨서 길가 암자로 변했지만 그때는 첩첩산중의 외딴 암자였다. 하루 종일 사람 하나 구경할 수 없는 곳, 그래서 날아다니는 산새들의 울음소리도 더욱 정답게 느껴지는 고독한 산암이었다. 그 속에서 그는 다음과 같은 유년기를 보낸다.

"또 제 에미가 보고 싶은 게로구나. 그렇게 자주 보고 싶으면 어찌 살거나. 쯧쯧, 몹쓸 매정한 년. 천륜을 저버리면 천벌을 받는 것인디"

그런 다음 스님할머니는 나를 품에 안고 등을 다독여 주셨다.

할머니의 품에 안겨 포근한 젖무덤에 얼굴을 묻으면 할머니의 가슴에서는 작설차 향기가 묻어났다. 나는 향기에 취해 슬그머니 할머니의 젖가슴에 손을 집어넣었다. 할머니는 흠칫 놀라시며 "요놈이 어디다 손을 넣어" 말은 그렇게 하시면서도 내 손을 뿌리치지 않으셨다. 나는 할머니의 젖을 만지는 황홀감에 젖어 슬픔을 잊어갔다.(중략)

　나는 어머니가 보고 싶을 때면 자주 법당에 들러 부처님께 절을 했다. 법당 중앙의 좌복은 그 절 책임자인 주지스님의 자리로 정해져있다. 그런 규정이 있는 것을 알지 못할 만치 어렸던 나는 중앙에 깔려 있는 좌복에 엎드려 절을 했다. 그러면 어른 스님들은 전생에 이 암자 주지스님이 다시 환생해 오셨으니 그대로 두자며 중앙좌석을 나에게 양보하셨다.

— 〈그리움〉 부분

　이런 행동을 본 어른스님들은 전생에 이곳 암자 스님이었다가 다시 태어나서 이곳으로 온 동자라고 기뻐하셨다. 강보에 싸여 대문 앞에 버려졌던 작가는 이 암자의 전생 주지 대접을 받으며 어린 시절을 부러움 없이 지냈다고 술회하고 있다. 그야말로 부처님께서 이 아이의 미래를 지켜준 것이 아닌가 싶다. 전생과 현생을 하나로 묶어보는 스님의 사유가 특별히 주목된다. 이 얼마나 다행인가 싶다.

3. 끝없는 투쟁과 갈등 속으로

작가는 1941년에 태어난 것으로 추정되는데 청소년기는 여순반란사건, 한국전쟁 등 우리의 현대사가 지리산을 중심으로 요동치던 격동의 시기였다. 목숨을 다투는 전쟁의 소용돌이 속에서도 초등학교를 졸업할 수 있었던 것은 행운이었다. 그 이후 여수에 있는 작은 암자에 대처승으로 출가를 한다. 말이 출가이지 무려 6년 동안 새경 없는 종살이에 불과했다. 견딜 수 없는 비인간적인 고역이었다. 그가 고향이라고 생각하는 구례에 6년 만에 돌아오니 반란군들은 모두 소탕이 되고 옛날의 평온을 되찾아가고 있었다. 할머니는 옛날에 사시던 암자에서 그대로 생활하고 계셨다.

나는 할머니께 인사를 드렸다. 부처님께 예를 올리듯이 공손하게 인사를 드렸다. 내 인사를 받고난 할머니는 무겁게 입을 떼셨다.
"너도 이제는 나이도 먹고 했으니 비구니처소에서 같이 살 수가 없다. 아래 큰절로 내려가서 은사스님을 정하고 스님노릇 잘 하도록 하여라. 특히 세상을 살아가면서 어렵고 힘들다고 부정한 일에 쉽게 물들지 말고 정직하게 살거라. 지금 내가 한 말을 명심하고 꼭 지키도록 하여라. 알것냐?"

― 〈끝없는 부정들〉 부분

작가는 할머니의 엄격하고 단호한 말씀대로 아래 천은사로 내려가 새로 은사스님을 정하여 사미계를 받고 본격적인 승려생활을 시작한다. 정식으로 스님이 된 것이다. 당시 천은사는 대처승의 절이었다. 염불을 외우고 매일 종무소에 배달되어오는 각종 신문을 탐독하였다. 당시 절에는 고등고시 공부를 하는 학생들이 있었다. 이들과 형제처럼 친하게 지내면서 새로운 세계에 눈을 뜨게 된다. 이 무렵 아무도 눈치 채지 못하게 사법고시 준비까지 하게 된다. 또한 이 시기에 전설속의 암자인 상선암으로 처소를 옮겨 우번대를 오르내리며 3년간 사회공부에 매진하게 된다. 그러나 운명은 그를 평범한 승려로 두지 않았다. 동료스님으로부터 사찰 산판에 부정이 있고 사회적으로 크게 말썽이 되니 바로잡자는 제의를 받는다. 정의감에 불타는 청년 임종안은 모든 공부를 중단하고 투사의 길로 들어선다.

내 개인적으로는 아무런 이해득실이 없는 일임에도 내가 발 벗고 나서자, 그들은 나를 남 잘되는 일에 배가 아파서 방해나 부리는 불량배쯤으로 평가절하 하였다. 나는 여론 따위는 개의치 않았다. 정의에 대한 사랑과 부조리에 대한 분노랄까. 그 시절 나는 적어도 내 주변의 사회문제에 뜨겁게 고심하였다. 그리고 정의를 사랑하는 더 많은 이들이 나의 이 같은 행보에 공감해줄 것이라 믿었고 청정한 우주의 기운이 나를 돕고 있다고 굳게 믿었다.

— 〈외로움 싸움〉 부분

뿐만 아니라 사찰과 주지의 비리를 조목조목 들추어서 진정서를 작성하고 서명을 받아 청와대까지 보냈다. 구례경찰서가 발칵 뒤집힌 것은 물론이다. 정의를 사랑하는 이들이 박수를 보내고, 청정한 기운이 자신을 돕고 있다고 믿었다. 위축되지 않고 씩씩한 모습으로 싸워나갔다. 감독해야 할 기관마저 거대한 악의 고리에 함께 연루되어 있을 것이라고는 그때는 상상도 못했다. 그런 과정에서 입영통지서를 받았고 30개월의 군복무를 마치고 다시 천은사로 돌아온다.

전역 후에는 사찰운영에 눈을 감고 살 작정이었지만 현실은 너무나 부조리하게 보였다. 산판을 팔아서 부자 절이란 명성이 자자했지만 현실은 먹을거리가 없을 정도였다. 속가에 처자식을 둔 대처승들이 재산을 빼돌린 탓이었다. 문제는 그러한 부정투성이를 보고서도 누구도 나서지를 않는다는 것이다. 투쟁은 다시 시작된다. 이때 총무원에서 차라리 천은사 주지를 맡으라는 제의를 받고 임명장을 받았다. 26세의 피 끓는 나이였다. 총무원 지원금을 늦지 않게 납부해야 한다는 전제가 있었기에 그것은 불가능한 일이었다. 주지취임식도 못한 채 해임이 되었다. 총무원의 무원칙한 종무행정이 더 문제라는 사실도 알았다. 종무원을 검찰에 고발했다. 자신은 운명적으로 교단의 비리를 고발하고, 정의를 실천하기 위해서 사찰문전에 버려졌다고 믿었을 정도다.

그러나 그의 투쟁은 끝도 진전도 없었다. 종단개혁의 기폭제 역할도 하지 못했다. 달라진 것이라곤 아무것도 없었다. 자신의 처지만 곤궁의 수렁으로 빠져들 뿐이었다. 한 개인의 허망한 패배로 끝날 싸움이란 사실을 그때쯤 깨닫게 되었다. 그의 투쟁은 그렇게 막을 내리고 만다.

이후 목근예술가로서 새로운 삶으로 출발하지만 그때는 사찰과 주지가 그를 가만두지 않는다. 자연훼손죄로 경찰에 고발되어 유치장에 갇히는 신세가 된다. 풀려나기는 했지만 상처는 컸다. 이런 상황에서 그는 정든 천은사와 도계암을 떠날 수밖에 없었다. 환속 아닌 환속이었다. 지리산에서도 가장 깊은 심원마을에서 정착하기로 마음을 먹게 된다.

> 막상 암자를 떠나기로 작정은 했지만 갈 길이 막막했다. 산골에서만 자라온 나는 산골을 떠날 생각을 하지 못했다. 할머니스님께 쌀 서너 되를 얻어 짊어지고 무작정 지리산 깊은 산골 하늘아래 첫 동네로 불리는 심원마을로 찾아들었다. 정처 없이 떠난 길이었다. 나는 이때 내가 어려서 보았던 감나무 가지에 까치가 집을 지어 놓으면 어디서 덩치가 큰 까마귀 떼가 몰려와 집을 빼앗고 까치를 쫓아내던 일이 떠올랐다. 혼자 산길을 터벅터벅 걸어가면서 처음으로 뼈저리게 외롭다는 생각에 젖어 보았다. 이런 것이 승려사회에서 문중 없이 사는 외톨이 인생의 시련이던가. 두 눈에서는 하염없이 뜨거운 눈물이 흘러내렸다. 누구에게 원망도 미움도 없는 그저 내 인생의 회한에 젖어 쏟아진 눈물을 손등으로 닦으며 심원마을에 도

착하였다.

— 〈심원에 들다〉 부분

화전민의 집터를 얻어 힘겹게 둥지를 마련하고 한봉을 하면서 목숨을 부지했다. 어느 날 움막을 헐고 천막을 갈기갈기 찢어버린 현장에서 아연실색하고 만다. 이미 그는 공단직원과 정보기관 형사들의 감시대상이 된 것이다. 투신을 결행하려고 앞산 높은 절벽으로 이동 중에, 쏟아져 나오는 벌떼의 공격에 새로운 삶의 의욕을 찾게 된다. 모든 것을 버리고 마지막으로 돌아갈 곳은 핏덩이로 왔던 도계암뿐이라고 생각했다. 결국 그를 마지막까지 받아주었던 곳은 핏덩이로 왔던 도계암뿐이었던 것이다.

4. 광대 무량한 인연의 세계

임종안 작가의 작품세계의 가장 큰 특징은 시간과 공간을 초월한다는 점이다. 이승과 저승을 넘나들고 무량광대의 시공을 유영한다. 다음 작품을 보자.

금생에는 내가 백운수좌의 스승노릇을 하지만 내생에는 자네가 내 스승이 되어주게나. 내가 죽으면 반드시 인도환생을 해서 승가로 다시 돌아올 것이니 그때 만나세. 우리가 만나는 장소는 내가 기도하면서 석종소리를 들었던 우번암으로 하세. 더

> 벅머리 총각으로 오던지 행자의 신분으로 오던지 와서 이 달마도 그림을 보고 죽고 못살게 좋아하는 사람이 있거든 그 사람이 나인 줄 믿고 이 달마도를 다시 나에게 주시고 나를 지도해 주시길 부탁하네.
>
> ─ 〈어느 약속〉 부분

우번암을 실질적으로 창건한 용화스님은 진지한 표정으로 말씀을 하시며 조그마한 달마도 그림 한 폭을 제자인 백운스님 앞에 내민다. 두 스님은 달마도 그림을 매개로 금생을 뛰어넘어 내생의 일을 약속하고 있는 장면이다. 그 약속의 구체적인 만남장소는 지리산 우번암이다. 그럼에도 그것이 조금도 황당하지 않고 마치 몇 년 후의 약속처럼 친근하게 느껴진다. 이것이 임종안 작가의 필력의 깊이라고 생각한다.

이후 백운스님은 지금의 우번암을 복원하는 데 전력을 다하며 용화스님의 환생을 기다린다. 백운스님의 간절한 기다림에도 달마도를 전해줄 더벅머리 총각은 쉽게 찾아오지 않았다. 신심이 부족해서인가하고 더 열심히 기도했다. 백운스님이 이승을 하직할 무렵 화자는 문병하여 궁금했던 달마도의 사연을 물었다. 백운스님은 "용화스님은 이미 찾아오셔서 새소리 바람소리로 계속 나에게 설법을 하고 계시는데도 내가 눈귀가 어두워 깨닫지 못했을지도 몰라. 용화스님의 수행력으로 보아서는 약속을 어기실 분이 아니신데"

두 스님은 이제 세상을 떠나시고 안계시지만 약속의 전설은 오늘도 지리산 골골이 솔바람 바람소리로 남아 회자되고 있다.

이 작품은 승려 임종안의 가장 깊은 곳의 수행의 정도가 표현되어 있다고 본다. 또한 그의 문학세계의 정수리라고 생각한다. 임종안 지금은 평복을 입고 있지만 그의 몸속에는 승려의 피가 흐른다. 그것도 간절하고 진한 승려로서의 수행이 그를 떠받치고 있다. 그러한 믿음과 의지가 험한 이 세상에서 살아남게 한 힘이었다고 생각한다. 비록 이 세상에서는 고적한 삶을 살았지만 저 세상에서는 희망과 사랑이 넘치는 극락왕생을 꿈꾸는 강한 신앙심의 발로이기도 하다. 지리산 종서대 밑에 있는 숨은 암자 우번암은 현재는 백운스님의 상좌인 법종스님이 40여년 이상을 상주하고 있다. 이런 작품도 있다.

나는 세숫대야에 물을 떠다 고양이의 상처를 깨끗이 씻은 후 묻었다. 전생에 무슨 인연으로 이생에 이렇게 만나 내 가슴을 이리도 아프게 하느냐. 부디 원한이 있거든 풀고 왕생극락하소서. 왕생극락하소서. 마지막 사십구 일째 되는 날은 고양이가 좋아하는 간단한 음식을 준비해 놓고 영가 천도식을 했다. 그래도 고양이의 살생에 대한 죄책감은 풀리지 않고 가슴이 아팠다. 어쩌면 토굴생활을 마치고 떠날 때까지, 아니 어쩌면 이생을 마치는 날까지도 고양이의 죽음은 뇌리에서 떠나지 않고 회한으로 남아있을지도 모를 일이다.

— 〈어떤 천도식〉 부분

키우던 고양이의 죽음에 대한 슬픔을 형상화한 작품이다. 화자의 실수로 고양이가 죽었기에 그 슬픔은 더욱 크다. 영가천도식까지 올렸지만 아리는 가슴을 해소하지는 못한다. 이 작품 역시 화자의 의식 밑바탕에는 이생과 저 생의 공간적 사유는 서로가 넘나들고 있음을 확인할 수가 있다.

임종안의 수필에서 또 하나 더 나타나는 특징이라면 고향 구례 사랑이라는 점을 언급하지 않을 수가 없다. 다음 작품을 보자.

> 내 고향 전라도 구례는 업장처럼 지리산을 등에 업고 살아간다. 이곳의 봄은 이삼월이 되면 멀리 남쪽에서 서서히 섬진강을 따라 올라온다. 하동포구 다압 마을의 매화를 꽃피우고 나서 지리산 아랫마을 산동의 산수유 피운 다음 우리들에게 고로쇠 약수를 선사하는 것으로 봄은 첫인사를 한다. 메말랐던 나뭇가지에 파릇파릇 잎이 피고 얼어붙었던 대지에는 새순이 돋아난다. 미끄럽고 위험하던 산길은 내가 그랬냐는 듯이 깔끔히 눈이 녹아 탐방객들의 길을 열어준다.
>
> ― 〈내 고향의 봄소식〉 부분

이 작품은 그가 얼마나 지리산과 고향 구례를 사랑하고 있는지를 잘 보여준다. '내 고향 전라도 구례는 업장처럼 지리산을 등에 업고 살아간다.'라는 문장에서도 알 수 있다. 전체적인 문장 역시 서정적이고 담백하다. 그 어떤 수련을 통해서 이런 다정다감한 문장을 체득했는지 궁금할 정도다. 그는 천부적으로 작가일 수밖에 없다.

사실은 그가 태어난 곳은 구례가 아닐지도 모른다. 구례는 그가 버려져 살았던 곳일 뿐이다. 그럼에도 그는 단 한 번도 구례가 고향임을 의심치 않는다. 누구보다도 더 사랑하고 아낀다. 그것이 작품의 행간에서 자연스럽게 녹아있다. 실제로 화자는〈고향〉이란 수필에서 "내 고향은 남쪽, 산자수명한 지리산을 등진 구례, 지리산의 정기를 타고 반야봉의 지혜를 얻어 태어남인지 예부터 예의범절이 바른 고을. 그래〈禮〉를 구〈求〉하며 사는 고장이라 하여 구례란다."며 고향이 구례임을 분명히 하고 그 자부심 또한 대단하다.

이상에서 임종안의 작품세계를 분석한 내용을 요약하면 다음과 같이 정리할 수 있다. ①자신을 거두어 따뜻하게 길러주신 할머니 스님에 대한 고마움과 간절한 정. ②화자를 버린 부모님에 대한 한스러움과 사무치는 그리움. ③현실의 부조리에 대한 분노와 정의에 대한 사랑. ④시간과 공간을 초월하는 광대 무량한 인연의 세계. ⑤고향 구례와 지리산에 대한 애착과 자부심이다.

5. 문학으로의 귀환

1980년, 임종안 작가의 생애에서 가장 결정적인 전환점을 맞이하게 된다. 《신동아》 11월호에 논픽션 〈인간 송충이〉가 당선작으로 뽑힌다. 대처승들의 부정한 사찰 운영에 눈감지 못하고 싸워온 탓으로 승적부에서 이름까지 지워야만 했던 그동안 그의 투쟁사를 정리한 것이다. 공식적인 학력 초등학교졸업이 전부인 그가 수백대 일의 경쟁을 물리치고 유명잡지의 공모전에서 일등을 한 것이다. 이는 분명 임종안 작가에게 인생의 새로운 전환점이다. 그로부터 칼럼리스트로 대우를 받고 유력일간지와 잡지의 필자가 된다. 전국에서 격려의 편지가 쏟아졌고 유명문인들이 그의 주변으로 모여들었다. 법정스님이 직접 다녀갔을 정도다. 2012년에는 수필 전문지 《에세이스트》로 등단작가가 된다. 2023년에는 수필 〈할머니 스님과 엄마스님〉으로 《에세이스트》올해의 작품상을 받게 된다. 이정도면 작가로서 충분한 자리매김을 했다고 본다. 문학이야말로 그의 인생에서 최고의 안식처이자 화해의 공간이라고 확신하게 된다. 신동아 당선소감에서 그는 이렇게 썼다.

> 억울하고 서러운 사람들을 볼 때마다 진정 종교인이 취해야 할 자세가 어떠한 것인가를 생각해 보게 된다. 선량하게 살려는 사람들은 언제나 배가 고프다. 아예 양심을 수술해 버리고 오늘은 이같이 내일은 저 같이와 협잡하며 사는 사람들은 부당하게도 살쪄간다. 이런 현실을 볼 때마다 나는 자신도 모르게 분노할 수밖에 없었다. 마음에서 분노를 비우라는 경전 앞에서 나는 뜬 눈으로 밤을 새우며 고민하지 않을 수 없다.

천애고아인 그는 왜 투사가 되었을까. 어린 시절 주지승의 같은 또래 아들에게 뺨을 맞은 적이 있다. 그때 처음으로 힘 앞에서는 비굴해야 한다는 비애를 맛보았다. 이때 각인된 억울함이 무의식으로 잠재된 것이라 했다. 두 번째 수필집 서문에 보면 이런 표현도 있다.

> 내가 성장한 지금은 나를 길러주신 여스님은 세상을 하직하시고 아무도 안 계신다. 너무도 한스럽다. 세상을 살아가면서 그 은혜를 생각하며 사무치게 그립다. 나는 이 하해와 같은 은혜를 세상을 정의롭게 사는 것으로 보답해야 되겠다고 결심했다. 그러나 이 결심을 지켜나가는 것이 쉬운 일은 아니었다. 때로는 적당히 타협하지 못한 탓에 겪어야만 되었던 어려움은 말로 다 형용하기가 어렵다.
> ─《지리산의 노송》 서문 중에서

나를 길러주신 스님의 은혜를 갚는 길은 '정의롭게 사는 일'이라 했다. 그렇다. 그는 정의를 위하여 그 힘겨운 투쟁의 길을 나섰던 것이다. 또 한편으로는 무엇보다도 그 소중한 어머니에 대한 사랑의 결핍이야말로 그를 저항의 아이콘으로 만든 것이 아닐까 하는 상상도 해본다. 역사에 만약은 없지만 영특하고 인정 많은 그가 투사의 길이 아니고 세상을 긍정하는 삶을 선택했더라면 지금쯤 어떻게 달라져 있을까 궁금하기만 하다.

임종안 작가는 지금도 80여 년 전 버려진 그곳인 도계암에서 여전히 살고 있다. 도계암에서 그가 할 일은 많다. 무엇보다도 자신을 길러준 은혜에 보답해야 한다. 암자의 허드렛일과 차량을 운전하는 일도 그의 몫이다. 화자와 같은 처지에 있는 지우를 돌보는 일도 중요하다. 근래에도 대문 앞에는 강보에 싸인 불쌍한 아이들이 버려진다. 이 아이들도 정성을 다해 돌보아야 한다. 그는 비구니암자의 승려로서가 아니라 불목하니로 돌아온 것이다. 스스로가 자청한 일이다. 홀몸으로 와서 핏줄하나 남기지 않고 이승을 떠날 것임도 예견되어 있다.

필자는 임종안 작가를 문학의 인연으로, 지리산의 인연으로 연결되어 교류하고 있다. 몇 년 전 그와 지리산 상선암과 우번대를 함께 오르는 기회가 있었다. 팔순의 작가는 아직도 정정하고 따뜻한 인정스러움이 넘쳐났다. 하산 길에 문득, 그가 신라시대 상선암에서 수행하던 우번조사가 환생한 것이 아닌가 하는 생각이 스쳤다. 상선암에서 기도하던 우번은 여인의 유혹을 물리치려고 종석대에서 토굴을 파고 수행정진하다 도를 깨쳤다. 바로 그 현장이 지리산 우번대의 출발점이자 뿌리다. 그는 이 세상에 홀로 와서 홀로 살며 홀로 저 세상으로 떠날 것이다. 우번은 수행으로 득도를 했지만 임종안 선생은 삶 자체가 수행이고 정진이다. 득도를 하지 않고서는 현실을 이어가기가 불가한 삶이다. 그런 의미에서 두 사람은 꼭 닮아 있었다.

임종안 작가가 다음 생에는 고적한 산사가 아니라 사람이 벅적

대는 곳에 태어나기를 소망해 본다. 화목한 가정에서 사랑받으며, 좋은 배필 만나서 아들딸 낳고, 부귀영화의 삶을 누리시길 기원한다.

백남오 문학평론집

수필문학의 이해와 창작을 위한
백남오의 수필 쓰기와 비평

인쇄 2024년 5월 10일
발행 2024년 5월 17일

지은이 백남오
발행인 서정환
펴낸곳 수필과비평사
주소 서울시 종로구 삼일대로 32길 36 (익선동 30-6 운현신화타워) 305호
전화 (02) 3675-3885 (063) 275-4000·0484
팩스 (063) 274-3131
이메일 essay321@hanmail.net
출판등록 제300-2013-133호
인쇄·제본 신아출판사

저작권자 ⓒ 2024, 백남오
이 책의 저작권은 저자에게 있습니다. 서면에 의한 저자의 허락없이 내용의 일부를 인용하거나 발췌하는 것을 금합니다.
COPYRIGHT ⓒ 2024, by Baek Namo
All right reserved including the rights of reproduction in whole or in part in any form.
저자와 협의, 인지는 생략합니다.
잘못된 책은 바꿔 드립니다.

ISBN 979-11-5933-507-5 03810
값 20,000원

Printed in KOREA